KB261266

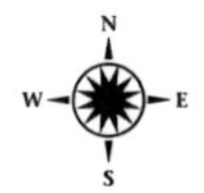

길을 묻는 리더를 위한

리더십 지도

길을 묻는 리더를 위한 리더십 지도

지은이 | 데이비드 도트리치 · 제임스 노엘 · 노먼 워커
옮긴이 | 김광수
펴낸이 | 김성실
편집주간 | 김이수
편집기획 | 한승오 · 김인현 · 박남주
마케팅 | 이동준 · 김창규 · 강지연
편집디자인 | 하람 커뮤니케이션(02-322-5405)
표지인쇄 | 중앙 P&L(주)
본문인쇄 · 제본 | 한영문화사
펴낸곳 | 시대의창
출판등록 | 제10-1756호(1999. 5. 11)

초판 1쇄 인쇄 | 2007년 1월 2일
초판 1쇄 발행 | 2007년 1월 8일

주소 | 121-816 서울시 마포구 동교동 113-81 (4층)
전화 | 편집부 (02) 335-6125, 영업부 (02) 335-6121
팩스 | (02) 325-5607
홈페이지 | www.sidaew.co.kr

ISBN 978-89-5940-057-7 (03320)
값 12,000 원

ⓒ 2007, 시대의창, Printed in Korea.

• 잘못된 책은 바꾸어 드립니다.

LEADERSHIP PASSAGES :
THE PERSONAL AND PROFESSIONAL TRANSITIONS THAT MAKE OR BREAK A LEADER

Copyright ⓒ 2004 by David Dotlich, James L. Noel, Norman Walker, Bill George
Authorized translation from the English language edition published by John Wiley & Sons, Inc. All rights reserved.
Korean Translation Copyright ⓒ 2007 by Window of Times Publishing Company
Korean edition is published by arrangement with John Wiley & Sons, Inc. through Imprima Korea Agency

이 책의 한국어판 저작권은 Imprima Korea Agency를 통해 John Wiley & Sons, Inc.와의 독점계약으로 시대의창에 있습니다. 저작권법에 의해 한국 내에서 보호를 받는 저작물이므로 무단전재와 무단복제를 금합니다.

13 가지 길에서 배우는 문제 해결의 리더십

데이비드 도트리치 · 제임스 노엘 · 노먼 워커 지음 | 김광수 옮김

Leadership Passage

The Personal And Professional Transitions That Make Or Break A Leader

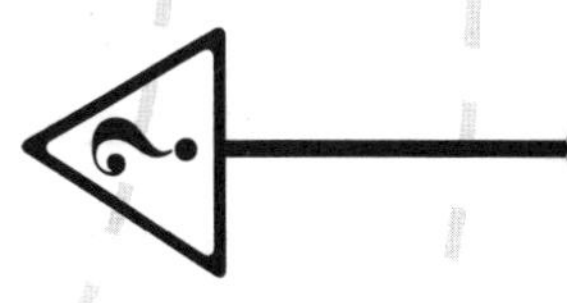

"시련은
좋은 기회가 왔음에도
잠자고만 있는 재능을 일깨운다."

- 호라티우스Horace(로마 시인)

최근 우리 세 사람은 어느 대기업의 신임 최고경영자와 미팅을 가졌다. 직책상 하급자인 임원들의 프로필을 정리하던 그는 우리와 대화를 나누는 짬짬이 임원 개개인의 능력과 배경에 대해 많은 이야기를 나눴다. 임원들의 다양한 경력에 깊은 인상을 받은 우리는 "임원들 사이에 특별한 공통점은 없습니까?"라고 물었다.

그러자 그가 머리를 끄덕이며 "한 번씩은 해고를 당한 경험이 있지요"라고 답했다.

우리는 그의 말투가 마치 그 사실이 자랑스러워 보이는 듯했다. 아니, 그에게는 해고가 훈장과 다름없어 보였다. 그 회사의 임원들은 시련의 시대를 온몸으로 헤치며 경험을 쌓아온 사람들이었다. 어렵고 예측하기 어려운 사건이 발생할 때마다 그들은 내면을 되돌아보며 해고를 당할 수밖에 없는 이유를 찾으려 했다. 말하자면 해고가 그들의 회복 능력resiliency을 강화시키는 촉매제 역할을 했던 셈이다. 회복 능력이야말로 요즘처럼 치열한 비즈니스 환경에서 살아가는 리더에게 반드시 필요한 덕목이다. 이런 측면에서 그 회사의 임원들은 생존자들인 셈이다.

우리는 바로 이 점을 중시한다. 사람들의 예상과는 달리, 성공한 사람이라고 해서 앞으로 계속해서 성공을 이어나가리라고 보기는 어렵다. 세간에서 가장 유능하다고 존경받는 리더들 역시 불확실성과 좌절, 실패로 점철된 험난한 여정을 걸어왔다. 직업적 혹은 개인적으로 경험한 사건들, 이를테면 무능한 상사와의 직장 생활이나 이혼, 버거운 임무, 이민 등 그 예는 헤아릴 수 없이 많다. 그러나 이 모든 경험을 학습과 성장의 기회로 활용하는 사람이 있는가 하면, 현실의 벽을 넘지 못해 실의와 좌절에 빠지고 심지어 스스로를 망가뜨리는 사람들도 있다. 우리는 이 모든 경험들을 '필연적이고 중대한 경로'passage라고 부른다. 그 사건들 속에는 올바른 리더십에 이르는 길이 존재하기 때문이다.

누구나 경험하는 13가지 경로

이 책의 핵심은 우리가 규정한 13가지 경로다. 이 경로는 각 장

주) 이 책을 집필하면서 리더십 계발을 주제로 연구를 진행해온 많은 사람들로부터 도움을 받았다. 그 중에서도 몇몇 분들에게 특별히 고마움을 전한다. 모건 맥콜Morgan McCall은 리더 양성 과정에서 경험의 중요성을 설파한 개척자다. 조셉 가바로Joseph Gabarro는 이직 경험이란 생소한 개념을 연구하고 발전시켜 리더십의 영역을 확장시켰다. 그리고 최근에는 우리의 동료인 댄 치암파Dan Ciampa와 마이클 왓킨스Michael Watkins가 이직 경험을 새롭게 조명하여 리더십 계발의 한 축을 형성했다.

에서 한 가지씩 설명한다. 13가지 경로가 가정과 직장에서 겪는 모든 경험을 온전히 대변한다고 볼 수는 없다. 대신, 그동안 우리는 고위직에 종사하는 리더들을 많이 만났고 그들이 한결같이 중요시하는 것들만을 발췌하여 정리한 게 바로 13가지 경로다. 누구든 삶을 살아가는 과정에서 이 13가지 가운데 일부 또는 전부를 경험할지도 모른다. 이때 경험한 13가지 경로가 어쩌면 감성적으로, 지성적으로, 나아가 영적으로도 소중한 의미를 내포할지 모른다.

'경로'는 한 지점과 다른 지점을 연결한다. 바꾸어 말해 각 경로에 해당되는 사건이나 감성적 상태를 경험하는 과정에서 이 세상과 당신 자신을 새로운 시각에서 바라보게 된다. 그러나 여기서 경험한 내용을 공개적으로 거론하거나 타인과 애써 공유할 '필요는 없다.' 오늘날의 기업들은 이런 경로의 존재나 그 중요성에 대한 언급을 그리 달갑게 여기지 않기 때문이다.

우리는 이 책을 통해 모든 독자들이 이 경로를 이해하고, 교훈을 얻고, 직접 탐구했으면 하는 바람이다. 우리가 말하는 내용을 실천하는 사람은 자신의 리더십 역량이 획기적으로 향상된다는 사실을 깨닫게 된다. 하지만 그 반대의 경우, 살아가면서 직면하는 가장 소중한 리더십 계발 기회를 두 눈 뜨고 놓칠지도 모른다. 삶은 당신의 것이다. 그리고 선택도 당신의 몫이다.

지식의 출처

이 책에 담긴 모든 정보는 '필연적 경로'를 실제로 경험한 관리자들의 조언과 그들에 대한 조사에서 얻은 내용들이다. 그동안 우리는 리더로서의 자기계발 경험을 지닌 관리자 약 80명과 인터뷰를

했으며, 'CDR 인터내셔널/머서 델타'에서 매주 시행하는 리더십 프로그램을 통해 노바티스와 머크, 델 컴퓨터, 존슨 & 존슨 등 세계적인 다국적기업들의 리더들과도 꾸준히 접촉했다. 특히 이 프로그램은 세계적인 리더들의 삶과 리더로서의 역할에서 경험한 내용들을 우리와 공유하는 좋은 기회였다. 그들은 실제 기업 관리자들이며, 우리는 그들과의 일대일 인터뷰와 지속적인 대화를 통해 많은 정보와 사례들을 수집하는 행운을 누렸다.

이 책은 위대한 리더들이 전해준 이야기들로 가득하다. 다만 사례에 등장하는 사람들의 사정을 감안하여 이름을 바꾸기도 했고 당사자들의 동의를 얻어 그대로 실명을 싣기도 했다. 실명을 거론하는 건 쉽지 않은 결정이었다. 당사자의 실수와 실패 경험뿐 아니라 그 속에서 느낀 절실한 감정까지 고스란히 공개해야 했기 때문이다.

이 책을 위해 기꺼이 인터뷰에 응해준 사람들 중에는 관리자들 외에도 우리의 고객과 동료들도 적지 않았다. 그들 모두에게 진심으로 감사의 인사를 전하며 그 중에서도 특별히 몇 분을 소개한다. 메드트로닉Medtronic의 회장과 최고경영자를 역임한 빌 조지Bill George, 아서 앤더슨Arthur Anderson의 전 회장이며 최고경영자인 조셉 베라디노Joseph Beradino, 퍼시픽 가스 & 일렉트릭Pacific Gas & Electric의 회장 및 최고경영자 로버트 글린Robert Glynn, 노바티스 제약Novartis Pharmaceuticals의 최고경영자 토마스 에블링Thomas Ebeling, 제너럴 밀스General Mills의 부회장 레이 비아울트Ray Viault 등등… 그들 모두에게 깊은 감사의 뜻을 전한다.

세 저자의 이력

우리 세 사람은 하니웰 인터내셔널, GE, 시티콥, 포드, 크래프트, 노바티스 등 세계적인 대기업에서 고위직을 지냈다. 그리고 최근에는 주로 CDR 인터내셔널 & 머서 델타 컨설팅을 통해 인텔과 나이키, 뱅크 오브 아메리카와 같은 거대 조직들을 대상으로 비즈니스 자문과 경영 계발 컨설턴트로 활동중이다. 이외에도 많은 대기업의 최고경영자와 최고위직 인사들을 대상으로 훈련 프로그램을 시행한다. 덕분에 우리는 세계적인 리더들로부터 공식적인 역할 이면에 가려진 많은 것들을 배울 수 있었다. 그들과의 관계에서 배운 정보와 지식 역시 이 책에 고스란히 수록했다.

우리가 소개하는 일부 사례는 독자들의 각별한 주의가 필요하다. 리더십 경로야 누구나 직면하지만 그 대응 방식이 사람마다 다르기 때문이다. 따라서 지성이나 감성을 무시하고 부정한 방향을 고집하다가는 큰 낭패를 보기 십상이다. 지성과 감성을 거부한 결과는 단기적으로 유익해 보인다. 그러나 장기적으로 더 큰 수확을 얻기 위해서는 리더십 경로가 결코 쉽지 않다는 사실을 인정하고 조심스럽게 접근해야 한다. 이 책에서 소개하는 사례들은 그동안의 좌절과 혼란, 고민스러운 상황에서 벗어나는 희망의 메시지다. 아울러 우리가 그동안 세계적인 리더들을 도우며 사용한 기법들을 실천한다면, 당신 역시 일과 사생활에서 오는 힘든 상황들을 무난히 해결하는 유능한 리더로 거듭날 수 있다.

리더십 경로로부터 기대하는 것

맡은 직책을 수행해온 기간이 길든 짧든 리더라면 누구나 13가지 경로 가운데 한두 가지 이상을 이미 경험한 상태다. 힘든 임무를 기꺼이 받아들이듯이 직업적인 경우든, 아니면 일과 사생활 사이의 적절한 균형을 찾는 것처럼 개인적인 경우든, 리더는 리더십에 이르는 경로가 지닌 위력과 가능성에 대해 이미 많이 경험하고 생각했을 터다. 그러나 그 과정이 자신에게 어떤 의미가 있는지조차 모르고 아무런 생각 없이 그 경로를 통과하는 사람도 있다. 삶과 리더십과 관련하여 이 경로들이 부여하는 '풍요와 중요성, 성장의 기회' 등은 전혀 고려하지 않고 오로지 앞만 보고 '무작정 진군'하는 사람들 말이다. 당신도 이런 부류에 속하는가? 그럼, 왜 그렇다고 생각하는가? 어쩌면 눈에 보이는 결과에만 치중해서일 수도 있다. 다시 말해 이 경로를 통과했을 때의 물질적 결과에만 집착한 나머지 '리더십 계발'과 같은 소중한 성과를 그저 책에나 등장하는 이론적인 존재로 치부해버린 결과다. 따라서 이 여정에 수반되는 고통과 자괴감을 회피하는 데 급급하여 '리더십 계발'이라는 중대한 결과에는 관심조차 두지 않는다.

리더십을 바라보는 우리만의 시각

최근에는 지위와 상관없이 모든 리더들이 직책에 맞는 다양한 경험을 하도록 배려하는 기업들이 느는 추세다. 하지만 우리는 리더가 만들어지는 과정에 더 큰 관심을 가진다. 리더로 성장하려면 각 경로에 수반되는 학습 기회를 적극적으로 인식하고 수용해야 한다. 물론 쉽지 않은 일이다. 리더십 경로는 필연적으로 부딪히는 것이지만 그 중간 중간에는 예기치 않은 어려움이 항시 도사린다. 그래서 똑똑하고 유능한 리더라 할지라도 "예측하지 못한 상황 때문에" "다른 사람들이 …해서" "운이 나빠서"라는 식의 변명을 늘어놓으며 어려움을 회피하려 든다. 또한 어려움에 직면했을 때는 자기 성찰을 통한 성장의 기회로 삼기보다 희생양을 찾는 데 모든 에너지를 집중한다(데이비드 도트리치와 피터 카이로의 『당신을 성공으로 이끄는 1% 리더십 *Why CEOs Fail*』 참조).

경로 자체가 '문제'라고 생각할 수도 있다. 그러나 성공의 '장애물'은 사건 그 자체가 아니라 그 사건에 대한 대응 방식이다. 무능한 상사와 일할 때, 해고에 직면했을 때, 회사가 다른 회사의 손에 넘어갈 위기에 처했을 때 등 어떤 경우든 대응하는 방식에 따라 결과가 좋을 수도, 나쁠 수도 있으며, 리더로서의 입지를 더욱 강화할 수도 있고, 현재에 머무르기도 한다. 마찬가지로 리더의 직책을 처음 맡았을 때는 분명 많은 기회도 함께 누린다. 그러나 이 기회를 적극 활용해 학습과 성장을 추구하는 사람이 있는가 하면, 단순히 그 직책을 거머쥔 것에 만족하는 이들도 있다.

이 점을 염두에 두고, 이 책에서 소개하는 13가지 경로의 공통점 3가지를 살펴보자.

첫째, 필연성 Predictable : 리더십 경로는 누구나 필연적으로 경험한다. 하지만 13가지 가운데 몇 가지나 경험하느냐 하는 문제는 사람에 따라 차이가 나며, 필연적이라 할지라도 느닷없이 맞닥뜨리는 바람에 혼란스러울 때도 있다. 또한 개인적인 사건과 직업적인 사건, 서로 상반된 상황, 다양한 경험을 동시에 경험하기도 한다.

개인적인 사건에 대해서는 많은 리더십 책들이 이미 다루었다. 그러나 중요한 사실은 사랑하는 사람의 죽음이나 이혼처럼 살아가면서 겪는 많은 사건들이 당사자의 리더십 역량과 업무 효율에 지대한 영향을 미친다는 점이다. 그러나 많은 개인과 기업들이 이런 사건들로 인해 발생하는 영향을 애써 감추려 한다. 그러나 이는 오히려 리더십의 발전을 저해할 뿐이다.

둘째, 심각성 Intense : 여기서 소개하는 모든 경로는 감성적으로나 이성적으로나 대단히 모진 경험이다. 일 때문에 해외에 체류하거나 특정 사업부의 책임자가 되듯이, 중대한 경험에 직면한 사람에게는 더 이상 안전지대comfort zone가 존재하지 않는다. 이런 상황에 생산적으로 대처하기 위해서는 무엇보다 당사자의 성장이 필요하며, 여기서의 성장이 의미하는 건 바로 '변화'다. 반면 이런 상황에 제대로 대처하지 못할 때는 당사자의 직업 인생뿐 아니라 가정까지 파탄나기 십상이다. 그러나 다행스러운 점은, 이런 심각성이 성장을 위한 좋은 촉매제로 작용한다는 사실이다. 설령 해고와 같은 불미스러운 사건으로 고통을 받았다 하더라도, 이 경험을 토대로 자신의 행동을 다시 한번 생각하고 다음에 리더의 역할을 새로이 준비하게 된다.

셋째, 경로 Passage : 경로란 단어가 의미하는 건 변화와 변천이다. 리더십 경로는 그 사람의 시야를 변화시키고, 자신과 일을 새롭게 조명하도록 하며, 새로운 기술을 습득하거나 좀더 나은 행동 양식을 배우도록 촉구하는 자극제가 된다.

학습이 성공으로 이어지는 과정

단순히 생각하면, 경로를 통해 우리가 도달하는 곳은 성공과 실패 가운데 하나다. 즉 중요한 업무를 잘못 처리하여 실패를 경험하거나, 처음 맡은 리더의 역할을 훌륭히 수행하여 성공에 이르는 사람도 있다. 그러나 전화위복의 교훈을 잊어서는 안 된다. 중요한 업무를 망쳤다 하더라도, 그 일로 인해 스스로를 되돌아보고 주변 사람들로부터 도움을 받아 더 나은 리더로 성장하기 위한 학습 기회로 활용할 수도 있다. 반대로 처음 맡은 리더의 역할을 충실히 수행한 사람은, 단 한 번의 성공에 도취되어 더 이상의 교훈이나 새로운 아이디어를 받아들이지 않는 바람에 발전의 기회를 제 스스로 팽개쳐버릴 수도 있다.

학습에 실패한 몰리

몰리Molly는 실리콘밸리의 한 기업에서 소프트웨어 디자이너로 근무하던 직원이었다. 스탠포드 대학 공학석사 출신으로 회사를 위해 누구보다 열심히 일한 덕분에 그녀는 '떠오르는 샛별'로 인정받아 관리자로 승진했다. 난생 처음 리더가 된 사람에게는 배울 게 그만큼 많은 법이다. 목표를 세우는 방법, 부하 직원들에게 피드백을 제공하는 방법, 혼자만의 기여보다는 관리자로서의 역할에 충실해야 하는 등 리더로서 배울 게 한두 가지가 아니었다. 몰리와 같은 젊은 여성에게는 그 자리가 결코 만만치 않았지만 그녀는 당시 팀이 직면했던 기술적인 문제를 해결하기 위해 혼신의 노력을 기울였다. 부하 직원들과 함께 휴일도 없이 매진한 결과 팀의 문제는 곧 해결되었고, 그로 인해 몰리는 주위의 시선을 한 몸에 받으며 더 높은 자리로 승진했다.

그러나 새로 맡은 직책에서 몰리는 한계를 드러내고 말았다. 그녀가 지닌 기술과 근면함만으로는 더 이상의 결실을 기대하기 어려웠다. 새로운 업무를 제대로 수행하려면 권한과 책임을 적절히 위임하고 부하 직원들의 사기를 북돋워야 했지만 몰리는 어디서도 그런 기술을 배우지 못했다. 게다가 자기만의 기술을 바탕으로 한 관리에서는 큰 성공을 거두었지만 팀을 형성하고 리드하는 방법에 대해서는 문외한이나 다름없었다. 똑똑한 머리만으로는 더 이상 통하지 않았다. 팀을 이끌고 이것저것 시도해보았지만 결국 직원들의 에너지를 고갈시킬 뿐이었다. 때문에 부하 직원 가운데 한 명은 사표를 던지고 나가버렸고, 다른 몇몇 직원들이 몰리의 윗사람을 찾아가 불평을 늘어놓는 바람에 그녀 자신도 직원들과의 접촉을 멀리하게 되었다. 두 번째 승진 이후 불과 8개월 만에 몰리는 해고를 당하고 말았다. 하지만 더 비극적인 사실은, 몰리가 실패의 탓을 불운과 고마워할 줄 모르는 경영진에게로 돌리는 바람에 정작 자신의 장단점에 대해서는 아무런 교훈도 얻지 못했다는 점이다.

성공에 다가선 고든

고든Gordon 역시 몰리처럼 탁월한 기술적 배경을 지닌 인물이다. 어느 항공 업체의 엔지니어로 입사한 고든이 연구팀 가운데 하나를 맡아 항공기용 복합재료 개발에 몰두하고 있을 때였다. 마침 회사에서 군용기용 복합재료 날개 개발에 대한 입찰 제안서를 받자, 고든은 그동안의 경험을 되살려 10억 달러 규모의 계약을 따내는 데 크게 기여했다. 이 일로 인해 그는 설계팀장으로 자리를 옮겼다. 고든이 이처럼 큰 규모의 프로젝트를 맡은 건 이번이 처음이었다. 따라서 성과만 좋다면 엄청난 결과를 손에 넣을 수 있는 절호의 기회였다.

그러나 시작부터 난관에 봉착했다. 프로젝트를 수행할 인력을 선발하기가 녹록치 않은 데다 필요한 자원을 다른 부서로부터 지원받는 일도 생각처럼 풀리지 않았다. 프로젝트 일정은 계속 뒤쳐졌고, 허비한 시간을 만회하기 위해 식음을 전폐하다시피 하며 일에 매달렸지만 상황은 나아지지 않았다. 결국 계약이 파기되면서 회사는 수백만 달러의 위약금을 물어야 했고 실패에 대한 모든 화살은 고든에게로 쏟아졌다. 게다가 지역 언론들이 실명을 거론하며 이 소식을 보도하자 고든의 아이들도 학교에서 따돌림을 당하는 신세가 되었다. 이 일로 고든이 해고를 당한 건 아니지만, 본사에서 근처의 작은 지점으로 좌천되어 소소한 프로젝트나 수행하는 신세로 전락하고 말았다.

극도의 수모를 혼자 감당해야 했던 고든은 경영진과 부하 직원들이 미울 수밖에 없었다. 좌천된 후 한동안은 실패의 책임을 혼자 떠안았다는 생각에 화가 나 일이 손에 잡히질 않았다. 그래서 사표를 던지고 다른 일자리를 알아볼 생각까지 했었다. 하지만 그는 생각을 달리 먹었다. 먼저 리더로서 자신의 약점이 무엇인지, 그 약점들이 프로젝트 수행 과정에서 어떤 영향을 미쳤는지 곰곰이 생각했다. 그리고 자신이 관찰한 내용들을 일목요연하게 정리하여 회사의 다른 관계자들에게도 알렸다. 보고서를 받아본 사람들은 기술적으로나 관리 측면에서도 흠잡을 데 없는 고든의 식견에 감탄을 금치 못했다.

그로부터 1년 여 뒤, 고든은 본사로 복귀하여 새로운 임무를 맡았다. 이 과정에는 그의 후원자들의 입김도 적지 않은 역할을 했다. 고든은 분노로 인해 중요한 인물들과의 대인 관계까지 훼손되는 건 바라지 않았다. 그리고 냉정을 되찾은 후에는, 자신이 프로젝트의 실패에 기여한 게 사실이며 화낼 만한 이유가 그리 많지 않다는 사실도 깨달았다. 이때부터 그는 실패에서 얻은 교훈을 정리하여 다른 프로젝트 책임자들에게 보내기 시작했다. 몇 년 뒤, 고든의 회사는 민항기용 꼬리 날개 제작과 관련된 계약을 수주했다. 회사에서는 유사한 프로젝트에서 실패한 경험이 있는 고든에게 그 일을 맡겼고 이번에는 그도 깔끔하게 프로젝트를 마무리했다.

이 책의 구성

이 책에서 소개하는 13가지 경로는 비단 조직의 리더뿐 아니라 모든 사람들이 살아가면서 한 번쯤은 겪는 내용들이다. 앞에서도 언급했듯이, 각 장별로 하나씩의 경로를 설명하며 대부분의 장에서 다음의 4가지 주제를 중점적으로 논의한다. 첫째, 다양한 직업 경험. 둘째, 경력과 직업의 다양성. 셋째, 삶의 다양한 경험. 넷째, 삶의 힘든 경험. 각 장에서는 각각의 경로에 대한 생생한 사례와 함께 이런 경험으로부터 교훈을 얻는 방법에 대해 설명한다.

먼저 첫 두 장에서는 이 책의 주제에 대해 다룬다. 오늘날의 리더십을 구성하는 요소들이 무엇이며, 경로 속에서의 개인의 태도와 행동이 그 사람의 역량을 얼마만큼 발전시키고 또는 저해하는지를 설명한다. 그리고 다음 장에서는 험난한 여정을 걷고 있는 사람들에게 배우려는 의지가 얼마나 중요한지를 강조한다. 자의식 속에 존재하는 보물을 찾아내기 위해 부단히 노력하는 사람들이 있는가 하면 이런 시도조차 하지 않는 이들도 있다. 유능한 리더로 성장하기 위해서는 기꺼이 배우려는 자세가 필요하다. 따라서 이 책에는 학습 기술을 계발하는 방법에 대해서도 설명한다.

마지막 두 장에서는 개인과 조직을 위한 균형 잡힌 시각에 대해 설명한다. 이 내용을 충분히 이해한 리더는 한층 유능한 패시지 메이커passage-maker로 성장할 수 있다. 또한 조직의 입장에서는, 경로의 한 가운데에 있는 관리자들을 지원함으로써 그 경험이 관리자 자신뿐 아니라 조직 전체로 확산되도록 돕기도 한다.

책의 처음과 마지막 사이에는 필연적이면서도 중요한 13가지 경로가 나열된다. 그 내용을 읽다 보면 스트레스를 받을 때도, 그 속에서 중요한 의미를 발견할 때도 있다. 감성의 고점과 저점을 오가며 더 발전된 리더십 기술과 자의식을 선사하는 것, 이것이 우리가 이 책을 탄생시킨 목적이다.

유능한 리더가 되고 싶다면 구체적으로 무엇을 어떻게 해야 할까?

이 질문에 해답을 제시하는 리더십 전문서는 최근에만 수백 권에 이를 정도다. 리더십에 대한 연구와 사고, 집필 활동을 수행하는 사람들의 부류는 크게 두 진영으로 나뉜다. 첫 번째는 리더십이 본질적으로 행동과 직결된다고 생각하는 사람들이다. 이 논리대로라면 주변의 훌륭한 리더들의 행동 양식을 배우고 모방함으로써 자신도 더 나은 리더로 발전할 수 있다. 실제로 많은 기업에서는 이 논리를 바탕으로 능력 모델competence model을 개발하여 리더들에게 철저히 훈련시키고 평가하는 프로세스를 운영한다.

두 번째 진영은 리더십이 인성과 가치관, 진정성에 기인한다고 보는 사람들이다. 이 논리를 신봉하는 기업들은 자사의 가치관company values을 리더들에게 주입시켜 그 가치를 기준으로 행동하도록 촉구한다.

이 두 논리는 모두가 타당한 동시에 불완전하다. 인성이나 행동 가운데 어느 하나에만 의존하는 리더십 계발은 그 효과가 제한적이다. 이는 리더십의 근원적인 문제를 도외시했기 때문이다. 예를 들어 새로운 아이디어와 새로운 행동 양식을 훈련시켜 리더를 만들기도 한다. 그러나 훈련으로 탄생한 리더가 기업 문화 속으로 되돌아와서도 제 역할을 충분히 수행한다는 보장은 없다. 가장 큰 이유는 학습 환경과 리더로서의 실제 환경 사이의 크나큰 격차 때문이다.

최근 들어 리더십 계발 산업이 폭발적으로 성장했지만 대다수 기업은 여전히 유능한 리더를 찾지 못해 애를 태운다는 사실도 이와 같은 맥락이다. 리더십에 대한 지식과 훈련 프로그램이 크게 확장되었다면 모든 조직 구성원들의 능력과 실적도 그만큼 향상되어야 마땅하다. 그러나 현실은 어떤가? 원숙미와 판단력, 기술을 두루 갖춘 '준비된' 리더를 목말라하는 기업들이 어디 한두 곳이던가?

그렇다면 뭐가 문제일까?

그동안 우리는 '포춘 200대 기업'의 고위 경영진 수백 명을 대상으로 교육과 훈련, 카운슬링을 수행해왔다. 오랜 경험에서 볼 때, 실패를 밥 먹듯 하는 리더들은 주로 자의식self-awareness이 부족한 경향을 보였다. 대니얼 골먼Daniel Goleman도 이 점을 지적하며 감성 지능emotional intelligence이야말로 효율적인 리더십의 중요 요소라고 주장했다. 무능한 리더는 자신의 동기나 약점조차도 제대로 알지 못한다. 그래서 무언가에 실패하거나 원치 않는 책임을 떠맡아야 하는 긴박한 상황에서도 자기 성찰은 안중에도 없다. 똑똑하고 숙련된 리더와 달리 무능한 리더는 자신조차 제대로 이해하지 못하며, 빈약한 자의식 때문에 새로운 직책을 맡더라도 좋은 결과를 기대하기 어렵다.

반면 성공적인 리더는 자신의 장점뿐 아니라 약점까지 꿰뚫는다. 그들은 자신의 한계와 실패 경험을 곱씹으며 그로부터 무언가를 배우려고 노력한다. 그리고 긍정적인 상황이든 부정적인 상황이든 항상 배우고 적응하려는 태도로 임한다. 하지만 성공적인 리더의 가장 큰 차이점은 가정과 직장에서 경험하는 모든 경로들, 예컨대 해고나 승진, 이직, 사랑하는 사람과의 이별, 이혼 등과 같은 상황에 직면했을 때의 감정과 행동 양식을 충분히 인식한다는 점이다.

리더십 경로는 기업의 리더뿐 아니라 우리 모두에게 커다란 영향력을 행사한다. 눈과 마음을 닫고 이 경로를 통과하는 건 자기계발의 기회를 스스로 팽개치는 행위와 다를 바 없다. 경로의 의미를 충분히 의식하고 그 속에서 교훈을 얻으려는 적극적인 태도로 임할 때 비로소 유능한 리더로서의 자질을 획기적으로 향상시킬 수 있다.

비효율적인 리더십 계발

이런 경로에 의존하여 리더십 계발에 힘쓰는 기업은 물론 많지 않다. 치열한 경쟁 속에서 안정적인 '리더십 파이프라인'(리더 육성 시스템)을 구축해야 했던 기업들은 훈련이나 전방위 평가, 다양한 자의식 형성 기법 등에 의존해온 게 사실이다. 이처럼 결과 지향적 시스템에 대한 집착은 지금에 와서도 전혀 달라지지 않았다. 그래서 실적과 행동, 능력, 문제, 기술 등이 리더십 계발 프로그램의 핵심으로 자리한 반면, 프로그램의 타당성이나 취약성과 같은 현실적인 문제들은 고려의 대상조차 되지 않는다. 단호함과 확신에 찬 리더십을 매일같이 경험하고 있지만 그 속에서 자기 성찰의 흔적은 찾아볼 수 없다.

노골적으로든 묵시적으로든, 대다수 기업은 직원들이 개인적인 문제를 표출하거나 꼭 필요한 도움을 요청하는 데 대해 회의적으로 대응한다. 조금만 도와주면 직원들의 개인적인 삶과 리더로서의 삶에 결정적인 영향을 끼칠 수 있는데도 말이다. 직원들 입장에서는 업무에 필요한 것이나 회사의 규정, 어려운 문제, 과도한 기대, 빈약한 실적 등에 대해 상사나 동료를 찾아가 의논할 수도 있다. 또한 실적 평가 도중 문제점을 구체적으로 지적하며 상사의 도움을 요청할 수도 있다. 그러나 이런 경우의 대화는 주로 감정보다 행위 자체에만 치중한다. 다시 말해 직원들이 고민하는 문제를 파헤치기보다 해결책을 찾는 데만 급급하다.

상사나 멘토mentor(조언자)를 찾아 자문을 구하는 직원을 마치 능력이 부족하다는 식으로 바라보는 시각도 문제다. 한 가지 예를 살펴보자. 어느 기업의 관리자가 다른 기업에서 근무하던 자넷Janet이란 직원을 영입했다. 최고의 재목으로 손꼽히던 자넷을 영입하기 위해 그 관리자는 많은 비용은 물론이고 자신의 이름까지 걸었다. 이런 상황에서 자넷이 새 직장의 기업 문화와 규정을 몰라 속을 썩

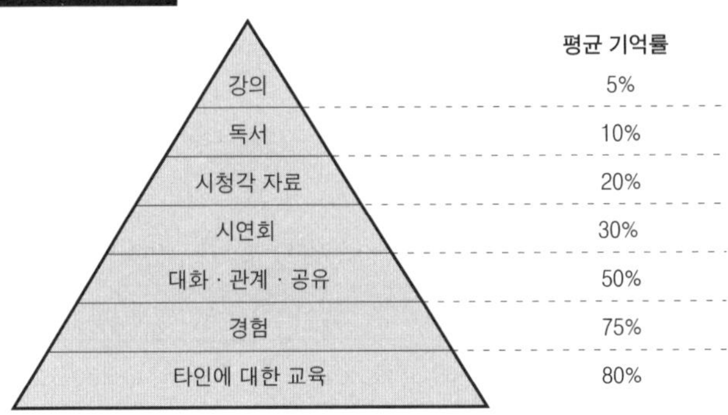

자료 : Jeanne Meister, Corporate Universities

인다고 공개적으로 말할 수 있을까? 〈도표 1-1〉은 "학습 피라미드 (조직의 학습 경로)"를 수치로 표현한 것이다.

마찬가지로 최근 대기업의 고위직 인사들도, 비록 개인적으로는 중대한 사건이라 할지라도 이를 공개적으로 거론하는 건 금기시한다. 살아가면서 겪는 모든 경험은 그 사람의 인성과 의지뿐 아니라 외모에도 큰 영향을 미친다. 이런 경험들을 직장에서 언급하는 데는 적잖은 부담이 따른다. 우리 역시 기업의 고위직 관리자들을 교육하는 과정에서 비로소 그들이 개인적으로 어떤 경로를 경험했으며 이것이 리더십 행위에 어떤 영향을 미쳤는지 조금이나마 알 수 있었다. 특히 남성들은 아무리 어렵더라도 혼자서 이겨내야 한다고 생각하며 가정에서 일어난 일이 직장까지 영향을 미치는 것을 용납하지 않는 경향이 강했다. 그래서 감정을 억누르며 '사적인 자신' private self과 리더십 역할을 분리시키려고 한다. 그러나 이런 강박증은 결국 직장까지 이어져 솔직하지 못한 사람이란 이미지를, 극단적인 경우에는 믿을 수 없는 사람이란 이미지를 낳기도 한다. 예컨대 이혼을 경험한 기업 임원들 가운데 상당수는 일에 집착하거나, 출장을 자주 다니거나, 직원들에게 더 많이 요구하거나, 이유 없는 비난이나 경멸 등의 방식으로 자신의 고통과 분노를 삭이려 한다.

일과 사생활에서 직면하는 경로를 무난히 통과하려면 자기 성찰을 위한 시간과 공간이 필요함에도 회사에서는 이런 여유를 용납하지 않는다. 다시 말해 최근의 기업들은 직원들이 일에서 한 걸음 물러서서 자신을 되돌아볼 '안식의 시간'을 허용하지 않기 때문에, 직원들로서는 자신이 누구이며 무엇을 하는지를 깊이 생각해볼 기회조차 가지지 못한다. 직원들은 리더십 경로가 가져올 결과에는 아랑곳없이 무작정 앞으로 나아갈 뿐이다. 따라서 목표를 달성하지 못하더라도 죄의식을 느끼지 않으며, 회사에 미안한 마음이 들더라도 그 길만이 최선이었다며 스스로를 다독인다.

과감히 전진하는 리더가 마치 유능하다고 생각하기 쉽다. 그러나 혹독한 대가를 각오해야 한다. 자신의 정체성에 대해, 자신의 감정에 대해 심사숙고하지 않는 리더는 결코 유능한 리더가 아니다. 이런 리더에게서는 열정과 힘, 설득력을 찾아보기 힘들다. 무능한 리더는 피드백을 거부한다. 무능한 리더는 자신의 행동이 가져올 부정적인 결과를 바라보지 못한다. 무능한 리더는 스트레스를 제대로 해소하지 못하며, 타인과의 관계에서 유발되는 중대한 신호를 알아채지 못한다. 따라서 무능한 리더는 변화에 이끌려 다닐 뿐 능동적으로 대처할 수가 없다. 문제는 이 모든 것들이 조직에 엄청난 손실을 입힌다는 사실이다. 리더의 활력과 적응력을 팀 구성원들에게 전파하기 위해서는 무엇보다 자기 자신을 알아야 하며, 인간적인 면모를 굳이 숨기지 않는 용기도 필요하다.

경로에서 배우는 교훈이 리더십을 발전시킨다

리더십 경로는 직장 생활의 소중한 로드맵roadmap과 같다. 경로의 실체와 통과 요령을 아는 사람은 학습과 성장의 기회를 얻는다. 리더십 계발은 바로 여기서 시작된다. 리더십의 학습과 성장 경로를 이해하려면 먼저 다음의 "2×2 매트릭스"(〈도표 1-2〉)를 눈여겨보자.

일반적인 통념과는 달리 〈도표 1-2〉는 리더십을 발전시키기 위해 다양한 업무 경험 외에도 여러 가지가 필요함을 보여 준다. 이

도표 1-2 리더십 학습

* 맡은 책임을 완수하지 못해 중대한 실패를 경험한 경우
* 무능한 상사나 경쟁중인 동료들로 인해 어려움을 겪는 경우
* 궤도 이탈(해고, 좌천 등)
* 인수 또는 합병

* 사망이나 이혼 등으로 소중한 관계가 훼손된 경우
* 질병이나 신체적 장애 등을 극복해야 하는 경우
* 가족에 대한 신뢰 상실
* 은퇴나 퇴직 등

	직업적인 삶	개인적인 삶
시련	1. 업무 또는 리드lead의 실패나 어려움 등	2. 개인적인 문제, 사망, 이혼, 상실감 등
업무 다양성	3. 흥미롭고 도전적인 프로젝트, 업무, 역할 등의 다양성	4. 폭넓은 경험 : 독특한 장소, 가족, 문화 등에서의 생활

* 입사
* 리더의 지위로 승진
* 도전적 혹은 실험적 임무를 맡은 경우
* 역할 이동
* 국경을 넘나드는 업무
* 고위 경영진 또는 사업부 책임자로의 승진

* 외국 또는 다른 문화권에서의 체류
* 일과 가정의 조화로운 결합
* 야망을 버리거나 타인의 성공을 함께 기뻐함
* 의미 있는 좌우명을 수립하고 준수함
* 자기만의 유산을 이해하고 받아들임

도표는 업무의 다양성 외에 다른 3가지 요소로 구성된다. 실패를 최고의 스승으로 여기는 기업이 있다. 유능한 리더 역시 직업적 실패로부터 교훈을 얻는다. 실패의 아픔은 누구에게나 마찬가지다. 그러나 유능한 리더는 개인적인 실패와 비극에서도 교훈을 추구하며 가급적 다양한 사람들과 장소, 사건으로 삶을 더욱 확장시킨다.

업무의 다양성과 시련, 여기에 개인적인 경험과 직업적인 경험까지 폭넓게 고려할 때 비로소 리더십을 배우고 발전시킨다. 더 구체적으로 말하면, 적극적으로 자신을 되돌아보고 부족한 부분도 숨김없이 드러내며 해결책을 모색할 때 리더십도 발전한다는 뜻이다. 그러나 자기 성찰과 대화, 솔직함을 권장하는 기업은 불행히도 많지 않다. 도표에서 보듯 개인적인 측면은 무시되기 일쑤이며, 특히 여러 가지 실패 경험 중에서도 직업적 시련이야말로 비난의 좋은 구실이 된다. 그래서 후임자 승계나 승진 대상자를 결정할 때도 프로젝트 실패나 강등, 좌천 등의 경험이 부정적인 요인으로 작용한다.

그러나 아무리 유능한 리더도 실패를 반복한다. 다만, 유능한 최고경영자가 애널리스트^{analyst}의 특정 분기 실적 목표치도 충족시키지 못했다면 곧 그 사실이 만천하에 공개되겠지만, 유능한 리더가 범하는 실패의 상당수는 사소한 것들이어서 좀체 겉으로 잘 드러나지 않는다. 특정 업무에 능숙하다고 해서 다른 업무까지 그럴 것으로 기대하는 건 곤란하다. 예컨대 기술적 혹은 재정적 부문은 통달하더라도 직원들의 자기계발과 사기 진작에는 미숙한 리더들도 있다.

그동안 우리가 지도해온 고위직 리더들 중에서도, 표면적으로는 우수해 보이는 실적으로 승진을 거듭했지만 개인적으로는 그와 같은 성과를 실패로 간주한 경우가 적지 않았다. 이런 자기 비판적 사고 때문에 그들은 스스로가 성공을 만끽할 자격이 없다고 생각한다. 지금 이 순간에도 일과 사생활에서, 표면적인 성공과 개인적인 자책감 사이에서 고민을 거듭하는 사람들이 적지 않다.

시련은 더 없이 좋은 학습 기회다. 시련이야말로 학습의 창이며 감성 지능을 한 단계 도약시키는 계기가 된다. 연이어 성공을 경험한 사람들은 자신의 능력에 도취되어 더 나은 리더로 성장할 기회를 놓칠 때가 많다. 반면 여러 번의 성공 와중에 이따금씩 실패를 경험하는 리더들은 그 속에서 새로운 통찰력을 형성하여 더 유능한 리더로 발전한다.

힘든 과제를 맡아 고민하고 있다면, 지금이야말로 그 고민의 이면에 가려진 당신의 부족함을 깨우칠 좋은 기회다. 상황을 면밀히 고려하고 성찰을 통해 자신의 결점을 적극적으로 찾아나서는 사람은 자의식이 향상되어 미래에 더 중요한 업무도 능히 해결한다. 또한 자신의 결점을 스스로 보완하지 못하더라도, 최소한 무엇이 문제인지를 정확히 알면 인재를 적재적소에 활용하는 능력이 생긴다.

누구나 시련과 다양성을 경험하지만 이런 것들은 사전에 충분히 예측과 대비가 가능하다. 경로의 존재를 아는 사람은 이를 더 없이 좋은 학습 도구로 활용한다. 앞에서 소개한 〈도표 1-2〉는 다음과 같이 네 범주로 구분된다. 첫째, 업무 경험의 다양성, 둘째 직업적 시련, 셋째 개인적인 경험의 다양성, 넷째 개인적 시련. 고속 성장을 거듭하다 무능한 상사(자신의 입장에서 볼 때)를 만나 파탄에 이른 어느 기업 임원의 사례를 통해 리더십 경로가 리더에게 실제로 어떤 의미인지 살펴보자.

잠재적 훼방꾼으로서의 무능한 상사

필Phil은 미국에서도 최고로 꼽히는 대학에서 MBA 과정을 우수한 성적으로 졸업한 '수재'였다. 잘 생기고 똑똑하며 카리스마까지 넘치는 데다 현직 비즈니스 스쿨 교수인 아버지의 후광까지 등에 업은 필은 졸업과 동시에 유명 제조업체에 취직했고, 입사 직후부터 여러 가지 임무를 맡아 훌륭히 처리한 덕분에 초고속 승진을 거듭했다. 두 번째 승진 후에도 필은 여전히 주위의 기대를 저버리지 않았다. 게다가 운이 따라서인지 자신과 유사한 배경을 가진 상사들을 만나 어려움 없이 원만한 상하 관계를 형성하기도 했다.

그러던 필이 다른 팀으로 자리를 옮기게 되었다. 새로 맞이한 상사 토니Tony는 터프가이에다 필과 같은 고급 학위와는 거리가 먼 사람이었다. 토니는 끊임없는 노력만으로 그 자리까지 오른 사람이었고, 조직이 굴러가는 방식과 규정을 빈틈없이 꿰뚫고 있었다. 혼자만의 생각인지도 모르지만, 아무튼 필이 보기에는 토니라는 상사가 처음부터 자신을 못마땅하게 여기는 듯했다. 필이 재계의 저명인사들과 이론을 들먹이며 자신의 행동을 설명할 때마다 토니는 핀잔을 주기 일쑤였다. 게다가 자신은 학력도, 매력도 없지만 오로지 노력만으로 그 자리까지 올랐음을 강변했고, 심지어 필의 아이디어가 공허하다며 '실무팀'으로부터 아예 배제시킬 때도 있었다. 그러면서도 치열한 경쟁을 헤쳐 나가려면 배워야 할 게 너무도 많다는 당부도 잊지 않았다.

자신의 특별한 배경을 상사가 질투하여 그런 것으로 생각한 필은 상사가 트집을 잡을 때마다 퉁명스럽고 거친 대응으로 일관했

다. 그리고 상사로부터 배울 게 없다면 굳이 그 회사에 다니는 것보
다 더 좋은 방법이 있으리라 생각했다.

필의 판단은 옳았다. 적어도 다른 직장을 얻게 되리란 점에서는
말이다. 머잖아 다니던 회사의 경쟁 업체로부터 영입 제의를 받은
필은 그 자리에서 이직을 결정했다. 하지만 그것도 잠시, 새 직장에
들어가자마자 여자 상사와 필 사이에 또 다른 문제들이 불거졌다.
필은 상사가 자신에게 주어야 마땅한 승진 기회를 주지 않는 이유
가 남성들을 향한 증오심 때문이라고 친구들 앞에서 떠벌렸다. 그
리고 몇 개월 뒤, 필은 상사의 상사를 찾아가 다른 팀으로 자리를
옮겨줄 것을 간곡히 요청하여 결국 허락을 얻어냈다. 이번에 만난
상사는 필과 생각이 잘 맞는 사람이었다. 그러나 필의 실적은 더 이
상 예전 같지 않았다. 오랫동안 대인 관계에 치중하느라 정작 중요
한 직무 능력에는 무관심했고 그로 인해 과거의 화려한 명성은 이
미 사라진 지 오래였다.

필의 문제는 '무능한 상사에 대처하는 방법'이란 경로를 무시한
결과였다. 토니가 정말로 무능한 상사였는지 아닌지는 중요치 않
다. 필은 상사와의 허심탄회한 대화를 통해 문제를 해결하려는 노
력을 단 한 번도 시도하지 않았다. 만약 그랬다면 자신이 다양한 배
경을 가진 사람들과의 대인 관계에 미숙하다는 사실을, 자신의 매
력과 학력에 대해 지나친 우월 의식을 가지고 있다는 사실을, 특정
업무를 수행하는 데 필요한 시간과 노력을 충분히 투여하지 않았다
는 사실을 깨달았을지도 모른다. 그래서 자신의 약점을 충분히 파
악했다면, 앞으로 어떤 사람을 만나든 원만한 관계를 유지하는 기
술을 터득했을 터다.

경로에서 배우는 교훈의 검증

중요한 것은, 누구든 이 책에서 소개하는 13가지 경로 가운데 적어도 몇 가지씩은 경험한다는 사실이다. 당신은 각각의 경로를 어떻게 통과하는가? 먼저 경로의 유형부터 살펴보도록 하자.

- 입사
- 리더의 지위로 승진
- 도전적 임무
- 사업부 책임자로 승진
- 중대한 실패에 대처하는 방법
- 나쁜 상사와 골칫거리 동료들을 다루는 요령
- 해고 또는 승진 탈락
- 인수 또는 합병
- 다른 국가 또는 문화권에서의 생활
- 일과 가정 사이의 조화로운 균형 유지
- 야망 버리기
- 개인적인 비극
- 시스템에 대한 신뢰 상실

이 리스트 중에서 당신이 실제로 경험한 항목을 한 가지만 정하자. 가급적이면 최근의 경험 중에서 당신의 일과 사생활에 중대한 영향을 미친 것을 선택하라. 그 사건을 돌이키며 다음의 질문에 답해 보자.

그 사건을 경험할 때, 현실에서 잠시 물러나 상황을 충분히 고려할 시간적 여유를 가졌는가?

그 사건이 종결된 후 성찰의 시간을 가졌는가? 큰 틀에서 볼 때, 그 사건이 당신의 (개인적 혹은 직업적) 삶에 의미 있는 결과였는가?

그 사건에 대해 적어도 한 사람 이상의 타인과 대화를 나누었는가? 이 대화에서 문제의 본질과 해결책(어떤 일이 발생했으며 앞으로 어떻게 대처할 것인지)에 대해 충분히 논의했는가? 또는 당신의 감정과 걱정, 예상 등에 대해서도 깊이 있는 대화를 나누었는가?

그 사건이 예상과 상반된 결과를 낳았다면, 당신의 판단 착오나 실패에 대해 자신 또는 타인에게 솔직히 인정했는가?

그 경험으로부터 배운 게 있는가? 무엇이 잘못되었는지 다시 한 번 심사숙고했는가? 당신의 부족한 점을 충분히 알았는가? 그 약점을 만회하기 위해 필요한 지식이나 기술을 배울 생각인가? 다음에 또 다시 비슷한 사건에 직면했을 때 더 잘 해결할 준비가 되었는가?

당신이 특별히 뛰어난 사람이 아니라면 이 질문들 가운데 적어도 한두 가지에 대해서는 "아니요"라고 답했을 것이다. 또한 앞서 소개한 필처럼 자신의 실패에 대해서는 방어적인 태도를 취하며 문제의 탓을 타인에게 전가하거나 혹은 무작정 목소리를 높이며 본질을 회피하려는 사람도 있다. 이처럼 경로를 깊이 고민하기 위해 충분한 시간과 노력을 투자하며 의욕적으로 달려드는 사람들은 그리 많지 않다. 그러나 리더십의 발전은 여기서부터 시작된다는 점을 기억해 두자.

더 유능한 리더가 되고자 하면서도 자의식이나 감성 지능을 성숙시키기 위해 고민하는 사람은 많지 않다. 그보다는 효율적 리더십과 관련된 전통적 용어들을 추종한다. 예컨대 훌륭한 리더가 되기 위해서는 의사 결정이나 전략 수립 등의 기술을 습득해야 한다고 생각한다. 또한 승리하는 게 효율적 리더십의 핵심이라고 생각하는 사람들이 있는가 하면 사람을 다루는 요령, 즉 대인 관계 기술을 중시하는 사람들도 있다.

물론 이 모든 요소들이 중요하다. 적어도 이 모든 행위들이 리더십의 성장을 견인하는 방향으로 이행된다면 말이다. 그러나 기술 습득이나 목표 달성, 관계 형성 등은 모두가 정확한 자의식에서 출발한다. 자의식이 결여된 사람은 올바른 성장이 불가능하다. 비록 좋은 상황에서는 대인 관계가 원만하더라도 심한 스트레스에 직면하거나 약점이 노출되었을 때는 기존의 관계가 한순간에 무너질 위험이 있다. 자신조차 제대로 모르면 어떠한 경로에서도 교훈을 얻기 힘들다. 특히 경로의 중요성이 클수록 학습의 중요성 또한 더 커진다.

여기서 본질적인 의문이 도출된다. 더 유능한 리더로 거듭나기 위해 각 경로로부터 교훈을 얻으려면 도대체 무엇을 어떻게 해야 할까? 이 책을 통해 분명한 해답을 얻기 바란다.

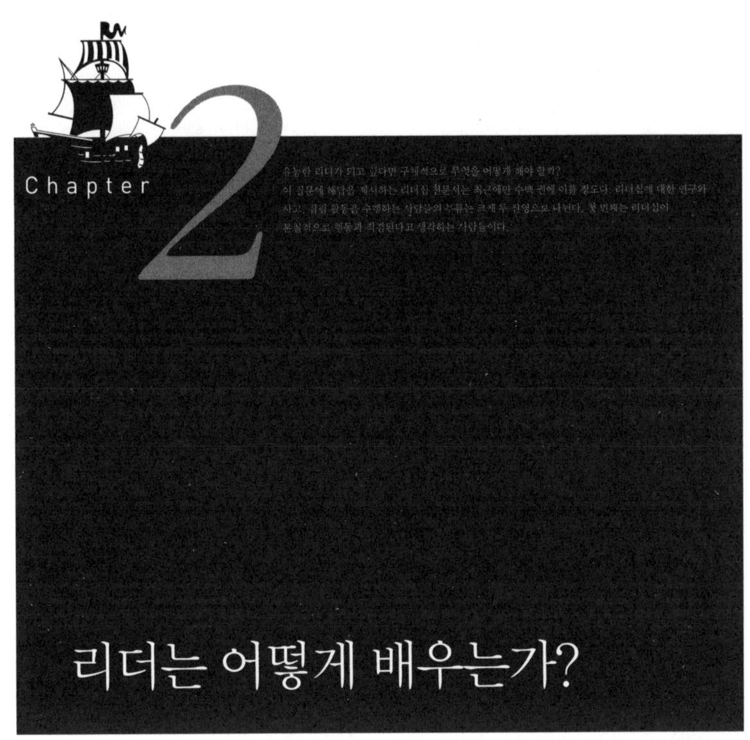

이 질문에 해답을 구하고, 각각의 경로가 리더십 학습과 성장을 촉진하는 과정을 이해하기 위해서는 먼저 용어부터 명확히 정의하자. 리더십 학습leadership learning은 크게 '교실 학습'classroom learning과 '경험에 의한 학습'experience-based learning이라는 두 범주로 구분된다. 교실 학습은 사례 연구를 통한 인식적 이해와 타인의 지식을 공유하는 방식이다. 실적 향상을 위해 관리자들이 특정 이론이나 사실을 배울 수는 있다. 그러나 데이터와 지식을 얻었다고 해서 리더십 행위마저 달라진다는 보장은 없다. 리더십, 특히 감성 지능은 일방적인 인식 활동만으로는 얻을 수 없기 때문이다.

두 번째 유형인 경험에 의한 학습은 말 그대로 행동을 통해 배운다는 뜻이다. 경험으로부터 교훈을 얻는 방식에 대해서는 전문가마다 견해가 다를지 몰라도, 개인이 환경에 대응하는 행동 양식에 따라 배우는 내용도 달라진다는 점에 대해서는 이견이 없다. 일반적으로 무언가를 경험한 사람은 그 경험을 혼자 곱씹어보며 다른 사람들과 대화를 나누고, 이 과정에서 얻은 인식과 감정이 행동에 영향을 미쳐 다음에 똑같은 상황이 오더라도 효과적인 대응을 생각한다.

그렇다면 경험이 종류에 상관없이 모두 유익할까? 나중에 다시 살펴보겠지만 효율적 리더십의 견인차는 시련과 다양성, 직업적 · 개인적 경험의 '복합체'다. 한정된 범위 내에서 되풀이하는 경험은 그 결과가 아무리 성공적이더라도 리더십 발전에 그다지 큰 도움이 되지 않는다. 또한 각 경로가 부여하는 의미가 아무리 크다 하더라도 그 길을 걷는 사람에 따라 배우는 내용은 판이하게 달라진다. 같은 경험을 하고 같은 길을 걸었어도 사람에 따라 얻는 소득이 크게 다른 이유를 이해하려면, 먼저 새로운 학습의 기회를 접했을 때 당사자의 의식 속에서 일어나는 현상부터 이해해야 한다.

태도가 학습에 미치는 영향

CDR 인터내셔널에서 개발한 실천 학습Action Learning 프로그램과 같은 다양한 프로그램들을 관찰해 보면 경험 학습의 효과를 어느 정도 짐작할 수 있다. 리더의 유형은 매우 다양하다. 새로운 경험을 적극적으로 받아들이는 리더가 있는가 하면 매우 폐쇄적인 리더도 있지만 경험을 통해 선입견을 형성한다는 점에서는 마찬가지다.

경험 역시 일상적 혹은 반복적 경험(새로운 학습이나 기술력이 필요치 않다)과 적응이 필요한 경험(새로운 방식의 행동과 문제 해결 양식이 필요하다)으로 구분한다. 〈도표 2-1〉은 학습 효과 측면에서 특정 경험이 다른 경험보다 효과적인 이유를 체계화한 것이다.

이 도표 맨 위에는 개방성과 폐쇄성이라는 2가지 태도 유형이 자리한다. 새로운 상황에 직면했을 때, 개방적 태도를 지닌 사람은 선입견 없이 대처하며 '경험을 통해' 새로운 이론 또는 가정을 형성한다. 반면 폐쇄적인 사람은 선입견이 가미된 이론 또는 가정을 앞세워 새로운 상황에 대응한다.

도표의 왼쪽은 상황을 효과적으로 처리하기 위해 새로운 학습이 필요한 경우(적응의 변화)와 필요 없는 경우(기술적 변화)를 구분했다.

'중대한 기회 포착' 군에 해당하는 리더는 각오를 새롭게 다지고 새로운 아이디어를 수용하며, 때로는 자신을 바라보는 시각마저 새롭게 변모시킨다. 이 책에서 설명하는 도전적 임무나 승진, 리더십 경로에는 한결같이 이런 기회들이 숨어 있다. 따라서 학습을 통해 새로운 사고와 새로운 행동 양식을 받아들여 상황을 최대한 유리하게 이끌어야 한다. 또한 자신의 행동에 대한 부정적 피드백에도 관심을 유지하며 한층 바람직한 행동 양식으로 대체할 필요가 있다.

'기회 상실' 군에 속하는 리더는 학습 자체를 도외시한다. 부정적 피드백에는 아예 귀를 닫고, 반박하기 어려운 명백한 증거에도 불구하고 자신의 문제나 약점을 극구 부인하며 기존의 행동 양식을 변함없이 고수한다. 한 예로 몰락하는 기업을 이끄는 경영자들 중에는 새로운 상황에 적응하기는커녕 과거의 성공 사례를 바탕으로 전략을 수립하는 바람에 더 큰 낭패를 보는 경우가 적지 않다.

'제한적 기회 포착' 군에 속하는 리더는 개방적인 태도 덕분에 어느 정도의 이득을 보는 건 사실이지만, 그 기회의 효용을 극대화하기 위해 최대한의 노력을 기울이지는 않았다. 이 집단에 해당되는 리더들은 주로 과거에 훌륭히 처리했던 익숙한 업무들만을 선호하며, 과거와 유사한 처리 방식에 의존하여 매번 좋은 결과를 얻고자 기대한다. 오랫동안 같은 직책에 머물러온 리더들이 이 범주에 해당한다. 이런 리더들 중에는 능력이 뛰어난 전문가들도 있지만 더 이상의 발전이 어렵다는 한계를 지닌다.

'기회 부재' 군에 해당하는 리더는 경험의 포로와 같은 존재들이다. 이런 리더들은 태도가 극히 부정적일 뿐 아니라 틀에 박힌 업무만을 선호하므로 리더십의 발전을 기대하기 어렵다. 규모가 여러 차례 축소된 팀을 이끌고 있는 리더, 승진에서 매번 제외된 리더 등이 여기에 해당하며, 생각 자체도 매우 회의적이기 때문에 리더십을 바라보는 시야 역시 편협하고 폐쇄적이다.

리더로서의 일생 중에 '중대한 기회 포착' 군에 머무르는 경우는 극히 짧다. 업무에 휘둘리는 탓도 있지만 리더 자신의 태도와 경력의 영향도 만만치 않기 때문이다. 아무리 성공적인 관리자라 하더라도 자신과 타인, 비즈니스 등을 속속들이 꿰뚫는 전지전능한 존재일 수는 없다.

심리학자 데이비드 코브David Kolb의 이론은 학습 프로세스를 이해하는 데 매우 유익한 개념이다. 코브는 사람들이 배우고 성장하는 방식에 착안하여 독창적인 이론을 개발했다('코브 학습 이론'Kolb Learning Theory으로 불린다, 〈도표 2-2〉).

무언가를 경험한 사람은 그 경험을 돌이켜보고 나름대로 의미를 얻는다는 게 코브 학습 이론의 주된 전제다. 그리고 이 의미를 통해 조직과 리더십, 자기 자신 등에 대한 개념을 형성한다고 했다. 당면한 상황에서 전개되는 현상들을 설명하기 위해 사람들은 나름대로의 '가설'을 창조해낸다. 그리고 이 가설을 다른 상황 속에서 테스트하여 그 타당성이 확보되었을 때 비로소 새로운 학습이 이루어진 것으로 규정한다.

그러나 모든 걸 다 안다는 식의 태도를 가진 리더는 새로운 개념

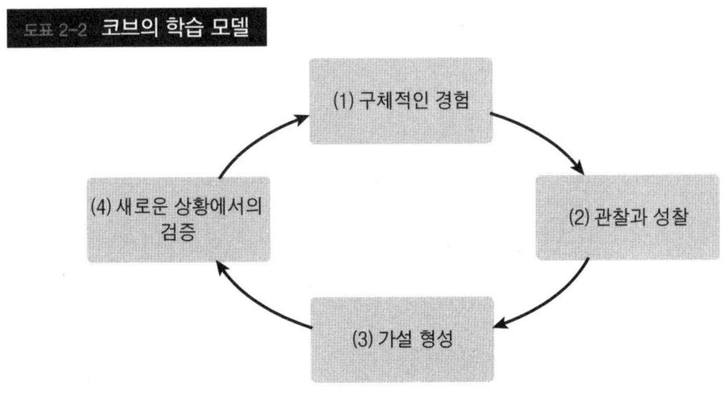

자료 : Kolb, 1984.

이나 이론을 형성할 수 없으며 검증 또한 불가능하다. 과거에 성공적으로 대응했던 상황과 동일한 경험에 직면했을 때는 과거와 동일한 방법을 구사함으로써 비교적 좋은 결과를 얻기도 한다. 그러나 과거와 정확히 동일한 상황이 재현되는 경우는 드물며, 따라서 이런 리더는 십중팔구 실패에 이른다.

실패는 또 다른 기회다

실패도 이차적인 학습 기회다. 어떤 경우든 실패를 경험한 사람은 그로 인해 스스로를 되돌아보는 기회로 삼는다. 이때 지나치게 방어적 성향의 소유자가 아니라면 그 경험으로부터 새로운 무언가를 배우게 마련이다. 그러나 많은 사람들이 이처럼 소중한 2차 학습의 기회를 그냥 흘려버리는 게 현실이다. 거대 다국적기업치고 실패를 반기는 경우는 극히 드물다. 따라서 실패라는 중요한 학습 기회를 거부하거나 아예 고려조차 하지 않는다. 실제로 대다수 대기업에서는 자사의 리더들이 과거의 경험을 성찰할 수 있는 시간적 여유를 주지 않을 뿐더러 리더 자신의 취약점을 공개적으로 인정하는 일조차 허용하지 않는다. 그래서 직무상의 실패나 실수 또는 실망스런 상황에서도 리더는 (자신에게나 타인에게나) 자신의 잘못을 부인하게 된다. 날씨, 소비자 행동, 비즈니스 여건의 변화, 가격, 감당하기 어려운 경쟁 업체 등 내외부의 '예상치 못한 상황'을 운운하며 저조한 실적의 책임을 회피하는 기업 관리자들도 이와 같은 맥락이다. 어떤 리더도 "내가 일을 망쳤어!" 하고 인정하지 않는다.

그러나 최고의 리더가 되고자 하는 사람은 실패를 부인하거나 다른 희생양을 찾으려 해서는 안 된다. 그동안 내로라하는 리더들을 수없이 접하는 과정에서 우리는 학습자learner와 퇴보자laggard의 차이가 개인적인 책임 의식에서 비롯된다는 사실을 발견했다. 변화는 실패와 동반된 부정적인 감정을 인정하고 표현하는 데서 시작된다.

리더십 계발 프로그램을 진행할 때 우리가 자주 언급하는 내용 중에 'SARA 모델'이란 게 있다. 여기서 SARA는 Shock(충격), Anger(분노), Rejection(거부), Acceptance(수용)의 약자로, 원치 않는 상황 또는 결과에 직면했을 때 리더의 감성적 반응 유형을 4가지로 구분한 것이다.

첫째, 충격 Shock : 당신이 일을 망쳤다는 사실, 타인들이 당신을 비난한다는 사실, 당신 자신 또는 타인들의 기대치를 충족시키기 못했다는 사실을 인정한다.

둘째, 분노 Anger : 일이 계획대로 풀리지 않아 화가 난다.

셋째, 거부 Rejection : 실패의 책임을 다른 사람 혹은 사물에게로 전가하며 그 과정에서 당신의 역할을 부인한다.

넷째, 수용 Acceptance : 실패를 낳은 당신의 약점을 인정하고 실망스런 감정 또한 인간으로서 당연한 것임을 받아들인다.

이 모든 감정들을 혼자 힘으로 극복하기는 쉽지 않다. 그러나 13가지 경로를 제대로 이해하면 이런 감정들을 효과적으로 극복할 뿐 아니라 학습을 촉진한다.

새로운 정체성을 형성하는 방법

'리더십 학습'이 난해하다는 말도 틀린 건 아니다. 짐 노엘Jim Noel은 램 차란Ram Charan과 스티브 드로터Steve Drotter와 함께 저술한 『리더십 파이프라인The Leadership Pipeline』에서, 기업의 관리자들은 과거에 맡은 직무의 성공 여부에 따라 파이프라인 상에서 긍정적 혹은 부정적인 방향으로 '선회'한다고 했다(〈도표 2-3〉). 한 예로 영업 사원은 단일 기여자individual contributor로서의 뛰어난 영업 기술을 발판으로 영업 관리자로 승진할 수는 있지만, 관리자에게 필요한 기술과 단일 기여자로서의 그것은 엄연히 다르다. 그럼에도 불구하고 영업 사원은 관리자가 된 후에도 여전히 현재의 지위를 가능케 해 준 기술에 의존하게 된다. 이런 현상이 잘못되었다고 할 수는 없지만 관리자로서의 학습과 성장을 저해하는 것만은 분명하다. 비록 관리자로 승진했다 하더라도 모르는 것을 새로 배우기보다 알고 있는 것에 의존하려는 심리가 강하게 작용하기 때문이다.

사람들은 경로를 통과하면서 과거에 성공을 낳았던 행동과 태도에 의존하기 쉽다. 그러나 그 길을 걷다보면 그동안의 자신감이 심각한 위협에 직면할 때가 온다. 도전적인 임무를 받아들이거나, 해외에 체류하거나, 사랑하는 사람이 사망하거나, 무능한 상사와 함께 일해야 하는 등의 상황은 더 이상 '안전지대'를 용납하지 않는다. 삶이 조금씩 변하듯이 당신 역시 그 시간들과 함께 변해야만 한다. 변화 자체를 거부하는 사람도 있다. 그러

돌이켜보면 내가 하니웰Honeywell을 바꾼 것보다 하니웰이 나를 바꾼 게 훨씬 많았다. 내 나름대로는 '차이'를 만들고 있다고 생각했지만, 그건 내가 원하던 종류의 차이가 아니었다."

빌 조지Bill George |
메드트로닉Medtrinic 전前 회장 겸 CEO

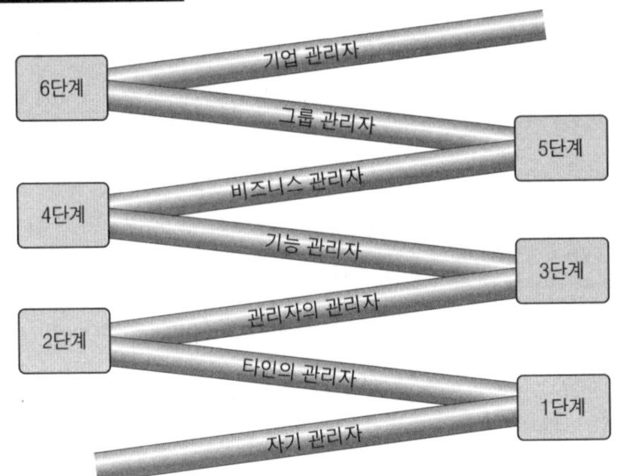

자료 : Charan, Drotter, Noel, 2001.

나 각각의 경로에는 학습과 성장의 기회가 숨어 있으며, 그 기회에 적극적으로 대처하는 사람만이 리더십을 획기적으로 발전시킨다.

과거의 가정에서 벗어나지 않는 한 경로를 통한 학습도 불가능하다. 다시 말해 과거의 성공을 뒷받침했던 인자들과 태도, 기술 등이 미래에도 그대로 적용된다는 보장은 없으며, 기존의 지식도 더 이상은 소용이 없을 수 있다는 점을 인정해야 한다. 여기에는 상당한 부담도 따른다. 리더 자신의 약점이 노출될 뿐 아니라, 그동안 전문가처럼 비쳐져온 리더의 이미지가 한순간에 초보자로 전락할 수도 있기 때문이다. 이 과정은 심리적으로 무척 고통스런 변화의 순간이지만, 당사자가 그 사실을 인지하지 못할 수도 있다는 점에서 심각성은 더욱 커진다. 그래서 우리는 중대한 경로에 직면한 관리자들을 훈련시킬 때, 스스로의 약점을 인정하고 학습과 성장의 선봉장이 되도록 격려하는 데 역점을 둔다.

나는 중대한 전환점을 경험하면서 오히려 리더십에 대해 더 많은 걸 배웠다. 내가 아는 게 전부가 아님을 인정하고 타인의 말에 귀를 기울이는 것이야말로 학습의 원천이며 리더십을 발전시키는 지름길이다. 과거의 나는 어떤 상황에 직면하든 혼자서 전부를 결정하며 팀의 기여를 용납하지 않았다. 그러나 새롭게 직면한 상황에서는, 설령 자신이 전문가라 하더라도 타인의 생각에 귀를 기울여야 하며 그렇지 않으면 리더로서 큰 실수를 범하게 된다.

토마스 에블링Thomas Ebeling |
노바티스 제약Novartis Pharmaceuticals CEO

일반적으로 과거의 성공에 따른 흥분이나 복잡한 이슈에 사로잡혀 있는 사람들에게는 무언가를 배우고 말고 할 겨를이 없다. 예컨대 특정 사업부의 실적을 개선해야 하는 중대한 역할이 당신에게 주어졌다고 가정해 보자. 이 사업부는 회사 입장에서도 대단히 중요한 분야다. 주위의 높은 기대와 스스로의 위상을 입증해야 한다는 이중고에 시달리는 당신은 처음부터 전문가처럼 행세하며 남다른 활약상을 보여 주고 싶다. 그 결과, 새로운 역할을 맡은 첫 몇 개월 동안 한걸음 물러서서 업무에 필요한 지식과 정보를 얻기보다는 무작정 행동에 뛰어들어 일을 더 어렵게 만들 수도 있다. 델 컴퓨터, 존슨 & 존슨 같은 기업들은 이 단계에서 개입하여 리더들의 변화를 유도하는 정책을 도입했으나 아직은 그 실효성이 기대에 미치지 못하는 수준이다. 설령 상사나 멘토로부터 조언을 받는다 하더라도 그 내용은 업무를 처리하는 데 필요한 기술적 조언에 그치는 경우가 많다. 일을 제대로 완수하려면 정말로 필요로 하는 내용이 담긴 피드백이 필수적이다.

각 경로에서의 학습 효과를 극대화하기 위해서는 먼저 자신의 정체성을 때로는 포기해야 한다. 다시 말해 과거의 승리자, 스타star 또는 실적 우수자란 이미지를 과감히 벗어던져야 한다. 정체성 진화 과정은 조금씩 천천히, 오랫동안 지속될 때가 많다. 그러나 정체성의 진화야말로 학습 프로세스의 핵심임을 잊어서는 안 된다. 배우자나 고향 또는 이웃들을 동원하여 자신의 정체성을 포장하는 일은 더 이상 없어야 한다. 관리자든, 평범한 직원이든, 해외 거주자든, 과거의 정체성을 버릴 때 비로소 새로운 무언가를 받아들일 수 있다. 그리고 새로운 정체성을 형성하려면 그에 합당한 기술과 신념을 배워야 하며 이것이 바로 학습 프로세스의 핵심이다.

시련은 학습의 견인차다

앤드류Andrew는 기술에 관한 한 신적인 존재였다. 포춘 100대 기업에 포함된 어느 대기업에서 경영정보 시스템 담당 임원으로 재직 중인 그는 비상한 두뇌로 높은 실적을 구가했으며, 최근 우리의 리더십 계발 프로그램에도 참여했다. 앤드류는 전형적인 하이테크high-tech 리더였다. 소프트웨어 디자인에 관한 일이라면 물불을 가리지 않고 달려들었고, 그 덕분에 다른 기술 전문가들보다 독창적이고 풍부한 아이디어들을 수없이 창안해냈다. 그러나 머리가 너무 좋았던 탓인지 그는 직장에서의 대인 관계에 대해서는 별로 신경 쓰지 않았다. 반사회적 성향 때문이 아니라 목표에 지나치게 치중한 탓에 일 이외의 다른 주제에 대해 대화를 나눌 필요성 자체를 느끼지 못한 것이다. 그 때문에 동료들은 앤드류가 자신들을 이용한다고 느낄 때가 많았다. 지식만 쏙 빼먹고 개인적인 문제에 대해서는 아무런 신경도 써주지 않는다는 인상을 받은 것이다.

그러던 어느 날, 앤드류는 느닷없는 교통사고로 중상을 입어 신체의 일부가 마비되었다. 그로부터 6개월이 지나면서 다행히 건강이 조금씩 호전되어 재활 치료를 받기에 이르렀다. 그러나 앤드류의 심정은 참담함 그 자체였다. 대학 졸업 이후 한시도 쉬지 않고 달려온 그였지만 지금은 부분 마비로 재활 치료중이어서 직장으로 돌아간다는 건 꿈도 꿀 수 없었다. 게다가 양 손목의 골절로 신경이 손상을 입어 타이핑이 힘들어 컴퓨터 앞에 앉을 수조차 없었다. 혹독한 시련의 시간이었다. 앤드류는 자신감마저 상실한 채 우울한 나날을 보냈다.

하지만 시간이 흐르면서 상황도 조금씩 나아졌다. 앤드류는 재활 치료의 일환으로 자신과 비슷한 지경에 처한 다른 사람들을 만나며 처음으로 감성적 차원의 대화를 나누기 시작했다. 이 모임에 참여한 사람들은 현재의 두려움과 미래의 희망을 서로 공유했다. 또한 앤드류는 중상자들에게 필요한 정보를 제공할 뿐 아니라 기술 세계 이외의 다양한 분야의 사람들과 친분을 맺도록 도와주는 후원 단체에도 참여하여 많은 사람들과 교류했다.

이윽고 손목 기능이 웬만큼 회복되어 직장으로 복귀한 앤드류는 머잖아 과거와 확연히 달라진 자신의 모습을 발견했다. 일 이외의 잡담을 금기시했던 그가 동료들에게 먼저 다가가 이야기를 하고 그들의 말에 귀를 기울일 정도로 달라진 것이다. 소프트웨어 디자인에 대한 열정이 사라진 건 아니지만 이제는 동료들의 일과 사생활에 대해서도 관심을 가질 만큼 여유를 얻었다.

사고 전만 하더라도 앤드류는 뛰어난 기술에도 불구하고 팀 관리자로 거론되지는 못했다. 그러나 회사에 복귀한 후에는 팀 관리자로 승진했다. 재활 과정에서, 원만한 대인 관계로 직원들의 자기 계발을 돕는 기술을 체득한 결과였다. 앤드류가 근무하던 회사는 감성 지능을 리더십의 일차적 요소로 생각하는 곳이었다. 따라서 앤드류도 그 기술을 얻었으니 당연히 팀 관리자의 유력한 후보로 선정된 것이다.

앤드류는 예상치 못한 시련으로 인해 특별한 기술을 배운 사례다. 그는 뜻밖의 상황에서 배운 교훈을 최대한 활용했다. 성찰과 대화를 통해 자신에 대해 많은 것을 깨달았으며 한층 새롭고 효율적인 정체성을 형성했다.

실패의 가치

부분 마비 상태에서만 하더라도 앤드류는 철저한 실패자였다. 신체의 일부가 망가졌을 뿐 아니라 그동안 갈고닦은 기술과 지식도 당장은 무용지물이었다. 이런 상황이라면 모든 걸 포기하고 패배감에 사로잡혀 지낼 만도 했다. 그리고 자신을 엉뚱한 장소에 떨어뜨린 불운을 원망하며 쓰디쓴 눈물을 흘렸을 터다. 그러나 앤드류는 그렇지 않았다. 그는 새로운 사람들과 새로운 가능성을 향해 자신을 내던졌다. 철저한 실패가 오히려 변화와 성장의 촉매로 작용했다.

인생을 살다보면 성공과 실패가 늘 교차한다. 오랫동안 기업의 고위직 관리자들을 전문적으로 훈련시켜온 덕택에 우리는, 실패를 경험하고 이를 극복한 관리자와 아무런 우회도로나 예상치 못한 후퇴를 경험하지 않고서 곧장 승진 가도를 달려온 관리자들을 어렵지 않게 구분한다. 한두 번의 실패조차 겪어보지 못한 리더는 자기만의 안전지대를 벗어날 이유가 없으며, 정체성을 수정하거나 동정심 따위에 신경 쓸 이유도 없다. 그렇다고 실패가 재미있다거나 반드시 경험해야 한다는 뜻은 아니다. 실패는 분명 쓰라린 상처를 남긴다. 실패를 자주 경험하다가는 직장 생활에 심각한 문제가 발생하거나 심한 경우에는 인생이 송두리째 망가지기도 한다.

반면 실패는 당사자를 깊이 있는 존재로 만드는 역할을 한다. 자신의 오류를 발견하고 이를 수정하여 시야를 확장하는 것, 사례 속의 앤드류처럼 타인을 향한 관심과 애정을 계발하는 것 또한 실패에서 얻는 소중한 자산이다. 결과적으로 실패를 경험한 사람은 그렇지 않은 사람들이 결코 얻을 수 없는 중요한 관계 형성 기술을 터득할 수 있다.

이 책에서는 13가지 경로를 모두 설명할 때까지 이 실패란 단어가 반복해서 등장한다. 그러므로 실패가 어떤 과정을 거쳐 학습에 영향을 미치는지를 먼저 살펴볼 필요가 있다. 다음에서 설명하는 대로 따라해보자.

첫째, 일과 사생활에서 경험한 중대한 실패의 순간을 생각해 보자. 결혼에서 취직에 이르기까지 어떤 것이든 상관없다. 실패의 내용을 구체적으로 정리한 뒤 한두 문장으로 집약한다. 이때 '실패'란 단어를 반드시 사용해야 한다.

예) 최근에 나는 회사의 부장 승진 후보자 세 명 가운데 포함되었지만 낙점에는 실패했다.

나는 적어도 십대 아들을 둔 아버지로서는 실패한 사람이다.

너무 강압적으로 대하는 바람에 아들과의 관계가 엉망이 되었기 때문이다.

　　둘째, 실패를 경험한 직후에 어떤 느낌을 받았는지 정리해 보자. 실패의 원인을 남에게 돌렸는가? 세상이 끝난 것처럼 행동했는가? 당신의 능력과 지성에 의문을 제기했는가?

　　셋째, 이제 한 걸음 나아가 실패로부터 얻은 긍정적인 결과를 기록하자. 다음의 항목들 가운데 긍정적이라고 생각하면 무엇이든 좋다.
　　　예) 실패로부터 배운 기술, 실패로부터 배운 교훈, 실패를 통해
　　　　　형성한 대인 관계

　　넷째, 한 인간으로서 당신은 실패를 통해 어떤 변화를 경험했는가? 실패를 통해 얻은 개인적 특성이나 태도를 구체적으로 정리해 보자. 그리고 실패 전후의 자화상을 그려본 뒤, 실패 이후에 더 현명하고 성숙한 인간으로 거듭났는지 생각해 보자.

　　대다수 사람들은 사건이 일어난 시점으로부터 몇 개월 혹은 몇 년이 지난 후에야 비로소 실패의 가치를 깨닫는다. 기업의 관리자들도 2년 전에 있었던 실패의 경험에 대해서는 공개 석상에서도 부담 없이 이야기하지만 불과 이틀 전에 발생한 사건에 대해서는 그렇지 못하다. 우리가 이 책을 쓴 목적은 실패의 교훈을 '실시간'으로 깨닫게 하기 위함이다. 그래야 어떤 경로에 직면하든 학습과 성장을 통해 더 발전된 리더가 될 수 있다.

왜 13가지 경로 가운데 '입사'를 처음으로 꼽았는지 의아해할 사람들도 있을지 모른다. 우리가 회사에 들어가는 건 그 회사가 우리를 원하기 때문이다. 그래서 회사는 두 팔을 벌리고 우리를 환영한다. 하지만 평온한 항해만을 생각하고 아무런 준비를 하지 않은 사람은 사나운 폭풍이 닥쳤을 때 한순간에 가라앉고 만다.

첫 번째 경로 역시 변화를 의미하며, 변화란 게 그렇듯이 겉모습과 실제 사이에 적잖은 차이가 존재한다. 아니 더 직설적으로 말하자면, 눈으로 본 것과 손에 넣은 것이 전혀 다른 경우도 있다. 최근에 대학을 졸업한 학생이나 오랫동안 기업을 경영해온 관리자도 여기서 예외일 수 없다.

몇 년 전에 하버드 대학 심리학 교수 데이비드 맥클랜드David McClelland가 시행한 연구에 따르면, 사람들은 성취와 권력, 관계를 향한 욕구에서 동기를 얻으며 라이프 사이클의 어느 지점에 위치하느냐에 따라 동기의 유형도 달라진다고 했다. 예를 들어 10대들은 주로 다른 사람들이 자신을 받아들여주기를 바라는 강한 욕구를 지닌다. 즉 관계에 대한 욕구가 다른 어느 시기보다 강하며 이런 성향은 대학과 첫 사회생활까지 이어진다. 그래서 처음으로 기업에 입사한 젊은이들은 소속의 욕구 때문에 조직과 문화에 빨리 적응하기를 바란다. 하지만 입사한 후 어느 정도 시간이 흐르면서 직업적인 평판과 목표 달성에 대한 욕구가 점차 강해진다. 그리고 몇 번의 승진을 거듭하면서 권력과 영향력을 추구하는 욕구가 서서히 부상한다. 〈도표 3-1〉의 '동기의 변화'를 눈여겨보자.

대학을 갓 졸업한 신입 사원들 중에는 회사와 자신의 가치관이 맞지 않아 크게 실망하는 경우가 종종 있다. 이럴 때는 타협을 하든지 아니면 회사를 떠나는 것 중 하나를 선택해야 한다. 반면 중년에

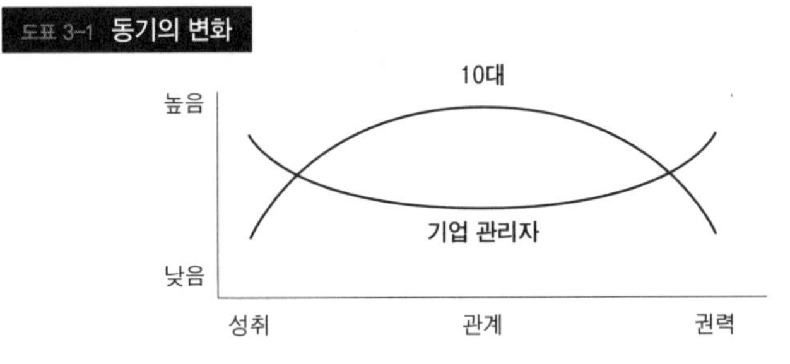

자료: Bridges, 1980.

접어들어 새로운 회사에 들어간 사람들은 성취와 승진의 기회를 약속받았음에도 불구하고 그 기회가 공평하지 않아 고민하는 경우도 있다. 또한 기존 직원들이 외부에서 영입된 직원들에 대해 저항이나 노골적인 적개심을 표출하기도 한다.

고위 관리자들의 경우 가장 큰 문제는 바로 그들의 태도다. 그들은 새로운 회사에서 해야 할 일을 정확히 알고 있다고 확신한다. 앞에서도 여러 번 언급한 대로, 과거의 성공 경험이 새로운 학습을 저해하기 때문이다. 따라서 관리자들은 회사에서 자신을 영입한 목적이 조직을 변화시키고 실적을 향상시켜 역사를 다시 쓰기 위함이라고 생각하며, 이 목적을 완수하기 위해 필요한 모든 지식을 갖추어야 한다고 결론짓는다.

다른 경로들도 그렇듯이, 회사에 갓 들어온 신입 사원들에게는 리더로서의 학습과 성장의 기회 못지않게 많은 장애물도 따라다닌다. 주어진 기회를 최대한 활용하기 위해서는 입사라는 경로가 불과 몇 주 혹은 몇 개월 사이에 어둡고 힘든 험로로 바뀌는 이유부터 분명히 알아야 한다.

기존의 문화와 인맥에서 탈피하라

조직이든 개인이든 이직에서 유발되는 문제들을 간과할 때가 많다. 많은 돈을 들여 유능한 관리자를 영입한 기업에서는, 그 관리자가 합류한 바로 그날부터 실력을 발휘하거나 적어도 최소한의 적응 기간(대체로 3개월 이내로 본다) 후에는 하이 퍼포머high-performer(실적 우수자)로서의 면모를 과시해줄 것으로 기대한다. 과거에 몸담은 기업에서 훌륭한 업적을 올린 만큼 이곳에서도 신속히 업무를 파악하여 기대에 부응해주리라고 판단하기 때문이다.

당사자 역시 새 직장에서 맡은 바 임무를 충실히, 아니 과거보다 더 잘 해내리라는 자신감에 차 있다. 그래서 누구보다 열심히 일하고 과거의 경험과 전문성을 되살린다면 성공은 이미 따 놓은 당상이나 다름없다고 생각한다.

그러나 기대가 착각에 불과했다는 사실을 깨닫는 순간부터 조직과 개인 모두 심한 혼란에 사로잡힌다. 『Right From the Start』의 공동 저자인 댄 치암파Dan Ciampa와 마이클 왓킨스Michael Watkins의 연구에 따르면, 사람들이 새로운 회사에 들어가는 순간 기존에 지녔던 자원 2가지를 잃게 된다고 한다.

누구든 일생의 어느 시점에서 거울을 들여다보며 이렇게 자문해야 할 때가 있다. "내가 원하던 사람이 되어가고 있는가? 아니면 회사에서 바라는 존재로 바뀌고 있는가?" 회사에서 원하는 존재가 되기 위해 온몸을 던지는 사람들도 있다. 그러나 이때는 자신의 중요한 일부를 상실할 수도 있다. 물론 하룻밤 사이에 모든 게 달라지지는 않는다. 모난 바위가 오랜 침식 작용으로 둥글게 변하듯, 사람들 역시 시간이 흐르면서 조금씩 회사의 전유물로 바뀌어 간다. 그러다 10년쯤 지난 어느 날 문득 자신을 되돌아보며 이렇게 말한다. "이젠 다른 도리가 없어. 아직 대학에 다니는 아이들도 있고. 이젠 나로서도 어쩔 수 없어. 어떡하든 명예 퇴직만큼은 피해야지."

빌 조지 | 메드트로닉 전 회장 겸 CEO

첫째, 문화에 대한 이해 : 성공적 실행을 위해 조직의 불문율과 편견에 대처하는 방법을 새로 배워야 한다.

둘째, 인맥 : 장애물을 제거하고 목표를 달성하는 데 필요한 정보와 아이디어, 자본, 재능을 지원해줄 수 있는 사람들과의 관계를 새롭게 형성해야 한다.

새 직장에서 이 2가지 자원을 확보하려면 꽤 많은 시간이 필요하다. 조직 문화를 모르고 인맥도 없는 리더는 아무리 똑똑하고 능력이 뛰어나더라도 실패의 그늘을 피하기 어렵다.

새로 영입한 관리자가 확고한 조직 문화를 지닌 기업 출신일 때는 문제가 더 커진다. 예컨대 GE의 최고위 관리자들 가운데 다른 기업으로 이직했다가 실패한 사례들이 언론을 통해 여러 번 공개되기도 했다. 최근 『월스트리트 저널』에서는 GE에서 고위직을 역임했던 밥 나델리Bob Nardelli가 홈 디포Home Depot의 최고경영자로 부임하면서 숱한 어려움에 직면했다는 내용의 기사를 내보냈다. 기사에 따르면, 나델리는 과거에 성공을 낳았던 기법들이 현재에도 당연히 통하리라는 가정 아래 GE의 방식을 홈 디포에 그대로 적용했다고 한다. 그러나 GE의 방식이 홈 디포에서 잔뼈가 굵은 직원들의 반발을 야기하리라고는 전혀 예상치 못했다. 홈 디포의 문화를 제대로 모르는 데다 아무런 인맥도 없는 상황에서 문제를 해결하겠다는 발상 자체에 문제가 있었던 것이다.

밥 나델리의 난처한 상황은 어찌 보면 당연한 결과였다. GE의 관리자들 중에는 다른 기업의 리더가 되어 자신의 포부대로 회사를 발전시켜보겠다는 야심을 가진 사람들이 많았다. GE에서는 직원들이 입사하는 그 순간부터 조직 문화를 주입시킨다. GE의 신입 사원들은 먼저 공식 오리엔테이션 프로그램을 통해 조직의 가치관을 배우며, 본격적으로 업무에 투

직장을 구할 때는 단순히 일류 기업만을 고집해서는 안 된다. 당신의 가치관과 기업의 가치관, 소명의식 사이에 일정한 연관성이 있는 곳을 찾아야 한다. 직접 체험해보지 않은 상태에서 이런 기업을 찾기가 쉽지는 않지만 어떤 식으로든 서로의 가치관을 확인하기 위해 최선을 다해야 한다. 하니웰은 훌륭한 가치관을 가진 기업이다. 그러나 이 회사에 들어가기 위해서는 사전에 당신의 가치관을 여러 경로로 검증받아야 하며 그 과정에서 당신의 감성이 훼손되기도 한다.

빌 조지 | 메드트로닉 전 회장 겸 CEO

입된 이후에도 겉으로 잘 드러나지 않는 다양한 방식으로 조직 문화를 흡수해나간다. GE에서는 각종 프로세스와 시스템, 금전적 제약, 감사 등 정교한 관리 방식과 기법으로 늘 직원들을 통제한다. 하지만 다른 기업에서는 이런 식의 체계적인 통제 프로세스를 찾아보기 어렵다.

성공적인 이직을 위해서는 알고 있는 것을 버리고 모르는 것을 배워야 한다. 그러나 GE와 같은 일류 기업에서 배운 교훈을 버리기란 말처럼 쉬운 일이 아니다. 강력한 조직 문화를 가진 기업은 묵시적인 통제 시스템을 통해 구성원들의 행동과 의사 결정을 지배한다. 비단 GE만 그런 게 아니다. 성공적인 기업들은 공식적인 훈련 프로그램으로부터 개인을 대상으로 하는 자문과 승진, 해고에 이르기까지 수단과 방법을 가리지 않고 직원들에게 자사의 기준과 가치를 주입시킨다. 따라서 신입 사원들은 입사 단계서부터 진행되는 획일화 과정을 피할 수 없다.

미국에서는 이런 획일화 프로그램이 주로 비공식적으로 이루어지는 편이지만, 일본 같은 국가에서는 공식 프로세스를 통해 아예 공개적으로 진행된다. 일본에서는 대학을 갓 졸업하여 직장을 얻은 신입 사원들이 4월 1일부터 직장 생활을 시작한다. 우리가 관찰한 한 기업에서는 신입 사원들이 모두 엇비슷한 복장을 한 채 4월 1일 아침에 강당에 집결했다. 이윽고 경영진이 모두 참석하자 웅장한 환영 행사가 시작되었다. 회장이 먼저 신입 사원들을 환영하는 연설을 하자 경영진이 차례로 일어나 "지혜의 복음"을 전했다. 그리고 호명된 신입 사원들이 한 명씩 강당 앞으로 나가 충성을 맹세하는 서약문을 낭독했다. 나중에 들은 이야기지만, 이런 환영식은

6개월에 걸친 연수 프로세스의 시작에 불과하다고 한다. 일본 국민들이 회사와 특별한 유대 관계를 형성하고 자리를 잘 옮기지 않는 이유는 바로 이런 프로세스의 영향이라고 해도 과언이 아니다.

미국이나 유럽의 연수 프로그램은 일본처럼 정형화된 프로그램에 비할 바는 아니지만, 회사와의 관계와 정체성 형성 측면에서 여전히 직원들에게 큰 의미가 있다. 회의나 파티에서 사기 진작을 위한 훈련에 이르기까지 각종 프로그램과 정책들은 피고용자들과 고용주 사이의 유대를 강화시키는 역할을 한다. 물론 이직 비율에서는 일본보다 여전히 높은 편이지만 자리를 옮겼다고 해서 연수 프로그램에서 배운 내용까지 모두 망각하는 건 아니다. 따라서 새 직장과 그곳의 동료들에 대해 어느 정도의 반감을 형성하는 것도 무리는 아니다. 그러나 과거에 배운 것들에 집착하다가는 새로운 것을 배울 기회를 놓칠 뿐 아니라 동료 직원들과의 관계 형성을 저해할 수도 있다. 아무리 잠재력이 큰 사람이더라도 새로 배우는 게 없다면 성공은 둘째치고 리더로서의 발전도 어렵다.

여정을 촉진한다

새로 입사한 직원들, 특히 강력한 조직 문화를 가진 다른 기업에서 성공을 구가해온 관리자를 영입했을 때는 그만한 지원을 해야 한다. 관리자 훈련 프로그램 등을 통해 새로 영입한 관리자가 앞으로 직면하게 될 상황을 충분히 인지하도록 해야 하며, 가능하다면 신임 관리자의 상사가 개입하여 문제를 해결하고 새로운 가치관과 기술을 습득하도록 도와주는 게 가장 이상적이다.

그러나 상사 역시 여유가 많지 않다. 자신의 일만 해도 산더미처럼 쌓여 있을 뿐 아니라 하급 관리자의 문제를 들고 그 위의 상사를 찾기도 여의치 않으며, 무엇보다 신임 관리자가 다른 기업에서 성공을 구가해온 만큼 제 할 일을 스스로 찾아 할 것이라고 생각하기 쉽다. 고위직 리더들의 경우에는 신임 관리자의 어떤 행동이 자사의 조직 문화에 부합하지 않는지 그리고 어떤 가치관을 가르쳐야 하는지 판단하기 어려울 때가 많다. 특히 고위 관리자들은 자율성을 인정하고 간섭을 배제하는 게 성공의 경로라고 생각하는 경향이 강하며, 적어도 관리자라면 자신이 배워야 할 것들을 스스로 찾을 것이라고 기대한다.

하지만 신임 관리자의 행동이 기대에 미치지 못하면 회사로서는 막대한 손실을 감당해야 하며, 그때서야 기존의 가정에 문제가 있음을 실감하게 된다. 『탑 그레이딩*Top Grading*』의 저자 브래드 스마트 Brad Smart는, 15개 기업의 신임 관리자들을 대상으로 조사한 결과 거의 절반이 채 2년을 버티지 못하고 자리를 물러났다고 한다. 신임 관리자 한 사람을 잃는 데서 유발되는 손실은 실로 막대하다. 영입에 든 비용도 만만치 않지만 관리자 한 사람이 조직 전체에 미치는 불안감과 좌절감도 그에 못지않기 때문이다. 많은 급여와 보너스를 약속하며 힘들게 영입한 관리자에게 새로운 프로젝트를 맡기며 잔뜩 기대를 했는데 불과 2년도 지나지 않아 회사를 떠나버린다면, 실적은 둘째치고 구성원들의 사기 저하를 피하기 어렵다.

따라서 기업들은 신임 관리자들이 새 길을 잘 헤쳐 나가도록 적극적으로 지원해야 한다. 보이지 않는 문화적 규칙에 대해 당사자와 충분히 논의해야 하며 영입 효과를 극대화하고 문화적 격차를 최소화하는 방법도 찾아야 한다. 실제로 델 컴퓨터나 워싱턴 뮤추얼, 에이번, 노바티스 등 그동안 많은 기업과 기관들이 집중적인 훈련과 평가를 통해 신임 관리자들의 교육과 영입 효과를 극대화하는 방법을 우리에게 문의해왔다. 고위직 관리자의 발굴과 영입, 보상, 계약 종결에 따른 금전적 투자의 효과를 극대화하기 위해서는 당사자의 적응과 학습을 촉진시키는 편이 가장 현명하다. CDR 인터내셔널에서는 거대 다국적기업들의 고위 관리자들을 대상으로 한 프로그램을 개발하고 적용하는 과정에서 그들이 가장 자주 범하는 문화적 실수 10가지를 리스트로 작성했다. 이 리스트는 개인의 학습과 성장을 저해하는 행동과 태도에 초점이 맞춰져 있어 자의식 수준을 높이는 좋은 자료로 활용된다. 10가지 리스트는 다음과 같다.

첫째, 고객과 동료, 시장으로부터 지나치게 고립되어 있다.

둘째, 너무 많은 일을 너무 급하게 시도한다.

셋째, 실적에 대해 비현실적인 기대치를 가진다.

넷째, 시작도 하기 전에 '해답'을 안다고 생각한다.

다섯째, 정보를 얻는 출처와 정치적 수완에 별 관심이 없다.

여섯째, 상사 또는 상사의 업무 우선순위를 고려치 않는다.

일곱째, 신속히 행동을 취하지 않는다.

여덟째, 저항에 적절히 대응하지 않는다.

아홉째, 이직에서 유발되는 개인적 차이를 인식하지 못한다.

열째, '새 직장의 방식'을 이해하지 못한다.

새 직장의 방식을 이해하지 못하는 것과 해답을 알고 있다고 생각하는 것, 이 2가지는 특히 직장을 옮길 때 자주 발생하는 실수에 해당한다. 강한 자신감으로 성공을 구가해온 사람들일수록 이 2가지에 취약하다. 그래서 새로운 방식을 배우지 않더라도 자기만의 능력과 기술로 충분히 해결할 수 있다고 믿는다. 바꾸어 말해 과거의 직장에서 얻은 해답이 새 직장에서도 그대로 통용되리라고 생각한다.

당신도 같은 의견이라면 곰곰이 다시 한 번 생각해 보자. 새 직장의 방식에 대해 또는 특정 상황에 대한 해답에 대해 당신이 잘 모른다고 가정하자. 모르는 내용을 다른 사람들에게도 솔직히 이야기해보자. 적어도 몇 달간은 다른 사람들도 당신이 잘 모르는 점을 인정하고 어리석은 질문에도 기꺼이 대답해 준다. 이를 일컬어 '이단특혜'idiosyncrasy credits라고 부른다. 이렇게 해서 당신은 남다른 무언가를 보여줄 때까지 '제한적인 특혜'를 얻는다. 비록 짧은 기간이긴 하지만 당신의 부족한 지식이나 기술을 보완할 좋은 기회임에 틀림없다.

이런 식으로 입사 단계에서 학습과 성장을 견인하는 방법을 다음의 5가지 단계로 구분했다.

첫 번째 단계, 회사의 기대치와 경험 사이의 격차를 명시하라.

채용 단계에서 고위직 인사나 채용 담당자가 당신에게 맡길 책임이나 목표를 사전에 계획할 수도 있으며, 때로는 그 계획이 현실에 부합하지 않을 수도 있다. 회사의 기대치와 당신의 역량 사이의 격차는 어느 정도며, 기대치를 최대한 충족시키기 위해 무엇을 해야 하는지 구체적으로 생각해 보자. 예산은 업무 수행에 적정한 수준인가? 필요한 인력이 부족하지는 않은가? 변화를 통해 당신이 정말로 바라는 게 무엇인가? 당신의 배경이나 기술력이 회사에서 바라는 목표와 부합하는가?

두 번째 단계, 상사의 말에 귀를 기울이고 의중을 정확히 파악하는 요령을 배워라.

회사에 입사했을 때는 상사야말로 학습의 좋은 길잡이다. 그러므로 당신이 무언가를 배우기 위해 상사와의 대화를 간곡히 원한다는 사실을 알려야 한다. 상사와 대화할 때는 당신의 생각과 경험을 늘어놓기보다, 상사가 당신에게 무엇을 바라며 당신을 어느 정도로 평가하는지 유심히 듣고 파악해야 한다. 또한 상사에게도 업무의 우선순위와 리더십 목표가 있음을 이해하고 그 목적을 달성하도록 돕는 것도 반드시 필요하다.

세 번째 단계, 조직 전반에 인맥을 형성하라.

아무리 똑똑하고 경험이 많더라도 혼자 힘만으로는 이 단계를 제대로 헤쳐 나가기 어렵다. 폭넓은 인맥은 업무에 도움이 될 뿐 아니라 다양한 학습 기회도 제공한다('관계 형성'의 중요성에 대해서는 데이비드 도트리치와 피터 카이로의 공저 『*Unnatural Leadership*』참조).

네 번째 단계, 독자적으로 조직 문화를 진단하라.

비공식 정보나 세간의 소문 또는 채용 담당자의 말에 전적으로 의존해서는 안 된다. 이렇게 되면 추론 자체에 문제가 발생한다. 새

로 들어간 회사의 현실을 충분한 시간을 두고 파악하는 게 아니라
무턱대고 '안다'는 식으로 오만하게 행동하다 실패한 관리자들이 적
지 않다. 깊이 생각하고 다른 사람들과의 대화를 통해 조직 문화의
본질을 진단하라. 통찰과 정보의 신속한 계발, 특히 문화와 직결된
내용을 빨리 파악하면 신입 리더로서의 성공 가능성도 높아진다.

**다섯 번째 단계, 달성하려는 목표를 시간적 순서에 따른 비전으
로 구체화하라.**

어느 조직에서나 신참은 검증 기간을 거치게 된다. 한동안은 상
사가 여유를 줄지 모르지만, 당신이 적정한 기간 이내에 어느 정도
의 성과를 보여주리란 기대만큼은 변함이 없다. 그러므로 회사에서
당신에게 무엇을 기대하는지 정확히 알아야 하며 이를 위해 학습과
성장, 산출의 구체적인 시기를 명시해야 한다.

노바티스 제약 사업부의 CEO 토마스 에블링은 펩시콜라와 같은
소비재 생산 업체에서 노바티스로 영입되는 과정에 이런 행동 계획
을 실제로 적용했다. 노바티스로 자리를 옮길 무렵만 해도 그는 정
열적이며 목적을 위해서는 수단과 방법을 가리지 않는 리더로서의
이미지를 가졌다. 소비재 생산 업체에서는 이런 방식이 매우 효과
적이었다. 그러나 노바티스와 같은 제약 회사들은 과학적 의사 결
정에 기초한 보수적이고 온정적인 조직 문화다. 따라서 에블링이
노바티스에 들어온 후에도 과거처럼 밀어붙이기식 스타일과 전술
을 고집했다면 십중팔구 고배를 마셨을 터다. 그러나 그는 이직 후
4년 연속 눈부신 성과를 견인하며 승승장구했다.

이처럼 화려한 성공의 이면에는 무엇을 배우고 무엇을 안 배울지에 대한 그만의 고심이 깔려 있었다. 노바티스에 합류한 에블링은 더 많이 듣고 팀을 중시하는 사려 깊은 리더로 변모했다. 제약 분야를 깊이 있게 연구하여 이 분야에서 어떤 스타일의 리더를 원하는지 사전에 파악한 덕분이었다.

소중한 리더십 교훈을 배운다

성공의 길을 걸으며 누구보다 강한 자존심을 형성한 관리자가 회사를 옮겼다고 해서 '모르는 것'을 모른다고 인정하기란 결코 쉽지 않다. 그러나 태도를 바꿨을 때 얻을 수 있는 소중한 교훈을 간과해서는 안 된다. 첫째, 모든 리더에게 반드시 필요한 인맥과 조직 문화에 대한 이해의 폭을 넓힐 수 있다. 관리자들, 특히 한두 기업에서 평생을 바쳐온 사람들은 새로운 문화에 대한 적응이나 새로운 인맥 형성에 익숙하지 못하다. 그러나 적응 노력이 부족한 리더는 고객과 부하 직원, 파트너 등 어떤 사람들과도 원만한 관계를 형성할 수 없으며 업무에도 어려움을 겪을 수밖에 없다.

둘째, 개방적인 태도를 가진 사람은 심리적으로 더욱 강해져 훗날 또 다른 시련에 직면하더라도 꿋꿋이 이겨나가는 역량을 갖춘다. 새로운 회사로 자리를 옮긴 뒤 "이곳에 오기로 한 건 내 인생 최악의 결정이야!" 하며 후회하는 관리자들도 있다. 이런 사람들은 언제 어떤 곳으로 가든 후회의 악순환에서 벗어나지 못한다. 후회의 악순환에 사로잡힌 사람들은 아무것도 배우지 못한 채 또 다른 곳으로 떠나곤 한다. 그리고 늘 스스로를 책망하며 에너지를 허비한다. 이런 소모적인 자아상을 버리지 않는 한 아무리 좋은 회사로 옮기더라도 과거의 직장과 전혀 다를 게 없다.

당신이 새로운 회사에 들어갔다면 '구매자의 후회'buyer's remorse 현상도 어느 정도는 이해해야 한다. 오히려 이를 계기로 당신의 이미지를 제고하고 새로운 리더십 기술을 배우는 데 전력을 기울여야 한다. 최악의 경우 현재의 직장에서 살아남기 어렵더라도, 최소한 다음 직장을 위한 준비 과정이 될 수도 있다. 그만큼 당신은 시련을 통해 더욱 강해지는 법을 배우는 셈이다. 반대로 새 직장에서 성공을 거둔다면 새로운 사람들과 정책, 환경에 대한 당신의 적응력을 과시하는 셈이 된다. 이것이야말로 회사와 당신 모두가 소중히 여기는 자질의 하나다.

실적이 가장 뛰어난 사람이 관리직으로 승진하여 처음으로 다른 사람들을 관리할 책임을 맡았다면, 그 사람은 동시에 2가지 변화를 경험한다. 첫째는 단일 기여자에서 관리자로, 둘째는 추종자에서 리더로 바뀌게 된다.

다른 경로도 마찬가지지만 리더로의 승진에도 많은 어려움이 따른다. 물론 그 핵심은 새로운 기술과 가치를 배우고 과거의 습관을 버리는 것이다. 이때 주의할 점이 있다. 리더로서 배워야 할 많은 것들 가운데 일부만을 획득하고서 만족해서는 안 된다. 권한 위임처럼 관리자에게 매우 중요한 기술은 배웠지만 리더로서의 비전 수립에는 무관심한 경우, '실행'을 앞세워 직원들의 자기계발은 등한시하는 경우 등이 대표적인 예다. 새로 리더에 임명된 사람들은 주로 자신의 성향을 바탕으로 관리자로서의 역할 비중을 규정하는 경우가 많다. 예를 들어 세심한 성격의 소유자들은 실행을 가장 우선하는 반면 포부가 큰 사람들은 비전에 더 큰 가치를 부여한다.

관리자로 승진하려면 혼자일 때보다 폭넓은 역량을 갖춰야 한다. 그리고 한 개인에서 팀 또는 집단을 관리하는 리더로 변모하는 만큼 신념 수준도 달라져야 한다. 직장에서 처음으로 리더가 된 사람은 더 이상 혼자가 아니라 구성원들과 함께 목표를 달성해야 한다. 당연한 말처럼 들리지만 현실은 그리 호락호락하지 않다. 예컨대 은퇴 후 코치가 된 유명 스포츠 스타들 중에도 선수들의 사고방식과 행동 양식을 이해하지 못해 애를 태우는 경우가 많다.

리더의 생활은 부모들이 겪는 경험과도 유사하다. 즉 리더는 자신의 후원과 지도를 바라는 사람들을 위해 책임 의식을 가지고 정성을 쏟아야 한다.

이제 이 단계를 조금 더 상세히 살펴보고, 아울러 두 명의 리더를 통해 이 경로를 헤쳐 나가는 서로 다른 방법에 대해서도 눈여겨보자.

생애 첫 리더들이 직면하는 위기 상황

단일 기여자에서 관리자로 승진한 후에는 새로운 기술을 배워야 한다. 권한 위임, 직원들의 책임 의식 고양과 자기계발, 팀 구성, 지위에 따른 후보자 선정 등 배워야 할 기술의 종류도 다양하다. 또한 리더십이란 용어가 의미하듯이, 타인들을 통해 임무를 완수하는 능력에도 남다른 가치를 부여해야 한다.

그러면 이 경로와 연관된 새로운 가치와 기술을 배우는 과정에서 자주 맞닥뜨리게 되는 몇 가지 위기 상황에 대해 살펴보자.

위기 상황 하나 : 정체성 상실

직장에서 생애 처음으로 리더에 임명된 사람은 상사를 따르는 게 아니라 부하 직원들을 리드한다는 생각에 예전보다 정열적으로 새 직무를 시작한다. 그러나 초보 리더들의 대부분은 일을 시작하자마자 혼란에 휩싸인다. 회계사, 엔지니어, 기술자 등 나름대로의 전문성을 가지고 일을 해왔지만 관리자로 승진한 이후로는 기존의 정체성을 더 이상 유지하기 어렵기 때문이다.

현재의 성공을 만들어준 정체성을 포기하기란 쉬운 일이 아니다. 예를 들어 소프트웨어나 하드웨어, 각종 시스템 부문에서 전문성을 키워온 사람들은 스스로를 컴퓨터 전문가 혹은 기술자라고 생각한다. 그러나 관리자에게 주어진 일차적 책무는 소프트웨어의 문제가 아니라 사람들의 문제를 해결하는 일이다. 기술자들도 일단 관리자가 되면 업무 자체가 달라진다는 점은 이해한다. 그러나 현실은 생각보다 냉정하다. 관리자라는 새로운 정체성을 받아들여야 하지만 그동안 쌓아온 전문가로서의 정체성을 포기하기가 결코 녹록치 않기 때문이다. 정체성 상실에 대응하기 위해 초보 관리자들은 극단적인 관리 스타일을 선택하기도 한다. 사소한 것들까지 직접 관리하거나 아니면 책임을 방관하며 모든 일을 직원들에게 맡겨버리는 경우가 그 예다. 이런 것들도 나름대로의 대처 방식이긴 하다. 그러나 부하 직원들을 너무 짓누르거나 아예 무시하는 식으로는 결코 관리자로서의 올바른 정체성을 형성하지 못한다.

위기 상황 둘 : 스타의 후광

영업, 기술, 재무 등의 분야에서 스타로 군림했지만 리더로 승진한 후에는 갈피를 못 잡고 헤매는 경우가 있다. 이런 사람들은 단일 기여자로서는 스타였을지 모르나 관리자나 리더로서는 전혀 아니다. 개인적인 재능과 관리자로서의 능력은 별개의 문제이기 때문이다. 관리자는 부하 직원들을 스타로 만들겠다는 의지와 능력을 갖춰야 한다. 하지만 스타로서 각광을 받던 사람이 그 모든 조명을 한순간에 포기하기는 쉽지 않다. 따라서 팀의 영광을 위해 그동안 누려온 개인적인 영광을 모두 포기할 때 비로소 리더로 승진할 준비가 되었다고 보아야 한다.

위기 상황 셋 : 사람과 업무 사이의 균형

초보 리더에게는 이것 역시 만만치 않은 부분이다. 그래서 선禪의 대가와도 같은 인내와 지혜가 있어야 비로소 사람과 업무의 균형을 유지하는 유능한 관리자가 된다고 주장하는 이들도 있다.

관리자는 업무 완수 외에도 직원들의 동기 부여, 자기계발, 커뮤니케이션까지 고려해야 한다. 업무를 완수하기 위해 직원들의 욕구나 생각을 무시하고 강하게 다그쳐야 할 때가 있는가 하면, 때로는 직원들의 학습과 성장, 유지율 등을 고려하여 실패를 용서해야 하는 경우도 있다. 그러나 이 둘의 균형을 유지하기 위한 마법은 존재하지 않는다. 따라서 초보 리더들은 특정 상황에 직면했을 때 일과 사람 가운데 어느 것을 우선해야 하는지를 두고 갈등을 겪게 된다.

철저한 개인주의자 론

대형 제약 회사의 영업사원인 론Ron은 이곳에서 4년간 근무하며 누구보다 우수한 실적을 올렸다. 제약 회사에 입사하기 전에 군 장교로 복무한 론은 의지와 독립심이 강하고 자기관리가 철저한 데다 두뇌 회전도 빠른 편이었다. 론은 입사와 함께 영업직을 선택했고, 론의 재능을 일찍 간파한 상사는 그에게 최대한의 자율권을 부여했다. 이후 론은 대부분의 시간을 현장에서 보내며 수많은 의사들을 만나 상품에 대해 상세히 설명했다. 의사와 병원을 접촉하며 친밀한 관계를 형성한 덕분에 그의 실적은 하늘 높은 줄 몰랐고, 덕분에 론 자신뿐 아니라 팀에도 그만한 대가가 주어졌다.

이 정도의 역량을 발휘했으면 금전적 보상 외에도 다른 욕심이 생기게 마련이다. 론의 이런 요구를 알았는지 회사에서는 그의 업적을 인정하여 영업 관리자로 승진시켰다. 그런데 관리자로 승진한 순간부터 론은 그 자리가 못마땅했다. 그리 어렵지도 않은 현장 업무에 미숙한 부하 직원들을 보며 속이 상한 적이 한두 번이 아니었던 데다, 더 큰 문제는 직원들의 이런 어려움을 해결할 방법을 찾아 주기에는 자신의 지식과 경험이 너무도 짧은 데 있었다. 론은 대책

68

없이 시간과 노력을 허비하고 있다는 느낌을 지울 수 없었다. 게다가 직원들의 저조한 실적에도 불구하고 팀이 아닌 '그들의 우선순위'를 중심으로 대화를 나눠야 한다는 사실 자체도 못마땅했다.

론은 관리자라는 직책 자체가 불편했다. 자유롭게 현장을 돌아다니며 의사와 병원 관계자들을 만나 약품도 팔고 훌륭한 조언도 듣곤 했는데, 이제는 사무실에 틀어박혀 답답하게 지내야만 했다. 하지만 철저한 개인주의자였던 론은 자신의 감정을 쉽게 드러내지 않았다. 상사에게 볼멘소리를 하는 일도 없었고, 자신을 관리자로 만들어준 사람들의 기대에 어긋나지 않도록 최선을 다해 직무를 수행해야 한다고 스스로를 다독거렸다.

그러나 관리자로 승진한 지 1년여가 흘렀음에도 나아진 건 전혀 없다. 결국 론은 다른 제약 회사의 영업 사원 영입 제의를 받아들여 자리를 옮기고 말았다. 어차피 제자리로 복귀하기도 어려운 상황이었으니 그로서는 다른 회사로 이직하는 편이 차라리 나았다.

개인주의에서 벗어난 데니스

데니스Denise 역시 론과 같은 직장에서 근무하며 뛰어난 실적으로 관리직에 승진한 여성이다. 의사 출신인 데니스는 사생활과 의사로서의 역할 모두를 즐기겠다는 생각으로 제약 회사에 들어왔다. 연구팀에 배속된 그녀는 의료 문제로 인해 소송이 발생했을 때 중재자로서 사건을 조기에 처리한 공로를 인정받아 관리자로 승진했다.

우리가 데니스를 만난 때는 관리자로 승진한 지 몇 년이 지난 후였다. 관리자 교육을 위해 그 회사를 방문한 우리는 먼저 관리자들에 대한 전방위 평가 결과부터 검토했다. 그런데 데니스의 자료를 검토하다 특이한 사실을 발견했다. 그녀의 평가 자료는 하나같이 긍정적인 내용 일색이었다.

데니스의 부하 직원들은 그녀가 커뮤니케이션에 능하고 자신들을 배려할 뿐 아니라, 분명한 목표를 세워 자신들을 효과적으로 이끈다고 응답했다. 이 자료를 들고 데니스를 직접 만난 우리는 먼저 평가 결과에 깊은 인상을 받았다는 말로 대화를 시작했다. 그녀는 잠시 미소를 짓더니, 3년 전만 하더라도 꿈도 꿀 수 없었던 일이라며 그동안의 상황을 설명했다. 처음으로 실시했던 전방위 평가 결과는 한마디로 충격이었다고 했다. 그때만 해도 직원들은 그녀의 대인 관계 기술이 취약하며 연구에만 몰두하는 상사라고 평가했다.

실제로 데니스가 연구팀 직원으로 일할 때는 퇴근 시간 후에도 늦게까지 남아 일을 했다. 그러다 관리자로 승진했지만 그녀의 방식은 달라지지 않았다. 때문에 '일과 사람' 사이의 균형 유지에 실패했고 부하 직원들에게 지나친 기준을 강요했을 뿐 아니라, 그로 인해 직원들의 사기와 생산성이 떨어져 자칫하면 관리직에서 쫓겨날 위기에 처하기도 했다.

그러나 첫 번째 전방위 평가는 오히려 데니스가 초보 관리자로서 팀을 제대로 이끌지 못한 사실을 일깨워준 좋은 기회였다. 다행히 그녀는 유능하고 부하 직원들의 자기계발을 중시하는 상사의 도움을 받아 외부 훈련 프로그램에 참여하는 기회를 잡았다. 이 프로그램은 리더십에 대한 데니스의 잘못된 생각을 일깨워주었을 뿐 아니라, 열심히 노력하면 얼마든지 스스로를 변화시켜 유능한 관리자가 될 수 있다는 믿음을 심어 주었다. 결국 데니스는 그토록 바라던 리더로서의 역량을 손에 넣었고 꾸준한 학습과 성장을 통해 더 나은 관리자로 발전해나갔다. 또한 부하 직원들에 대한 기대치와 동기 부여 방식도 의식적으로 조정함으로써 원만한 관계를 형성하는 요령도 배웠다. 데니스는 타인의 말에 귀를 기울이는 것이야말로 가장 훌륭한 스승이라고 말한다. 이제 그녀는 높은 수준의 목표를 팀에 요구하면서도 직원들의 동기 의식을 촉진시키는 유능한 리더로 변모했다.

초보 관리자 훈련 프로그램

노바티스나 뱅크 오브 아메리카 같은 일부 조직에서는 단일 기여자들이 리더로 성장하도록 복합적인 프로그램과 시스템을 운영한다. 반면 인텔이나 하니웰 인터내셔널 같은 기업에서는 널리 잘 알려진 '복선형'dual ladder 시스템을 채택하고 있다. 복선형 시스템이란, 예컨대 기술에 능통한 리더들은 굳이 관리직을 맡을 필요 없이 해당 분야에서 역량을 발휘하고 승진할 수 있도록 이원화한 시스템을 말한다.

따라서 최근에는 관리자 후보를 선정하면서 이런 여러 가지를 고려하는 기업들이 점차 늘고 있다. 관리자에 임명된 이후의 시련을 덜어준다는 목적도 있지만, 그 기업의 전략과 문화를 확산시키고 새로운 직원들을 발굴하는 중요한 책임이 일선 관리자들에게 있기 때문이다. 또한 이런 기업들은 리더로 승진한 사람들이 직면하게 되는 시련이 리더십 학습과 성장을 자극한다는 점도 알고 있으며, 따라서 리더들의 학습과 성장을 후원하기 위해 다양한 방안을 수립하고 시행한다.

훈련과 평가를 병행하는 약 100일간의 초보 관리자 훈련 프로그램을 운영하는 기업들도 많다. 그 목적은 자의식 향상에 있다. 초보 리더들의 학습과 성공의 가능성을 높이는 발판이 바로 개인의 자의식에 있기 때문이다.

당신이 일하는 회사에서는 초보 리더들에게 다음과 같은 자원을 제공하고 있는지 생각해보자.

첫째, 리더십 기술 계발.

기업이 제공하는 가장 흔한 자원으로, 주로 교실 학습을 통해 권한 위임과 커뮤니케이션 등의 리더십 기술을 가르친다. 최고의 리더십 계발 프로그램은 학습 방법, 인식 정보, 감성적 경험, 자기대면self-confrontation 등의 개념을 모두 포괄한다. 일부 기업에서는 실천 학습 프로그램을 통해 초보 관리자들이 비즈니스와 직결된 중대한 문제들을 해결하는 과정에서 교훈을 얻도록 유도한다.

둘째, 평가와 피드백 프로세스.

리더로 승진할 자격이 있으면 관리자로서의 책임도 충분히 수행할 수 있다는 막연한 기대보다는 정확한 평가와 모니터링 프로세스를 통해 구체적인 길을 안내해야 한다. 복잡하게 생각할 필요는 없다. 지도자가 있는 공식 프로그램을 통해 초보 리더의 활동을 평가하고 피드백을 제공하며, 승진 이후에 배워야 할 것들을 체계적으로 학습하도록 도와주면 된다.

아울러 지도자는 초보 리더가 승진 이후에 겪게 되는 가치관, 기술 등과 관련된 혼란에 대해 함께 생각하고 대화해야 한다.

셋째, 상사의 지원과 지도.

직원들은 상사가 되는 법을 기존의 상사로부터 배운다. 그래서 일부 기업에서는 상사가 부하 직원들을 올바로 리드하도록 돕는 데 많은 관심을 쏟고 있으며, 초보 리더들이 일을 제대로 처리하는지 그리고 미래의 성공을 위해 자기계발에 노력하고 있는지를 직접 평가하는 기업도 많다. 상사 입장에서는 공식적인 자문 프로그램에서 비공식적 일대일 대화에 이르기까지 다양한 경로를 통해, 그동안 리더로서 느끼고 배운 감정과 지식을 초보 리더와 공유할 필요가 있다. 아울러 초보 리더의 행동을 예의주시하며 어려운 상황에 대해서는 지속적으로 피드백을 제공해야 한다. 그렇다고 하급자(초보 리더)를 무조건 옹호하거나 사사건건 간섭하라는 뜻은 아니다. 상사는 초보 리더에게 늘 관심을 가져야 하며 시기적절한 평가를 통해 그들이 새로운 가치관과 기술을 효과적으로 습득하도록 도와야 한다.

물론 이 모든 자원을 회사에서 전적으로 지원한다면 더할 나위 없이 좋다. 하지만 이런 이상적인 기대는 현실적으로 어려운 만큼 초보 리더는 학습 기회를 최대한 효과적으로 활용해야 한다.

나는 첫 직장의 사장으로부터 많이 배웠다. 그분은 나와 많은 시간을 보냈다. 작은 회사의 사장이었기에 개인적인 시간이 많았던 이유도 있었을 게다. 그는 맨몸으로 시작하여 건실한 사업체를 건설했다. 그리고 내게도 많은 지식과 경험을 전수해 주었다. 이것은 분명 흔히 겪는 경험은 아니다. 나이도 많고 경험도 풍부하며 산전수전을 다 겪으며 배운 지식을 아랫사람들을 위해 아낌없이 나누어 주는 것, 이건 아랫사람들의 미래에 크나큰 축복이 아닐 수 없다.

레이 비아울트Ray Viault |
제너럴 밀스General Mills 부회장

누구에게나 시련은 있다

생애 처음으로 리더가 된 사람들 대부분은 머잖아 시련에 직면한다. 단일 기여자에서 아무런 어려움 없이 리더가 되었다고 주장하는 사람들 또는 리더가 된 후로 의심이나 두려움 없는 좋은 날만 계속되었다고 주장하는 사람들은, 현실을 부정하거나 아니면 자기 과신을 유발하는 조직 문화에 젖어 현실을 제대로 판단하지 못하는 것 중의 하나로 보아야 한다. 초보 리더들의 대부분은 처음 1, 2년 정도는 여러 가지 어려움에 부딪히게 마련이다. 그래서 초보 리더 시절의 어려움을 극복하는 방법으로 다음과 같이 몇 가지를 소개한다.

첫째, 당신에게 전달되는 피드백에 대해 깊이 생각하고 대화하라.
리더로 승진한 사람들 가운데 상당수는 입사 후 처음으로 전방위 피드백을 경험하게 된다. 이 피드백은 당사자의 자의식에도 상당한 영향을 미친다. 예컨대 당신은 스스로를 대단히 온정적인 사람이라고 생각하지만 부하 직원들은 당신이 자기네들에게 전혀 관심을 보이지 않는다고 생각할 수도 있다. 누가 어떤 말을 하건 회피하지 말고 끝까지 들어야 한다. 부하 직원들의 피드백이 상사의 능력을 판단하는 척도일 수는 없다. 그저 부하 직원들의 생각을 요약했을 뿐이다. 그러므로 주위에서 들은 이야기들을 곰곰이 성찰한 뒤 상사나 지도자 혹은 조언자 등 믿을 만한 사람들과 논의하는 게 바람직하다.

둘째, 직감을 무시하지 마라.

생뚱맞은 소리처럼 들릴지 모르지만 비즈니스 리더십에서 직감이 차지하는 비중은 결코 무시하지 못할 정도다. 직감은 경영대학에서 배울 수 있는 게 아니다. 수집한 데이터가 애매모호하며 선택이 어려울 때, 유능한 리더들은 직감에 충실한 반면 초보 리더들은 분석 결과에 집착하는 경향을 보인다. 특히 난생 처음 리더의 지위에 오른 사람들은 자신이 옳다고 믿는 방향과 조직 문화가 요구하는 방향 사이에서 심한 갈등에 휩싸인다.

예컨대 당신은 특정 업무를 외부 용역 업체에 맡기는 게 현명하다고 생각하지만 회사에서는 감원을 선택할 수도 있다. 아니면 회사에서 프로세스 통제력을 높일 목적으로 외주 자체를 차단하는 경우도 있다. 이것이 바로 갈등이다. 사실 리더십의 기능 중에서는 '문제 해결'보다 '갈등 관리'(둘 다 옳지만 어느 하나를 선택해야 하는 상황)의 비중이 훨씬 크다. 경험이 풍부한 관리자일수록 갈등에도 능숙하게 대처한다. 그러나 갓 관리자에 임명된 사람은 자신의 믿음을 기회비용 삼아 주변의 기대를 충족시키려 할 때가 많다. 실패는 바로 여기서 유발된다. 자신의 직감은 무시한 채 오로지 타인들을 기쁘게 하는 선택을 하기 때문이다. 상사의 기대와 회사의 기준을 무시하고서 독자적인 시야를 형성하는 건 초보 리더에게 너무도 벅찬 일이다. 상사를 지지하면서도 상사와 달라져야 한다는 2가지 난제, 이것이 초보 리더에게 주어진 가장 어려운 문제다. 자신을 승진시켜준 보답으로 상사를 만족시키려는 사람은 적어도 상사의 기대치를 충족시킨다는 측면에서는 잠시나마 성공을 거둘지도 모른지만, 리더의 한 사람으로서는 실패를 각오해야 한다. 상사에게 휩쓸려 자기만의 시야와 노하우를 형성하지 못한 탓이다. 독자적인 시야를 갖지 못한 리더는 독창적이고 매력적인 비전을 형성하지 못하며, 따라서 언제 무너질지 모르는 누각 위에 앉아 있는 것이나 다름없다.

셋째, 직원들에게 시간을 할애하라.

이것 역시 '일과 사람' 사이의 균형과 직결된 문제다. 이때 많은 사람들은 일을 선택한다. 리더로 승진할 자격이 충분하다는 사실을 과시하기 위해서는 그만큼 좋은 실적을 올려야 하기 때문이다. 그러나 이런 발상은 금물이다. 당신의 일정과 업무 우선순위를 엄격히 관리하여 직원들의 자기계발을 위한 대화에 충분한 시간을 할애해야 한다. 물론 투자한 시간에 비해 효용이 의심스러울 때도 있지만 직원들에게 투자하는 시간이야말로 리더십과 관리의 기본 요소임을 잊어서는 안 된다. 당신의 발전을 위해 훈련 프로그램에도 참여하고 조언자와 대화도 나눠야 하겠지만 직원들과 관련된 일도 결코 소홀해서는 안 된다.

넷째, 영향력을 행사할 수 있는 인맥을 형성하라.

초보 관리자들 중에는 인맥 형성에 적극적인 이들이 있는가 하면 부정적으로 생각하는 경우도 있다. 후자에 속하는 사람들은 누군가에게 굴종한다는 사실 자체를 못마땅하게 여기며 평가는 오로지 일을 통해서만 받아야 한다고 생각한다. 그러나 이상적인 기대는 이상적인 세계에서나 가능하다. 조직 세계도 하나의 사회이며 그 속에 유토피아가 존재하리라고 기대해서는 곤란하다.

효율적인 리더십에는 인맥이 필수다. 권력과 그 원천을 이해하지 못하면 조직의 기능이나 운용 방식, 그 속에서 누가 영향력을 발휘하는지를 판단할 수 없다. 따라서 리더로서의 책무를 충실히 수행하기 위해서는 이를 뒷받침해줄 수 있는 자기만의 인맥을 구축해야 한다. 그렇다고 윗사람들에게 아부하거나 이용하라는 뜻은 아니다. 인맥의 기능을 이해하고 리더의 업무를 수행하는 과정에서 그 기능을 효과적으로 활용하는 방법을 배우는 것이 인맥 형성의 목적이다.

다섯째, 권력을 남용하지 마라.

당신에게 해당되는 문제가 아닐 수도 있다. 그러나 관리자로 승진한 사람들 중에는 업무의 속도나 효율 또는 '직접 관리' 등을 내세워 권력에 전적으로 의존하는 최악의 관리자로 급변하는 예도 있다. 승진에 부가되는 권력은 당사자의 오만함을 자극한다. 그래서 자신이 무조건 옳고 자기 힘으로 모든 걸 통제해야 한다고 생각한다. 또한 불필요한 것들을 요구하고, 직원들에 대한 지원에 인색하며, 사사건건 부정적으로 대응하는 경향이 있다.

권력의 남용을 예방하려면 무엇보다 '학습'을 염두에 두어야 한다. 배울 게 없다고 자신하는 사람일수록 오만에 사로잡혀 권력 지향적인 관리자가 되기 쉽다. 반대로 배워야 할 게 많다는 겸손한 태도를 지닌 리더는 지위에 수반되는 권력을 남용할 가능성도 그만큼 낮다.

그동안 관찰한 바에 따르면, 초보 리더들은 주로 '자신들이 존경하는 사람들이 권력을 이용하는 방법'을 관찰하여 그와 유사하게 권력을 행사하는 경향이 있다. 유능한 리더는 언성을 높이지 않고서도 장애물을 제거하며 감상적인 행동을 하지 않아도 우호적인 관

우리 부서 관리자들이 두둑한 보너스를 받아도 좋을 만큼 시장에서 큰 성공을 거두었을 때, 당시의 회장이 느닷없이 이런 말을 했다. "난 이 자리에서 중대한 결정을 내리고자 합니다." 그러더니 보너스 프로그램을 전면 폐지했다. 당시 회사 전체의 실적은 바닥을 면치 못했다. 그 이면에는 회장 자신의 잘못된 결정이 절대적인 역할을 했다. 하지만 그 와중에도 우리를 비롯한 몇몇 부서에서는 인상적인 성과를 올리며 전체 실적에 크게 기여했음에도 우리에게 돌아온 것은 보상이 아니라 처벌이었다. 그 순간, 나는 이것이 결코 올바른 리더십이 아니며 올바른 길도 아님을 깨달았다. 비난 정도는 참을 만했다. 그러나 좋은 결과를 낳은 사람들까지 처벌한다는 건 있을 수 없는 일이었다. 당시 회장의 결정은 회사 입장에서 볼 때 큰 불행이었다. 그 일이 있은 지 채 6개월이 지나지 않아 나는 그 회사를 떠나고 말았다.

레이 비아울트 | 제너럴 밀스 부회장

계를 형성한다. 초보 리더는 유능한 리더의 장점을 배워야 하는 동시에 권력을 남용하는 리더들도 눈여겨보아 둘 필요가 있다. 그래야 권력이 부작용이 무엇이며 어떤 행동을 하지 말아야 하는지 이해할 수 있다.

여섯째, 옳다고 생각하는 일을 하되 당신의 생각이 항상 옳다고 생각해서는 안 된다.

또 한 번 선禪과 관련된 역설처럼 들릴지 모르나, 바람직한 행동 방향은 주어진 상황을 얼마나 개방적으로 받아들이느냐에 따라 결정된다는 사실을 잊어서는 안 된다. 초보 리더들 가운데 일부는 자기 신념에 도취되어 독선적인 방식을 직원들에게까지 요구한다. 자신의 생각이 옳다고 믿는 사실 자체가 나쁘다는 건 아니다. 적어도 한 집단의 리더라면 옳고 그름 사이에 존재하는 모호한 부분을 명확히 인식해야 한다.

"옳은 것을 행하라!" 뱅크 오브 아메리카에서 최근까지 사내 리더들에게 강조해온 핵심 가치다. 그러나 시간이 흐르면서 특정 이해관계 집단이 생각하는 '옳은 것'이 다른 집단에게는 '그른 것'일 수도 있음이 드러났다. 그래서 이 은행에서는 '옳은 것'의 절대적 측면보다는 상대적 측면을 강조하는 개념인 "현명하게 판단하라!"

로 핵심 가치를 변경했다.

처음에는 약간 불쾌하더라도 타인들의 생각에 귀를 기울여야 하며 협상과 타협도 얼마든지 받아들일 수 있어야 한다. 물론 항상 협상하고 항상 타협하라는 얘기는 아니다. 유능한 리더는 전투를 벌여야 하는 시점과 전략을 학습을 통해 배운다. 당신도 마찬가지다. 당신의 생각이 옳다고 주장할 때 다른 사람들이 과연 당신을 어떻게 바라보고 생각할지 유의해서 살펴보라. 그리고 당신의 내면에 귀를 기울여라. 당신은 다른 사람들의 아이디어와 견해도 객관적으로 평가하는가? 타당성이 입증되기 전까지 다른 사람들의 견해도 당신의 견해만큼이나 소중하게 여기는가?

조기 학습은 미래의 풍요를 낳는다

갓 리더에 임명된 사람들 중에는 이 책에서 제시한 조언을 무시한 채 아슬아슬한 줄타기를 하는 사람들도 적지 않다. 직원들의 일에 간섭하고, 그들의 머릿속에 자리 잡은 의심과 불확실성을 무시하고, 자신의 생각이 무조건 옳다고 여기고, 엄청난 결과를 거두고도 직원들의 기여를 인정치 않는 사람들 등등… 속속들이 살펴보지 않는 이상, 초보 리더들이 적어도 표면적으로는 처음 맡은 관리자 역할을 책임 있게 수행하는 것처럼 보일 수도 있다. 그러나 이런 식으로는 아무것도 배울 수 없다. 초보 리더 단계에서 제대로 배우지 못한 사람은 조직 문화에 긍정적으로 기여할 수 없으며 결국 회사 전체의 실적까지 저해한다.

직원들과의 커뮤니케이션이나 공감대 형성과 같은 기술을 배우지 못한 관리자들, 하위직 리더들에게 권한을 위임하지 않고 일일이 관리하듯이 부서나 회사를 운영하는 바람에 실패에 직면한 관리자들의 사례는 비즈니스 잡지만 보더라도 넘쳐날 정도다. 능력도 없이 오만으로 가득한 관리자들이 만든 흑백주의 문화 때문에 파탄에 직면한 대표적인 기업이 바로 '엔론'Enron이다. 엔론의 사례에서도 보듯이, 오만한 리더들은 잠시 동안은 성공적인 결과를 낳는 것처럼 보일지 모르나 직원들을 올바로 리드하거나 동기를 부여하지는 못한다. 그뿐 아니라 비전을 제시하고 직원들과 함께 결과를 만들어가는 방법, 자신의 잠재적 취약점을 발견하고 미리 대처하는 방법 등도 배울 기회가 거의 없다. 모두가 오만함이 낳은 결과다.

중요한 점은, 초보 리더 시절에 무엇을 배우느냐에 따라 미래의 명암이 달라진다는 사실이다. 초보 리더야말로 독자적으로 (팀 내부의) 문화를 건설하고 변화를 주도할 좋은 기회다. 이 2가지는 리더에게 가장 어려운 역할이며 초보 리더 시절에 이 모두를 터득하기는 쉽지 않은 것도 사실이다. 그러나 시간이 조금 걸리더라도 배울 건 배워야 한다. 초보 리더들의 대부분이 처음부터 변화를 주도하는 방법을 터득하는 건 아니다. 하지만 실패를 겪은 후라도 성찰과 대화를 통해 문제의 원인과 해결책을 찾는다면, 훗날 새로운 역할을 맡았을 때 한층 효과적으로 상황에 대처할 수 있다.

그러므로 리더십의 두 번째 경로야말로 리더로서의 미래를 담보하는 바탕이다. 이 단계에서 실수는 얼마든지 있을 수 있다. 다만, 그 속에서 당신이 누구이고 무엇을 잘못했으며 다음에는 어떤 방법을 사용해야 하는지를 반드시 깨달아야 한다.

도전과 임무

13가지 리더십 경로는 신화적 의미의 검증 과정이다. 신화에 등장하는 영웅들은 스스로를 냉철히 되돌아보며 괴물을 물리치거나 여정을 끝낼 자원이 자신에게 있는지 확인한다. 13가지 경로 중에서도 도전적 임무 단계야말로 이런 유형의 검증 과정과 가장 유사하다. 기술적으로 취약하거나 그동안의 시각을 바꿔야 하는 상황에 직면했을 때, 당신은 기꺼이 전문가에서 초보자가 될 용기가 있는가?

어감에서도 느낄 수 있듯이 도전이란 기존의 안전지대에서 벗어나야 함을 뜻한다. 운동을 할 때도 그렇듯이 일상적인 수준 이상을 넘어서면 신체에 무리가 따른다. 그럼에도 불구하고 최근에는 도전적인 임무를 오히려 자청하는 사람들이 많다. 예컨대 야심적인 관리자라면 더 넓은 세상을 경험하기 위해 해외 근무를 신청한다. 단어만 놓고 보면, 도전이란 경험이나 전문성이 부족한 무언가를 시도한다는 의미다. 그러므로 경우에 따라서 불안감이나 분노와 같은 감정이 유발된다.

도전에는 여러 가지 유형이 있지만 업무를 효과적으로 수행하는 데 필요한 기술이나 지식, 태도 등의 측면에서 생소한 임무를 맡는다는 점에서는 동일하다. 기능직에서 관리직으로의 승진은 일종의 도전이다. 처음 관리자가 된 사람은 기존의 일원적이고 기능적인 시각을 버리고 비즈니스 전반을 바라보는 포괄적인 시야를 갖춰야 한다. 그러나 아무리 똑똑하고 아무리 능력이 뛰어난 기술자라 하더라도 사전에 관리자의 자질을 모두 갖출 수는 없다. 도전이란 용어가 붙는 이유도 그 때문이다(총책임자가 변경될 때마다 관리 시스템이 흔들리는 이유도 여기에 있다). 또한 특별한 기술이나 업적을 가졌다는 이유로 관리 단계를 뛰어넘는 고속 승진을 하는 경우도 여기에 해당한다.

첫 해외 근무에서 거대한 규모의 조직 책임자에 이르기까지 도전의 유형은 매우 다양하다. 그러나 승진을 했다거나 새로운 업무를 맡았다고 해서 모두가 도전적인 상황에 해당되는 건 아니다. 지식을 조금만 확장하고 간단한 기술만 확보하더라도 얼마든지 성공적으로 해결할 수 있는 경우도 있다.

"고통 없이는 수확도 없다!" 비즈니스 세계에서 말하는 도전의 의미를 가장 잘 집약한 표현이다. 나중에 다시 살펴보겠지만, 사람을 다루기보다 고통을 다루는 데 훨씬 능숙한 사람들도 있다.

도전적 임무에는 고통이 수반된다

도전적 임무로 인해 열등감을 느낄 때도 있다. 해외 지사의 핵심 요직이나 총괄관리자 자리를 원해서 목적을 달성했다 하더라도 아는 게 없어 심각한 어려움에 직면할 수도 있다. 이때 배워야 할 게 너무 많고 시간적 여유도 빠듯한 현실 때문에 오히려 비생산적으로 대응하기도 한다. 여기서 도전적 임무를 서로 상반되게 처리한 두 사례를 살펴보자.

커티스 : 자만심으로 무장하다

커티스Curtis는 비즈니스 개발의 총아였다. 미국의 어느 대기업에 몸담았던 그는 비즈니스 개발 부문의 책임자로서 성공을 구가했다. 경력도 화려했다. 최고 수준의 MBA 프로그램을 이수하고 최고의 컨설팅 기관에 들어가 눈부신 업적을 쌓았으며, 현재의 직장에 들어온 후에도 10년간 누구와도 비교할 수 없는 화려한 시절을 보냈다. 커티스는 직장 생활에서 어떤 역할이 주어지든 단 한 차례의 실패도 겪지 않았다. 그래서인지 핵심 부서의 부서장으로 임명될 때는 그야말로 오만이 하늘을 찌를 정도였다.

　새로 주어진 임무는 분명 만만치 않았음에도 커티스의 생각은 그렇지 않았다. 미국의 대통령 직함이 떨어진다 해도 눈 하나 깜빡하지 않을 정도였으니 무리는 아니었다. 커티스는 어떤 역할에서든 필요한 모든 기술과 지식을 갖고 있다고 확신했다. 그러나 그에게는 세밀한 부분까지 꼼꼼히 관리하는 능력이 부족했고, 새로 주어진 지위는 바로 이런 능력이 절실히 필요한 자리였다.

　커티스가 종사하는 분야는 외부의 견제로부터 결코 자유로울 수 없는 영역으로, 이 분야의 기업들이 문서나 회계 관리를 등한시할 경우 언제든 애널리스트나 언론으로부터 공격을 받기 십상이었다. 커티스의 회사는 그가 부서장으로 임명된 지 채 일 년도 지나지 않아 심각한 어려움에 직면했다. 그 과정에서는 커티스의 독단적이고 비현실적인 청사진이 결정적인 역할을 했다. 시장 개척과 점유율 향상을 위한 전략을 수립하여 실행하는 능력이나 애널리스트와 언론과의 우호적인 관계 형성 등에서는 사실상 그를 따를 자가 없었다. 그러나 커티스의 문제는 꼼꼼하지 못하다는 데 있었다. 예산, 재무 기록, 법률 문서, 운영 계획 등 치밀하게 관리해야 할 부분들을 등한시했을 뿐 아니라 이런 분야에 대해 깊이 있게 배우겠다는 의지 자체도 없었다. 한 부서의 책임자로서는 결정적인 결함을 가진 셈이었다. 얼마 후, 그가 맡은 부서는 법률 위반으로 정부 기관으로부터 조사를 받게 되었고 그로 인해 회사 전체가 크게 술렁거렸다.

　그런데 놀라운 일이 발생했다. 한 기업의 심각한 위기를 자초한 주역인 커티스가 얼마 지나지 않아 다른 기업의 최고경영자에 선임된 것이다. 하지만 달라진 건 없었다. 최고경영자에 임명되었음에도 여전히 치밀한 관리는 등한시한 채 거대한 청사진을 좇기에 급급했다. 이 무렵 우리와 만난 커티스는 자신의 이런 경영 스타일을 자랑하듯 말했다. 물론 학습을 통해 레퍼토리를 확장시키겠다는 의지는 조금도 찾아볼 수 없었다. 그도 그럴 것이, 커티스는 세부적인 관리를 '해당 분야의 전문가들이 알아서 할 일'로 치부하는 사람이었다. 결국 새로 옮긴 회사도 규제 기관의 칼날을 피할 수 없었고 커티스는 곧 해고되고 말았다.

찰스 : 주의력 결핍과 변덕을 관리하다

찰스Charles는 마흔의 나이가 되기도 전에 한 대기업의 최고경영자란 직함을 얻었다. 소비자 마케팅 전문가로서 화려한 경력을 구축해온 그는 자기를 관리하듯 타인들을 리드한다는 평판을 지녔다. 찰스는 전문가로부터 주의력 결핍 장애라는 진단을 받았다. 그래서 집중력이 떨어지고 변덕이 죽 끓듯 했다. 과거 직장의 상사는 찰스의 이런 문제를 잘 알았고 스스로 극복하도록 여러 방면으로 도움을 주었지만, 장애를 극복한다는 게 말처럼 쉬운 일은 아니었다. 그래서 다른 동료들이 승진 가도를 달리는 사이 찰스는 한동안 제자리에 머물러 있을 수밖에 없었다.

그러나 중대한 결점에도 불구하고 찰스는 꾸준한 노력으로 우수한 성과를 올려 회사의 매출과 생산성 증대에 크게 기여했다. 이런 점을 높이 평가한 어느 대기업의 이사회에서 찰스에게 좋은 기회를 제시했다. 그런데 문제는 그 기업의 비즈니스 분야가 찰스의 경력과는 전혀 무관하다는 점이었다. B2Bbusiness-to-business 전문 업체인데다 생산하는 상품과 서비스 역시 찰스가 그동안 경험해보지 못한 첨단 기술 분야였다. 그래서 그가 최고경영자로 선임되었을 때 그 기업 직원들의 상당수가 의심스런 눈초리로 바라보았던 게 사실이다.

최고경영자로 부임한 첫날부터 찰스는 많은 벽에 부딪혔다. 거대한 주식회사의 최고경영자가 된 것도, B2B 전문 기업을 이끌게 된 것도, 기술 관련 상품을 담당하게 된 것도 그에게는 하나같이 생소한 경험들이었다. 다행히 찰스는 기존의 소비자 마케팅 분야에서 추구해온 방식을 새 회사에 그대로 접목하는 식의 무리수를 두지는 않았다. 자신의 변덕스런 성격과 주의력 결핍을 누구보다 잘 알고 있었기에 원치 않는 상황에 직면하더라도 쉽게 흥분하지 않으려 노력했고, 새 직장에서 성공하기 위해서는 가급적 많은 것들을 배워야 한다고 스스로를 독려했다.

찰스는 기술과 관련된 지식을 배우는 데 매일 적지 않은 시간을 투자했다. 모르는 건 모른다고 솔직히 인정했으며, 적어도 학습에 관한 한 상대의 지위 같은 건 전혀 따지지 않았다. 물론 실적을 올리기 위해 자신이나 직원들을 강하게 밀어붙이는 스타일에는 큰 변화가 없었다. 그러나 방법에 문제가 있을 때는 언제든 수정하는 융통성이 있었기에 최고경영자로서의 역할을 훌륭히 수행했고 회사의 실적도 크게 향상되었다.

다양한 사람들, 다양한 결과물

찰스와 커티스 모두 강한 자신감으로 도전적 임무를 받아들였고, 그 자신감은 과거의 직장에서 성공의 길을 걸으며 얻은 결과물이었다. 또한 둘 다 어느 정도의 거만함과 변덕스러운 기질의 소유자였고 직원들을 강하게 독려했다는 점도 동일하다. 그런데 공통점이 많은 두 리더가 도전적 임무에 대응하는 방식에서는 왜 그토록 차이가 났을까? 찰스는 학습에 적극적이었던 반면에 왜 커티스는 그렇지 못했을까?

커티스가 과거에 실패를 경험한 적이 없다는 데 비해 찰스는 몇 번의 실패에 직면하며 자신의 부족함을 인식했다는 사실도 한 가지 이유다. 또한 커티스가 기득권을 지닌 채 성장을 구가한 반면 찰스는 블루 컬러 출신이었다는 것도 무시할 수 없던 점이다. 찰스는 개인적인 문제와 결함을 극복하기 위해 배움의 길을 추구했지만 커티스는 그렇지 못했다. 만약 커티스가 새로운 임무에 대비하여 충분히 준비를 했다면 두 사람이 이룬 성과가 판이하게 달라졌을지도 모른다.

도전 과정에서의 '상처'

좋은 쪽으로 생각한다면 도전적 임무는 분명 흥미로운 경험이다. 세계를 무대로 능력을 과시하거나, 인수나 합병을 주도하거나, 사업부 책임자가 되거나, 적자에 허덕이던 기업을 흑자로 돌려놓거나, 생애 처음으로 수많은 사람들을 리드하는 지위에 오르는 등의 도전적인 기회는 당사자의 의욕을 자극하기에 충분하다. 새로운 환경에서 주어지는 새로운 임무, 그 임무의 성공 여부는 회사뿐 아니라 당신의 경력에도 지대한 영향을 미친다.

그러나 처음의 흥분도 잠시, 새로 맡은 역할을 과연 성공적으로 해낼 수 있을지에 생각이 미치면서 서서히 불안감이 눈을 뜬다. 실수는 곧 상처를 뜻한다. 상처의 형태는 매우 다양하며, 그 유형을 충분히 아는 사람만이 그로부터 소중한 교훈을 얻는다. 아울러 이 과정에서의 상처가 당신에게만 발생하는 현상이 아니라는 점을 이해할 때, 비로소 상처를 이겨내고 새로운 기술과 지식, 가치관도 배운다. 도전적 임무를 수행하는 과정에서 대다수 사람들이 경험하는 상처의 유형은 다음의 3가지로 구분된다.

첫째, 희생양이 된 듯한 느낌.

"왜 내게 이런 일을 맡긴 걸까?" 새로 주어진 임무가 자신에게 맞지 않다는 의심이 들 때 사람들이 흔히 보이는 반응이다. 틀린 생각은 아니지만 중요한 건 이게 아니다. 새로운 역할을 맡아 어려움을 겪는데 상사들이 나 몰라라 한다며 화를 낼 수도 있다. 잘 모르는 분야의 직책을 당신에게 맡겼다면 사전에 준비할 시간과 자원을 회사에서 충분히 제공했어야 옳다고 생각한다. 그래서 새 임무가 오히려 처벌처럼 느껴지고 무능력한 자신의 모습에 화가 나기도 한다.

회사에서 그 일을 맡긴 건 당신을 시험하기 위함이다. 그 시험을 무사히 통과하면 한층 더 성장하여 더 어려운 역할도 능히 해낸다. 새로운 임무 이면에는 비즈니스 실적 이외에도 리더로서 당신의 발전을 유도하려는 목적도 있다. 경우야 어떻든 새 임무를 당신에게 맡긴 건 그만한 이유가 있기 때문이다. 당신의 발전이 회사 입장에서는 꼭 필요해서 지목하게 된 것이며, 당신이 새로운 임무 때문에 고민하는 이유도 그 때문이다. 따라서 만족스럽진 않더라도 지속적인 동기 부여를 통해 최대한 많은 것을 배워 주어진 역할을 충실히 완수하겠다는 태도가 필요하다.

둘째, 다른 사람들의 질시 또는 적대감.

누구나 좋은 기회를 선망하게 마련이며 그 기회를 얻지 못했을 때는 악의적으로 대응하는 사람들도 있다. 또한 후보자 군에 끼지 못한 사람들 중에서도 그 임무가 자신과 관련된 누군가 혹은 특정 배경을 가진 사람에게 주어져야 한다는 생각에 노골적인 거부 의사를 표하기도 한다. 어떤 경우든 새로운 임무를 맡았을 때는 그와 관련된 다른 사람들의 불쾌한 반응을 미리 예상해야 한다. 예컨대 당신이 특정 국가 출신도 아니고 그곳에서 일한 경험이 없음에도 그 국가에 위치한 지사의 책임자로 임명되었다면, 앞으로 함께 일할 사람들의 따가운 시선 정도는 감안해야 한다. 주변 사람들의 부정적인 시선은 당신이 무언가를 보여주기 전까지는 계속된다.

직원들의 질시와 적대감을 극복하는 것이야말로 최상의 학습이다. 초보 리더들은 미심쩍은 눈초리로 바라보는 직원들을 수시로 접하게 된다. 하지만 부정적인 반응에도 불구하고 업무를 충실히 이행하는 기술과 능력이야말로 리더로서 반드시 갖춰야 할 덕목이다. 이 단계의 리더는 타인뿐 아니라 자신에게도 인내를 발휘해야 하며 모든 것은 실적으로 입증해야 한다.

셋째, 알아야 함에도 알지 못하는 것들.

어쩔 수 없는 현실이다. 주어진 임무나 직책에 대해 당신의 자격이 부족하다는 사실을 발견하는 것만으로도 큰 충격이 아닐 수 없다. 기능직에 종사하다 어느 순간에 총괄관리자로 승진되었다고 가정해 보자. 혼자 일하던 사람에게는 참으로 부담스런 역할이다. 총괄관리자가 되면 무엇보다 기능직이라는 협소한 시각에서 벗어나 전체 조직의 모든 기능을 두루 이해하고 관리할 수 있는 넓은 시야를 가져야 한다. 그리고 관리 책임자로서 여러 가지 문제를 해결하기 위해서는 비즈니스의 모든 측면을 한꺼번에 파악하기보다 단계적으로 하나씩 배워나가는 게 중요하다.

모르는 데도 아는 것처럼 행동하는 것이야말로 최악의 대응이다. 도전적 임무를 맡고서 경직된 태도로 일관하는 사람들이 있다. 융통성을 발휘하여 자신의 경쟁력을 확장하기보다 기존의 방식에 집착하는 경우다. 그러나 정말로 어려운 일을 맡았는데도 과거의 방식을 고집하다가는 결코 성과를 장담할 수 없을 뿐 아니라, 설령 원하던 결과를 손에 넣는다 하더라도 이 단계에서 배워야 할 중요한 교훈들까지 얻을 수는 없다. 역량과 경쟁력을 발전시키기 위해서는 모르는 것을 모른다고 인정해야 한다. 그래서 더 많이 듣고 더 많이 질문하며, 새로운 행동 양식과 이론들을 시험해야 한다. 직장에서든 사생활에서든, 적응하려고 노력할 때 한층 더 유능한 리더로 성장하는 법이다.

도전적 임무를 통해 학습 효과를 극대화하라

캐롤Carol은 한 대기업의 참모 조직을 성공적으로 운영한 공을 인정받아 인적자원팀HR 책임자에 임명되었다. 인력 계발에 관한 한 최고라는 평판을 쌓아온 그녀였기에, 이 회사의 최고경영자는 경험도 많고 지식도 풍부한 다른 전문가들이 즐비한데도 애써 그녀를 인적자원팀 책임자로 임명했다. 물론 이 임무가 캐롤에게 쉽지 않으리란 사실도 그는 잘 알았다. 그러나 회사의 미래를 위해서는 직원들의 발전과 능력 계발이 무엇보다 중요했기에 그 적임자로 캐롤을 선택한 것이다. 인적자원팀 책임자로 승진한 캐롤은 우리가 주관하던 훈련 프로그램에 참여했다. 그러던 어느 날, 그녀는 새로 맡은 임무와 관련하여 3가지를 깨달았다고 했다.

첫째, 인적자원팀에 대해 충분한 경험이 없는 만큼 직감을 믿어야 한다.
둘째, 팀원들 중에서 신뢰할 수 있는 사람과 그렇지 못한 사람들을 구분해야 한다.
셋째, 현재의 상태를 유지할지 신속히 변화를 추구할지 결정해야 한다.

캐롤의 생각은 옳았다. 그녀가 첫 번째로 지적한 직감은 (이 책의 앞에서도 강조한 대로) 중요한 리더십 교훈의 하나며 특히 캐롤의 경우에는 더더욱 필요한 요소다. 새 임무에 대한 충분한 지식과 기술이 없을 때는 결국 직감밖에 믿을 게 없다. 경험이나 데이터에만 의존해온 관리자들이라면 쉽게 이해가 가지 않는 대목일지도 모른다. 도전적 임무를 맡은 사람에게 충분한 경험과 지식을 기대하기는 어렵다. 직감에 의존한다는 건 외부 데이터보다는 자기 성찰과 더 깊은 관련이 있다. 따라서 정확한 근거를 대기는 어렵더라도 올바른 결정 혹은 올바른 행동 방향처럼 '보이는' 것에 주목해야 한다.

과거의 성공 역시 직감에 적잖이 의존한 결과임을 잊어서는 안 된다. 도전적 임무를 맡게 된 것도 직감적 판단력이 남보다 뛰어난 덕분이다. 그렇다고 모든 결정을 앞두고 직감에 의존하라는 뜻은 아니다. 무엇을 어떻게 해야 할지 판단이 서지 않을 때, 달리 의존할 대상이 없을 때만 직감을 활용해야 한다.

캐롤의 두 번째 깨달음인 팀에 대한 신뢰는, 비록 지금까지는 직감에 의존해왔더라도 앞으로는 이 분야에 대해 자신보다 풍부한 경험과 전문성을 가진 팀원들에게 의존해야 함을 의미한다. 다시 말해 팀원들과 시간을 보내며 되도록 많은 이야기를 듣고, 그들이 누구인지를 파악하며, 필요할 때 누구에게 의지해야 하는지를 판단해야 한다. 믿음이 가지 않는 사람들도 당연히 존재한다. 이럴 땐 나름대로의 기준을 설정한다. 팀 구성원들 중에는 자신의 이익을 위해 새로 임명된 리더의 취약점을 이용하는 이들도 있으며, 그로 인해 프로젝트에 투여할 소중한 시간이 허비될 뿐 아니라 의도적으로 일을 방해하는 경우도 있다. 따라서 의심이 가는 직원들이 있을 때는 그들의 행동을 면밀히 관찰하여 섣불리 도움을 청하는 일을 피해야 한다.

캐롤이 깨달은 세 번째는 빠르게 적응하며 변화를 시도해야 함을 의미한다. 물론 간단치 않은 일이다. 무엇을 어떻게 바꿔야 하고, 제일 먼저 어떤 것부터 손대야 하는지조차 제대로 알지 못하면서 무작정 변화를 추구하기는 어렵다. 제대로 모를 때는 기존의 방식에 의존하고픈 충동이 일게 마련이다. 그래서 변화가 필요할 때 남들의 자취를 따르거나 과거의 방식을 답습하다가 실패를 경험하곤 한다. 이때

비전문가가 차라리 나을 때도 있다. 문제의 본질과 현재의 지위에 대해 새로운 각도에서 접근할 수 있기 때문이다. 전문가가 한 사람뿐일 때, 나는 일단 그 사람의 의견을 유심히 청취한다. 그리고 다른 사람들의 다양한 견해를 수집하여 개념을 정립한다. 이렇게 하면 조금 더 나은 의사 결정이 가능하다.

토마스 에블링 | 노바티스 제약의 CEO

변화에 따른 어려움을 함께 고민할 수 있는 인맥을 가지고 있다면 더 없이 좋다. 현재 캐롤은 다양한 조언자들과 관계를 형성하기 위해 노력하고 있으며, 자신의 직감과 상충되는 조언이라 하더라도 귀담아 들었다가 의사 결정에 반영한다.

마지막으로, 캐롤의 견해에 덧붙여 우리도 한 가지를 제안한다.

> **리더로서 당신은 지금 어디에 있고, 어디로 가야하며, 이 둘 사이의 다리를 어떤 식으로 놓을 것인지 분명히 알아야 한다.**

도전적 임무는 당신의 부족한 부분을 보완할 수 있는 좋은 기회다. 도전의 본질은 그동안 해보지 않은 무언가를 시도한다는 데 있다. 당신의 부족한 부분을 보완하려면 어떤 기술이나 지식 또는 가치가 빈약한지 먼저 알아야 한다. 무엇을 개선해야 하는지조차 모르는 상태에서는 배우려는 노력도 공염불에 지나지 않는다. 그러므로 당신의 취약점을 발견하기 위해서는 동료나 부하 직원뿐 아니라 상사나 지도자 등 가능한 한 모든 사람들의 도움을 빌려야 한다.

회사에서 초보 리더를 돕는 방법

어떤 기업은 도전적 임무를 매우 효과적으로 이용한다. 한 예로 크래프트Kraft는 '최고경영자CEO들의 요람'으로 불리는 기업이다. 이런 명성을 얻게 된 이유 중 하나로, 최고의 인재들을 발굴하여 그들이 감당할 정도의 임무를 맡겨 효율을 극대화하는 조직 문화를 꼽을 수 있다. 크래프트의 관리자들에게는 융통성과 리더십 직관력, 팀 관리 기술 등을 배울 기회가 충분히 제공되며, 따라서 유능한 최고경영자 후보들이 속속 배출된다.

GE에서는 한때 모바일 커뮤니케이션즈Mobile Communications란 사업체를 리더십 검증 수단으로 활용하기도 했다. 이 사업체의 규모는 약 10억 달러 정도로 GE에서는 극히 보잘것없는 수준이었다. 따라서 준비가 덜 된 관리자들에게 부담 없이 이 사업체를 맡긴 후 그들의 능력을 평가했다. 우리는 이곳을 거쳐 간 관리자들 가운데 두 명을 알고 있다. 한 사람은 스탠리 웍스Stanley Works의 최고경영자 존 트래니John Trani로, 모바일 커뮤니케이션즈를 거쳐 GE 메디컬의 최고경영자에 임명된 인물이다. 또 한 사람은 한때 GE의 대권을 노렸던 인물로, 현재는 3M의 회장과 최고경영자를 겸하고 있는 제임스 맥너니James McNerney다. 두 사람 모두 강력한 리더십의 소유자이며, 작은 사업체의 책임자라는 도전적 임무를 통해 폭넓은 시야를 형성하고 수익성을 개선했으며 성장과 실행, 사람과 일 사이의 균형을 온몸으로 체험했다.

모든 기업이 GE나 크래프트처럼 풍부한 자원을 갖고 있는 건 아니다. 그러나 어떤 기업이든 도전적 임무를 통해 학습 효과를 극대화할 수는 있다. 그러면 회사가 초보 리더들을 어떤 식으로 도울 수 있는지 그 방법에 대해 살펴보자.

첫째, 도전적 임무는 당사자에게 '도전적인 수준'이어야 한다.

특정인에게는 도전적인 임무가 다른 사람들에게는 그렇지 않기도 한다. 더 열심히, 더 빨리 일하면 충분히 달성 가능한 목표는 도전적이 아니다. 약간의 지식만 보완하면 가능한 임무 역시 마찬가지다. 우리는 관리자들이 승계 계획을 세우거나 새로운 리더를 임명할 때 반드시 후보자의 지식과 기술, 가치관을 바탕으로 '도전적 수준'을 가늠하도록 조언한다. 바꾸어 말하면 후보자를 충분히 알고 그 사람이 어떤 방식으로 성장하고 싶어 하는지 파악해야 한다는 뜻이다. 성장을 위해서는 미지의 세계를 향한 도전이 필요하며, 무엇보다 당사자가 믿고 뛰어들 정도의 임무가 부여되어야 한다. 지나치게 도전적이거나 불가능한 목표를 제시했다가는 오히려 의욕만 상실케 한다.

둘째, 자리를 이동한 리더를 돕는 수단과 프로세스를 제시한다.

GE가 좋은 본보기다. 리더가 도전적 임무를 수행하는 과정에서 도움을 얻도록 '학습 연구소'와 같은 공간을 마련해주어야 한다. 이 연구소에서 실제로 비즈니스를 운영하는 건 아니지만 가상의 훈련 프로세스를 통해 그와 유사한 효과를 거둘 수 있다. 실천 학습Action Learning이 좋은 예다. 여기서 말하는 실천 학습이란 리더로 구성된 집단에 중요한 업무(도전적 임무)를 부여하되 학습 수단과 교육 기회까지 함께 제공하여 해결책을 찾도록 하는 프로세스를 말한다. 이 방법의 가장 큰 장점은 구성원들이 목표 달성에 실패하더라도 회사에 큰 피해를 주지 않는다는 점이다. 따라서 실천 학습 과정에서 부여하는 임무는 충분히 도전적이어야 하되, 구성원들이 큰 실수를 하더라도 실제 업무에는 심각한 영향을 주지 않도록 해야 한다. 아울러 구성원들을 정말로 긴장시키려면 회사가 직면한 실질적인 문제나 기회 등과 동등한 수준의 심각성을 지닌 임무를 부여해야 한다.(데이비드 도트리치와 짐 노엘의 『실천 학습*Action Learning*』 참조.)

셋째, 누구에게 도전적 임무를 부여할지 전향적으로 생각한다.

일반적으로 기업들은 이런 임무를 초보 리더나 잠재력이 풍부한 리더 등 특정 집단에게만 적용하는 경향이 있다. 상대적으로 나이가 어릴수록 융통성도 있고 학습 효과도 높으리라 생각하기 때문이다. 그 결과, 고위직 리더들에게는 오히려 학습과 성장의 기회가 제한될 수밖에 없다. 실제 조직 환경에서는 아무리 유능한 리더라 하더라도 틀에 박힌 생활에서 벗어날 수 없다. 늘 같은 일을 반복하되 반복이 거듭될수록 그 효율은 조금씩 향상된다는 장점은 있다. 반면 도전적 임무는 리더들이 이처럼 틀에 박힌 생활에서 벗어나 기존과는 다르고 새로운 무언가를 추구하도록 촉구하는 기능을 한다.

도전적 임무를 통해 리더십을 계발하기 위해서는 회사의 지원이 절대적으로 필요하다. 그동안 유능한 리더들을 연구하고 가르치며 발견한 바로는, 대다수 리더들은 모르는 것을 굳이 숨길 필요가 없고 자기 성찰을 통해 새로운 것을 배울 준비가 되었을 때 비로소 도전적 임무에 수반되는 시련도 충분히 극복할 수 있다.

사업부 책임자로 승진

리더로서의 삶에서 한 사업부의 책임자에 오르는 것만큼 찬란한 순간도 드물다. 13가지 경로 중에서 이 단계를 비교적 일찍 거론하는 이유는, 한 사업부의 수장을 맡는 건 매우 도전적인 임무일 뿐 아니라 심각한 실패의 위험도 공존하며 때로는 다른 기업의 책임자로 영입되는 등 지금까지 소개한 여러 가지 요인들을 포괄하기 때문이다. 특히 이 단계에서는 학습에 배타적인 리더들이 겪게 되는 환희와 좌절의 순간들을 눈여겨봐야 한다.

이 단계는 미래의 최고경영자들 중에서 거짓과 위선으로 위장한

이들을 가려내는 과정이다. 후자에 속하는 사람들에게는 이 단계가 종착역이며 더 이상 높은 지위로 올라갈 수 없다. 권력과 오만에 의존하는 관리자들은 결코 제 힘으로 사업체를 운영하지 못한다. 그들이 꿈꾸던 달콤한 미래가 결국 악몽으로 끝나고 마는 셈이다.

과거의 신념과 방법에서 벗어나 새로운 아이디어와 방법을 받아들이는 문제는 13가지 경로 모두에서 필요하지만, 특히 이 단계에서는 경영 책임자로서 맞닥뜨리는 어려운 문제들을 효과적으로 처리해야 한다. 흔히들 한 사업부의 책임자라고 하면 마치 목적지에 이미 도달한 사람처럼 생각한다. 많은 사람들과의 치열한 경쟁을 이겨내고 이룩한 성과이니 그럴 법도 하다. 그런데 우리가 경험한 바로는, 사업부의 총괄관리자로 '선택된' 그 순간부터 겸손은 어디론가 사라지고 오만이 지배하는 경우가 적지 않았다.

최고위직으로 승진한 사람들은 말에도 여유가 있고 시야 자체도 달라진다. 자신들을 위해할 존재들이 없기 때문이다. 그러나 그 때문에 오히려 오만과 혼란에 사로잡히기 쉽다. 누구도 부정하지 않는 정상의 자리에 오른 사람들은 그 자리가 환상에 불과하다는 사실을 깨달아야 한다. 자신을 마치 '신이 점지한 존재'처럼 여기는 순간, 그 자리는 절벽으로 뒤바뀌고 머잖아 까마득한 절벽 아래로 추락하고 만다.

오랜 노력의 결실이 한 순간의 몰락으로 이어지는 불행을 차단하기 위해, 지금부터 사업부 책임자로의 승진이 어떤 의미인지를 냉정하게 살펴보자.

사업부 책임자(총괄관리자)의 사고방식

한 사업부를 이끌 책임자로 선택되었다는 건 오랜 학습과 희생의 결과물이다. 그래서 꿈을 이루었다고 생각할 만도 하다. 기업의 관리자들 대부분은 가족과 보낼 시간까지 희생시켜가며 휴일도 없이 일을 하며, 업무와 사람들과 관련된 어려운 결정들까지 내려야 한다. 그러다 총괄관리자나 사업부 책임자에 임명되면 드디어 직장 생활의 정점에 이르렀다고들 생각한다. 사업부 책임자에게는 과거와 비교할 수 없을 만큼 막강한 권한과 재량권이 부여된다. 처음으로 거대한 조직을 주무를 수 있는 권좌를 손에 쥔 셈이다. 물론 기업의 총책임자가 따로 있지만 사업부 운영은 전적으로 사업부 책임자에게 맡기는 게 일반적이다.

때로는 사업부 책임자가 지역 사회의 리더 역할까지 겸하기도 한다. 특히 작은 마을이나 외국에서 사업체를 운영할 때는 그 책임자가 기업을 대표하여 지역 사회의 유지 역할을 맡는다. 지역 주민들은 이런 사람들을 전폭적으로 존중하며 지역 사회 현안과 관련된 각종 회의에도 이들을 초청한다.

어느 대기업의 최고경영진으로 근무하다 중국 지사장에 임명된 사람이 있었다. 그에게는 사업체 운영이라는 본연의 임무가 있었지만, 중국 주재 대사의 요청이 있을 때는 여러 파티에도 참석했다. 중국에서의 임기를 성공적으로 마친 그가 밀워키 본사의 경영진에 다시 복귀했다. 그런데 그와 아내 모두 고국에서의 생활이 만족스럽지 못했다. 본사에서의 지위 때문이 아니라, 해외 지사장으로서의 특권과 자유를 미국의 따분한 도시 생활과 맞바꿔야 한다는 사실 때문이었다.

대다수 리더들은 그 어떤 지위보다도 총괄관리자General Manager라는 직함을 탐내지만 여기에는 그만한 대가가 따른다. 그 중에서도 손익에 대한 책임이 가장 큰 변화다. 과거에 손익과 관련된 의사 결정에 참여한 경험이 없는 사람들에게는 대단히 무거운 책임이 아닐 수 없다. 또한 기능팀functional team 리더라는 '부분적'인 역할에서 사업체 책임자라는 '총괄적'인 임무를 맡게 된 점도 커다란 변화의 하나다. 앞에서 말한 대로, 하나의 기능만을 수행하던 좁은 시야에서 벗어나 복합적인 기능을 수행하는 넓은 시야를 갖춰야 한다는 뜻이다. 사업부 리더는 팀 구성원들을 선발하고, 조직 문화를 창조해야 하며, 비즈니스 리더의 역할 외에도 팀의 상징적 존재로서의 역할까지 수행해야 한다. 아울러 팀 내부의 대인 관계뿐 아니라 외부인과의 관계까지 관리해야 한다. 반면 기능팀 관리자는 규제 기관이나 지역 사회 등 외부 인사 또는 단체와의 관계까지 관리하지는 않는다.

총괄관리자에게는 새로운 지식과 기술을 습득하는 것 못지않게 차별화된 사고방식도 필요하다. 직원들을 소중히 여기고 그들의 발전을 추구해야 하며, 생각의 폭과 깊이 역시 단일 기능을 수행하던 때보다 한 차원 성숙해져야 한다. 또한 적대적인 직원에서부터 조직의 경쟁력을 갉아먹는 직원에 이르기까지 모든 직원들을 효과적으로 다루어야 하며, 일부 고객들의 적대감에도 능동적으로 대처해야 한다. 총괄관리자로 임명된 직후부터 심한 고립감을 느끼는 경우가 적지 않다. 과거에는 그들도 팀의 일원이었으며 다른 직원들과 동일한 기반에서 업무를 수행했다. 그러나 지금은 '모든 책임을 도맡아야' 하는 지위에 올라섰다. 비즈니스 성과에 대한 책임을 전적으로 혼자 맡아야 하며 금전적 실적에 의해 평가를 받아야 한다. 과거처럼 불평을 늘어놓을 상사도 없으며 과거와 같은 방식에 의존할 수도 없다. 상사는 아주 먼 곳에서 그저 말없이 지켜볼 뿐이다. 그러나 성과에 대한 책임은 그 어느 때보다도 엄중하다.

무엇보다, 긴장을 늦춰서는 안 된다. 촉각을 곤두세워라. 경력에 오점을 만들지 마라. 소비자와 회사 모두에 대해 깊은 관심을 가져야 한다. 중요한 의사 결정 방법을 망각하는 바람에 직장 생활의 혼란을 초래한 사람들을 나는 수없이 목격했다. 경험을 넓히기 위해서는 다양한 기능팀, 다양한 국가, 다양한 사업 단위를 두루 거칠 필요가 있다. 이처럼 다양한 경력을 쌓은 후에야 비로소 강력한 리더십을 발휘할 수 있다.

토마스 에블링 | 노바티스 제약 CEO

총괄관리자GM는 곡예사와 같다. 사업부 책임자에 오른 이 순간이야말로 대중 앞에서 처음 기예를 선보이는 순간이다. 과거에는 특정 임무 또는 특정 목표만을 수행했다. 설령 여러 가지 임무를 경험했다 하더라도 책임 범위는 극히 제한적이었다. 그러나 사업부 책임자는 모든 것을 혼자 책임져야 한다. 즉 사고방식도 바꿔야 한다는 뜻이다. 사업부 책임자는 비록 한 차원 높은 단계로 승진했지만 모든 것에 일일이 관여할 시간이 없다는 사실도 알아야 한다. 그럼에도 불구하고 각각의 기능을 통솔하여 지속적인 성과를 창조해야 한다는 점은 큰 부담이 아닐 수 없다.

총괄관리자에 임명된 사람들의 상당수는 이미 새로운 책임을 맡을 준비가 되었다고 생각하는 경향이 있다. 전혀 틀린 생각은 아니다. MBA 프로그램에는 총괄관리자에게 필요한 요건이나 임무뿐 아니라 앞으로 습득해야 할 기술 교육도 포함된다.

게다가 기능팀 관리자들도 직원들에게 다양한 영역에서의 경험을 선사함으로써 미래의 리더를 만드는 데 일조한다. 하지만 그동안 수없이 많은 총괄관리자들을 훈련시켜온 우리의 경험을 돌이켜보면, 기능팀 책임자로서의 경험이 GM의 필수 요건은 아니다. 각 기능 영역별로 최고의 인재들을 사업부 리더로 승진시키는 게 많은 기업들이 고수하는 방식이다. 그러나 이것은 결코 이상적인 '경로'라 할 수 없다.

동료 컨설턴트인 램 차란^{Ram Charan}은 "총괄관리자를 양성하는 최선의 길은 '작은 임무'를 자주 맡기는 것"이라고 했다. GE의 사례처럼, 작은 사업부의 운영을 맡기고 훈련을 통해 나중의 리스크를 최소화하는 것이 그 예다. 그는 십대들의 잔디 깎기 사업(마케팅, 임금 책정, 수익 창출 등이 모두 포함된다)처럼 규모는 작지만 결코 호락호락하지 않고 상호 의존성까지 가미된 사업을 맡기는 게 미래의 GM을 양성하는 최선이라고 지적했다. 유능한 GM은 균형의 중요성을 알아야 한다. 그러기 위해서는 여러 가지 우선순위를 동시에 고려하고, 관심사를 주기적으로 변경하며, 다른 대안까지 모두 고려하는 의사 결정 방법을 배워야 한다.

'아는 체하는' GM은 위험하다

그동안 기업 CEO들에게 훈련과 카운슬링 프로그램을 제공하면서 여러 번 느낀 게 있다. 기업의 고위 관리자들이 바람직한 피드백 과정도 없이 무작정 자신감만을 앞세우다가는 오만과 자기 중심주의에 빠지기 십상이라는 사실이다. 아무런 경험도 없고 분명한 행동 강령도 없는 사업부의 GM으로 임명된 사람들 중에는 자신의 부족한 부분을 가리기 위해 일부러 오만하게 행동하는 경우가 있다. 그러나 이런 사고방식은 다음과 같은 중대한 문제를 유발시키곤 한다.

첫째, 기능에 대한 멸시.

생소한 분야의 GM으로 임명된 사람들은 각각의 기능에 대해 편견을 드러내는 경향이 있다. 재무팀 담당자들을 숫자광으로 치부하고, 인적자원팀 직원들은 비즈니스를 모른다고 몰아붙이고, 마케팅 요원들은 소리만 요란할 뿐 실속은 없다고 평가 절하하는 것 등이 그 예다. 이런 식으로는 각각의 기능을 효과적으로 사용하는 방법을 배울 수 없다.

또한 자신과 친숙하거나 과거에 한두 번 경험해본 기능을 지나치게 드러내며 설령 그 기능이 현재 비즈니스와 큰 관련이 없더라도 개의치 않는다. 이처럼 자신에게 익숙한 기능이 비즈니스의 성공에 절대적이라고 생각하기 때문에 다른 기능들을 객관적으로 바라보는 시야를 형성하기 어렵다.

둘째, 실적과 결과에 대한 근시안적 집착.

비즈니스 성과는 누구에게나 중요한 사안이며, 처음으로 손익에 대한 책임을 맡은 사람이라면 당연히 이익을 늘리고 손실을 줄이고 싶어 한다. 그런데 기능별 예산이나 목표와는 달리 손익평가서는 모두에게 공개되는 것이어서 GM들로서는 실적을 크게 의식하지 않을 수 없다. 실제로 일부 대기업에서는 사업부 책임자 또는 GM들로 하여금 서로의 실적표를 확인토록 함으로써, 남보다 더 좋은 성과를 올려 승진에 한 걸음 더 다가서기 위한 경쟁을 유도한다.

그러나 사업부의 GM이라면 비즈니스 성과 못지않게 직원들의 자기계발이나 조직 문화 형성과 같은 '연질'soft의 성과도 고려해야 한다. 연질의 성과는 전략의 수립과 목표를 향한 노력으로 이어져 결과적으로 비즈니스 성과를 향상시킨다. 따라서 사업부 리더라면 다양한 우선순위 속에서의 곡예를 통해 강력한 추진력과 성과를 달성해야 한다.

경우에 따라서는 거래가 필요할 때도 있다. 직원들과의 커뮤니케이션이나 차세대 리더를 양성하기 위해 시간과 예산을 투여하는 것도 일종의 거래다. 과거에는 이런 거래를 해본 적이 없겠지만, GM이라는 지위에 오른 이상 필요한 시기에 필요한 조치를 취하는 방법을 익혀야 한다.

셋째, 경영 모델 개혁의 실패.

윗사람들의 '은혜' 덕분에 GM이 된 사람뿐 아니라 실력과 리더십으로 그 자리에 오른 사람들에게도 정말로 어려운 과제 가운데 하나다. 멘토나 전임 상사가 확립한 전략과 전통을 바꾸기는 쉽지 않다. 자칫하면 반역자란 오명을 뒤집어 쓸 수도 있다. 하지만 사업부의 책임자라면 주기적으로 경영 모델의 개혁을 시도해야 한다. 이 '경로'에서는 자기만의 시야와 이론을 형성하는 게 무엇보다 중요하다.

과거처럼 상사의 지시를 무작정 따르는 행위는 GM의 역할이 아니다. 물려받은 전략이나 시스템에 의문을 제기하기가 초보 GM에게는 무척이나 벅찬 일이지만, 적어도 사업부 책임자 또는 그 이상의 지위에 있는 사람에게는 반드시 요구되는 덕목이다.

역설도 때로는 필요하다

이 경로에서 최대한 많은 것을 얻으려는 사람들, 나아가 사업부 책임자를 뛰어넘어 유능한 CEO로 성장하려는 사람들은 현재의 지위와 걸맞지 않아 보이는 가치관과 시각이 필요하다. 생소한 것을 소중히 여기고, 불굴의 정신력을 발휘하고, 역설을 받아들이는 일이 말처럼 쉽지는 않다. 그러나 GM을 넘어 그 이상의 성장을 꿈꾸는 사람들에게는 반드시 필요한 덕목들이기도 하다. 이 3가지가 어떤 의미이며 왜 필요한지 하나씩 살펴보자.

첫째, 생소한 것을 소중히 생각한다.

GM 육성 프로그램을 운영하다보면 고위직 인사로서의 역할과 특권에 매료된 사람들도 심심찮게 만난다. 자신 있게 시스템에 도전하거나 겸손하게 학습을 추구하는 태도 사이의 균형을 유지하기란 매우 어렵다. GM에 임명된 후 6개월 정도만 지나더라도 그동안 배운 지식과 기술이 현재의 역할과 얼마나 동떨어졌는지 실감하게 된다. 이때 유능한 GM은 최고의 팀을 만들기 위해 노력한다. 최고의 팀에는 각각의 역할을 수행하는 다양한 전문가들이 포함된다. 혼자서 모든 걸 알 수는 없다. 따라서 자신보다 아는 게 많다고 해서 거리를 둘 게 아니라, 각 분야별 전문가들로 팀을 구성한 뒤 필요한 수준의 권력을 부여해야 한다. 전문가들이야말로 GM의 구세주들이다. 그들의 지식과 전문성을 소중히 여기고 적절히 활용한다면 아무리 준비가 덜 된 임무라도 무난히 해결할 수 있다. 다만, 생소한 것에 가치를 부여하기까지는 적지 않은 시간과 노력이 필요하다. 당신은 현재의 지위에서 어떤 것을 소중히 여기는가? 당신보다 많이 안다고 해서 팀에서 배제시키지는 않는가? 똑똑한 부하 직원이 당신 생각과 정반대의 제안을 했을 때 화를 내며 거부하지는 않는가? 당신이 생각지도 못하는 아이디어를 가진 직원들이 아예 회의에 참석하지도 못하도록 강요하지는 않는가?

둘째, 불굴의 정신력을 발휘한다.

불굴의 정신력이란 정복자나 패배자의 심리 구조와는 큰 차이를 보인다. 정복자는 비현실적인 기대치를 요구하기 때문에 업무와 관련된 실수나 어려움에서 교훈을 얻기 힘들다. 반면 패배자는 이런 실수나 어려움에 대한 전형적인 대응 방식에 해당된다. 업무가 너무 벅차고 의사 결정이 불가능할 때, 어떤 이들은 스스로를 책망하며 패배주의에 빠져든다. '불굴의 정신력'이란 업무가 애매하고 불확실하여 때로는 두려움까지 느끼더라도 용기 있게 임하는 정신 자세를 말한다. 따라서 이런 사람들은 단기적인 결과가 기대에 미치지 못하더라도 묵묵히 인내하며 자신의 직감에 대한 믿음을 잃지 않는다.

여러 역할을 훌륭히 수행한 덕분에 GM에 임명된 사람이 있었다. 톰Tom이란 이름의 이 관리자는 상품 개발과 재무 관리에 관한 타의 추종을 불허했지만 조직 문화나 인사 문제에 관해서는 거의 경험이 없었다. 이 문제가 그의 발목을 잡았다. 그동안 톰은 큰 문제가 생길 때마다 상사를 찾아가 상의하곤 했는데 이젠 그럴 사람조차 없다. 특히 인사와 관련된 복잡한 문제들, 예컨대 팀원으로 누구를 선발할 것이며 인상적인 수준은 아니지만 그래도 비즈니스 성과에 나름대로 기여하는 직원들에게 어떤 보상을 해야 하는지 등의 문제들이 그를 힘들게 한다. 또한 팀을 한 단계 업그레이드하기 위해서는 실적이 우수한 직원 몇 명을 해고해야 하는데, 이렇게 되면 팀 전체의 사기에 심각한 문제를 유발한다. 고민 끝에 우리를 찾아온 톰은, 총괄관리자란 역할이 이렇게 복잡하고 어려운 문제들과 관련되어 있으리라고는 미처 생각조차 못했다고 털어놓았다.

톰과 같은 입장에서는 아무리 힘겨운 문제에 맞닥뜨리더라도 용기와 열정으로 상황을 헤쳐 나가는 것 외에 별 도리가 없다. 또한 비즈니스 운영 방식과 관련하여 자기만의 현명한 이론을 수립하고, 그 이론과 직관에 대한 믿음을 바탕으로 문제들을 하나씩 해결해야 한다.

셋째, 업무의 역설적 측면을 받아들인다.

관리자들은 지위의 높고 낮음과 상관없이 역설을 수시로 경험한다. 그런데 사업체를 운영하는 사람에게는 그 의미가 훨씬 심각하다. 역설이란 2가지 대안 모두가 매력적인 동시에 똑같이 부정적인 요소를 내포하는 상황을 의미한다. 사업체를 운영하는 사람에게 가장 흔한 역설 상황으로는 '장기 또는 단기 목표' '권력의 집중 또는 분산' '표준화 또는 혁신' 사이의 갈등이다. 이런 문제들은 해결이 아닌 관리의 차원이며 GM이라면 이런 역설적 상황에 효과적으로 대응하는 방법을 배워야 한다. 예를 들어 GM은 신속한 행동과 동시에 인내하는 법도 알아야 한다. 일반 관리 직원 입장에서 볼 때, 신속한 행동이란 인내를 버리고 우선순위를 통해 효율적으로 업무를 추진하는 것을 뜻한다. 하지만 GM은 자신의 행동이 미치는 파장을 충분히 알아야 한다. 예컨대 어느 직원의 행동이 전체 조직에 손실을 야기했다고 해서 충동적으로 (재빨리) 그 직원을 해고하는 건 현명하지 못하다. 그 직원의 해고가 한편으로는 정당하더라도 더 큰 시각에서 보면 큰 실수일 수도 있다. 따라서 신속히 움직일 때와 기다려야 할 때를 구분하는 것이야말로 GM이 반드시 터득해야 하는 중요한 기술이다.

끝으로, 가치관과 결과 사이에도 역설이 존재한다.

앞서 살펴본 대로 손익에 대한 책임 때문에 총괄관리자들은 결과에 한층 치중하게 된다. 그러나 GM은 이윤을 향한 욕구와 가치관 사이의 균형을 유지할 수 있어야 한다. GM의 입장에서 가장 어려운 결단의 하나가 바로 조직의 신념이나 기준을 유지하기 위해 단기의 이익을 과감히 포기하는 일이다. 한 예로 가격 경쟁력이 떨어지면 이윤과 수익성이 훼손된다. 이런 경우 GM은 비용을 줄일 방법을 찾아야 한다. 직원들의 의료비 분담률을 늘리는 것도 한 방법이다. 의료비의 80퍼센트를 회사에서 감당하며 이것을 '좋은 직장'의 근거로 내세우는 기업도 있다. 이 경우에 직원들의 의료비 분담률을 높이는 것이 '좋은 직장'이란 그동안의 이미지를 약간 훼손할지 몰라도, 그로 인해 인력 감축을 피할 수 있다는 점에서는 매우 긍정적이다.

이 '경로'에서는 서로 역설적인 2가지 상황에 효과적으로 대처하며 균형을 유지하는 방법을 반드시 익혀야 한다. 하지만 대다수 GM들은 역설의 관리보다는 문제 해결에 더 치우치는 게 사실이다. 문제란 자신들의 '행동 리스트'에 반하는 개념이라고 생각하기 때

문이다. 그래서 이분법적인 접근을 통해 가치보다는 결과를 지향하
며, 확신을 가지고 신속한 행동에 집중하게 된다. GM급 이상의 고
위직 관리자들은 역설을 관리하는 방법을 배워야 하며 획일적인 대
응보다는 상황에 따라 유연하게 대처해야 한다. 이것이 가능할 때
비로소 리더십이 제 기능을 발휘한다.

'경로'로서의 승진

GM으로의 승진은 그 자체로서 종착점이 아니라 리더십 경로의
하나일 뿐이다. 경로에는 움직임과 성장의 의미가 포함된다. GM의
활동을 한낱 정적靜的인 경험 정도로 생각하는 사람은 그 후에 벌어
지는 상황에 놀라지 않을 수 없다. 이런 사람들은 취임 후 한 달, 두
달, 서너 달이 지나면서 점점 더 당혹감을 감추지 못한다. 처음 한
두 달 동안은 팀을 휘어잡는 게 시간 문제라고 생각한다. 그러나 웬
만큼 시간이 흘렀음에도 팀을 휘어잡기는커녕 가장자리에서 배회
하기만 한다. 이때부터 서서히 자신감이 사라지고, 자신에게 과연
GM으로서의 능력이 있는지 의심하기에 이른다.

GM으로서의 자격이 없는 사람들도 있다. 그러나 이 지위를 마치
만인지상의 자리처럼 여기는 조직 문화에서는 자격 여부를 따지는
것조차 불가능하다. GM의 자리가 어울리지 않는다고 느끼는 사람
들, GM보다는 손익에 책임을 지닌 리더를 보좌하는 역할이 자신에
게 더 어울린다고 생각하는 사람들은 현재의 지위를 용기 있게 되
돌아보아야 한다. 우리와 만난 GM들 중의 일부는 그 역할이 즐겁지

않다며 사석에서 은밀히 털어놓기도 했다. 단순히 생각하면 참으로 어려운 상황임에 틀림없다. 힘들게 올라온 자리인데 자신에게 맞지 않는다고 누가 대놓고 이야기할 수 있을까? 그러나 길게 생각하면 자신뿐 아니라 앞으로의 직장 생활에도 큰 도움이 될 것이다.

하지만 GM이 된 사람들의 대부분은 자발적으로 선택한 경우다. 최근의 후임자 승계 프로세스나 심사 절차들은 매우 까다롭고 포괄적이어서 충분한 자격이 있는 사람이 아니면 낙점을 받기 어렵다. 문제는, 이런 프로세스에서 요구하는 리더의 특성이 한결같이 강인한 의지와 똑똑함, 열정, 넘치는 의욕들이라는 사실이다.

사소한 것까지 일일이 관리하는 리더나 단기간에 많은 것을 배워야 하는 리더에게는 이런 덕목들이 꼭 필요하다. 하지만 이 경로를 성공적으로 통과하기 위해서는 열린 자세로 새로운 아이디어와 방식을 받아들일 수 있어야 한다. 이 경로에서 가장 중요한 과제는 새로운 정보를 획득하고 과거에는 등한시했던 기술들을 익히는 일이다. 사업부 책임자에 임명될 정도라면 이 정도의 과제는 충분히 해결할 능력이 있다고 보아도 된다. 이 경로는 발등에 불이 떨어진 것과 같을 수도 있다. 그러나 뜨거운 열기를 온전히 견뎌야 하는 사람들에 비하면 GM은 차라리 나은 편이다.

Chapter 7

중대한 실패에 대처하는 방법

이 '경로'를 헤쳐 나가는 과정에서 또 하나의 역설에 부딪힌다. "실패해본 적이 없는 리더는 큰 성공도 거둘 수 없다." 많은 업적을 이룬 최고의 CEO로 불리는 사람들의 이력서에도 중대한 실패 경험 하나씩은 따라다닌다. 전략을 엉터리로 수립했거나, 실익 없는 개발 프로그램에 투자했거나, 애널리스트와 투자자들을 잘못 인도하는 등 과거에 실패해본 적이 없는 CEO는 앞으로도 큰 실패는 하지 않는다. 그러나 동시에 큰 성공도 기대하기 어렵다. 버진 애틀랜틱 Virgin Atlantic의 회장 리처드 브랜슨Richard Branson은 이렇게 말했다. "리더를 만드는 최고의 스승은 바로 실패다."

관리자들의 상당수는 이 경로를 회피하는 데 급급하다. 잘 아는 분야를 선택하는 게 리스크를 줄이는 길이라고 생각하기 때문이다. 그래서 '상향식 관리'에 익숙하며 축적된 경쟁력을 바탕으로 남보다 나은 실적을 올리기도 한다. 하지만 이 경로에서 필요한 회복 능력과 적응력, 인내력을 갖추지 못한 리더라면 한 단계 높은 리더십은 포기해야 한다. 실패를 경험하지 못한 리더는 언젠가 심각한 판단 착오 상황에 직면한다. 일과 사생활에서 시련과 다양성의 중요성을 정리한 1장의 매트릭스를 돌이켜볼 때, 이런 사람들이야말로 다양한 경험을 천시하는 경우다.

리스크를 받아들여 중대한 실패를 경험하고서도 아무런 교훈도 얻지 못하는 관리자들이 있다. 마음을 꼭꼭 걸어 잠그고 이 경로를 통과하려는 사람은 아무것도 얻지 못한다. 그래서 실패에 대한 책임을 부인하고 타인에게 책임을 떠넘기기에 급급하여 무언가를 배우려는 생각조차 않는다. 같은 실수를 다시 반복하는 꼴이다.

똑똑하고 능력도 뛰어나지만 스스로를 실패자로 규정하는 관리자들도 있다. 이런 관리자들은 실패의 쓰라린 기억 때문에 폐쇄적인 태도로 일관하며 학습의 기회조차 거부한다. 또한 자신들의 직장 생활은 끝장났으며 유능한 리더가 될 자격조차 없다고 생각한다. 그래서 실패를 상황의 산물로 이해하기보다는 그 실패와 자신을 동일시한다.

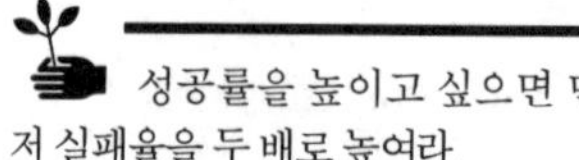

성공률을 높이고 싶으면 먼저 실패율을 두 배로 높여라.

토마스 왓슨 1세Thomas Watson SR.

리더십 경로의 측면에서 보더라도, 중대한 실패는 분명히 골치 아프고 비생산적인 사건이다. 그러나 이 경로를 리더십 계발의 기회로 전환하기 위해서는 아무리 힘들고 어렵더라도 실패의 실체를 꿰뚫어보려는 노력이 필요하다.

인식 대 실패의 실체

중대한 실패의 유형은 여러 가지다. 그 중에서도 가장 흔한 형태로는 회사의 큰 기대를 저버린 행위다. 신상품을 개발하라는 지시를 받고도 기한 내에 시험 모델을 개발하지 못한 경우, 또는 신상품 디자인에 문제가 있거나, 포커스 그룹(테스트 집단)에 의해 거부당하거나, 가격 책정이 어려워 수익을 보장하지 못하는 경우 등이 그 예다.

신상품 마케팅에 실패했거나 여러 분기 연속으로 매출이 추락한 사업부의 책임자도 같은 경우다. 이때 회사의 사장과 이사회 등 주요 이해관계자들은 GM에게 책임을 묻고 처벌을 가한다. 때로는 승진에서 제외되는 선에서 처벌이 끝나지만 심한 경우 회사에서 쫓겨나기도 한다. 이런 상황은 많은 기업에서 수시로 일어난다. 하지만 실패의 책임자로 지목된 사람들은 자신이 이런 경험의 처음이자 유일한 희생양이라고 생각한다.

중대한 실패 역시 자기 인식이 가능하다. 다시 말해, 사장이나 다른 누군가가 미처 발견하지 못했더라도 당신은 그 사실을 정확히 인식할 수도 있다. 심각한 경쟁 환경에 직면하고서도 이렇다 할 조치를 취하지 않았거나, 시장에 새로 진입한 경쟁 업체의 막강한 기술력을 도외시했거나 아니면 단순한 불운으로 실패에 이른 경우

등, 아무도 실패의 탓을 당신에게 돌리지 않더라도 그 책임이 누구에게 있는지 당신 자신은 잘 안다. 당신에게 의존하고 있는 모든 직원들에게 제 역할을 다 할 기회를 제공하지 못한 것도 큰 이유다. 그뿐 아니라 당신의 직업적 목표를 달성하지 못했다는, 제때에 필요한 조치를 취하지 못했다는 자괴감도 만만치 않다. 완벽주의도 이런 감정을 유발하는 원인 가운데 하나다. 항상 완벽만을 추구하는 리더는 아무리 많이 달성해도 만족하지 못하고 아무리 큰 성공을 거두어도 여전히 목이 마르다.

GM의 경험 부족이 실패로 이어지기도 한다. 다양한 경험이야말로 리더십의 필수 요건이다. 그런데 여러 상황에 직면하다보면 지식과 기술의 한계에 부딪히며 그 때문에 실수가 발행한다. 이것이 실패의 변명이 될 수는 없다. 하지만 앞으로 배워야 할 게 무엇인지를 파악하는 데는 아주 유용하다. 이외에도 조직의 가치를 위반하거나, 직원들을 소홀히 대우하거나, 윤리에 어긋나는 행동 때문에 실패에 이르는 경우도 있다.

GE를 비롯한 많은 기업에서는 비즈니스와 관련된 불가피한 문제 때문에 실패를 야기한 관리자들에게 다시 한 번 기회를 제공한다. 그러나 조직의 가치를 위반한 개인에 대해서는 조금의 관용도 허용치 않는다.

단순히 운이 나빠서 실패에 이를 때도 있다. 갑작스런 경기 하락, 생산 설비의 느닷없는 고장, 컴퓨터 결함, 치열해진 가격 경쟁 등 이유는 여러 가지다. 그리고 조직 내부의 정책적 문제나 경쟁 업체들로 인해 또는 외부의 다양한 요인 때문에 실패하기도 한다.

어떤 식이든 실패한 사람은 좌절과 실망감에 사로잡힌다. 게다가 이 사실이 상사나 언론, 칼럼니스트, 인터넷 등에 의해 만천하에 공개되어 해명을 요구당할 때의 수치심은 이루 말로 표현할 수 없을 정도다. 공개적인 모욕은 당하는 사람이나 보는 사람 모두를 힘들게 한다. 하지만 희소식도 없지는 않다. 비록 실패를 했더라도 그 이유가 무엇이고 이를 만회하기 위해 어떤 지식과 기술을 익혀야 하는지 솔직하게 밝히는 사람은 한층 성숙한 리더로 발전할 수 있다.

아주 어려운 카드 게임을 하는 기분이었다. 하지만 테이블을 떠날 생각은 추호도 없었다. 내게는 이 사업체를 정상 궤도로 돌려놓을 책임이 있었다. 그것이 주주들에게 빚을 갚는 일이기에. 그래서 우리에게 최대한 유리하게 카드 게임을 이끌 필요가 있었다.

밥 글린 |
PG&E 코퍼레이션 회장 겸 CEO

시티은행Citibank의 존 리드John Reed는 심각한 경영난에 처했던 회사를 구해내는 과정을 통해 한층 성숙한 리더로 성장했다. 스티브 잡스Steve Jobs는 주위에 압력에 밀려 애플Apple을 떠난 것이 오히려 전화위복이 되어 더 유능한 리더로 성장했고 머잖아 애플의 경영권을 다시 손에 넣었다. 에드가 프론프먼Edgar Bronfmann은 비벤디Vivendi에 투자할 목적으로 일가 소유의 듀폰DuPont 지분을 매각했다가 상당한 손실을 초래했지만, 결국 음악 산업계의 강력한 리더로 군림하고 있다. 중대한 실패로부터 자유로운 리더는 없다. 그러나 모험을 성공적으로 이끄는 리더에게 실패는 더 큰 성장의 원동력이 된다.

실패의 복잡성을 감안하면 올바르게 대처하지 못하는 것도 충분히 이해가 된다. 그렇다면 심각한 손실이나 몰락의 기로에 선 리더들이 가장 흔히 범하는 잘못에는 어떤 유형들이 있는지 알아보자.

실패에 대처하며 반드시 피해야 할 3가지

수치심과 당혹감은 학습 의지를 저해한다. 실수 때문에 고통 받은 리더들이 선불리 그 경험을 돌이키려 하지 않는 것도 같은 이유에서다. 어려움에 직면한 리더들이 경계해야 할 대표적인 행동 3가지를 소개하면 다음과 같다.

첫째, 실패했다고 실패자로 낙인찍어서는 안 된다.

아무리 유능하고 빠르게 성장하는 리더라도 단 한 번의 실수 때문에 주저앉기도 한다. 이럴 때는 사건을 객관적으로 바라봐야지 사건과 자신을 동일시하면 안 된다. 아무리 멍청한 실수를 했다 해도 그 사람이 멍청한 것은 아니다. 오랫동안 화려한 경력을 쌓아온 전문가들도 중대한 실패를 경험하곤 한다. 문제는 실패라는 사건에 사로잡혀 자신에게 실패자의 정체성을 둘러 씌우는 일이다. 실패를 인정하고 책임을 통감하라. 그리고 그 실패가 하나의 사건에 불과하다는 사실을 이해하고, 그로 인해 자신의 리더십이 훼손되는 일은 막아야 한다.

최근 몇 년 사이, 우리는 실패한 회계법인 아서 앤더슨^{Arthur Anderson}의 전 파트너들과 함께 일한 적이 있다. 전 세계에 수많은 파트너들이 포진해 있었지만 세계적 명성을 지닌 회계 법인의 몰락을 막기 위해 이렇다 할 역할을 한 사람이나 기관은 없었다. 거대한 공룡이 쓰러지는 모습을 모두가 그저 지켜볼 뿐이었다. 하지만 그 와중에도 고위 관리자들의 대응 방식은 천차만별이었다. 개인의 성공적인 경력과 앤더슨의 현실을 구분한 관리자들은 조직의 현실을 오히려 기회로 활용함으로써 또 한 번의 도약을 시도한 반면, 현재의 상황이 전혀 쓸모없는 경험에 불과하다고 생각한 관리자들은 자신의 경력에도 큰 오점을 남기고 말았다.

둘째, 희생양을 만들지 않는다.

잘못을 저지른 리더들이 방어적으로 대응하는 건 지극히 현실적이고 자연스러운 현상이다. 리더들이 실수를 했을 때, 좋은 경험을 했다고 입에 발린 소리를 하면서도 실제로는 냉정한 처벌을 가하는 게 기업들의 보편적인 대응이다. 실적 향상에 대한 압박이 워낙 거센 탓에 이런 실패를 쉽게 용서하는 기업은 드물다. 그렇다고 무조건 수세적으로 대응하는 리더는 소중한 학습의 기회마저 날리고 만다. 실패의 원인을 두고 팀이나 다른 직원들을 탓하는 리더는 자신이 그 실패에 어떤 영향을 미쳤는지 정확히 판단할 수 없다. 설령 실패에 대한 직접적인 책임이 리더에게 없더라도, 타인을 향한 비난은 리더의 본분인 자기 성찰과 책임 의식을 저해한다. 따라서 타인을 향한 비난을 자제하고 자신을 향한 비난을 수용하는 자세가 필요하다. 모든 걸 자기 탓으로 돌리란 뜻은 아니다. 사사건건 자책하는 건 결코 바람직한 태도가 아니다. 실패에 대한 책임을 인정할 때도 품위 있는 방법을 택해야 한다. 자신의 잘못을 인정하고, 그럴 수밖에 없었던 상황을 납득할 수 있게 설명하며, 다시는 같은 일이 재발하지 않도록 노력하겠다는 다짐을 보여주어야 한다. 덧붙여 그 경험에서 배운 교훈을 바탕으로 앞으로의 대처 방식까지 설명한다면 더욱 좋다.

셋째, 생각이 그 사건 자체에만 얽매여서는 안 된다.

실수를 통해 교훈을 얻고 미래에 같은 상황이 재발했을 때 효과적으로 대처하는 게 무엇보다 중요하다. 그러나 중대한 실패는 외부적인 학습 기회일 뿐 아니라 내면을 성장시키는 기회라는 점도 잊으면 안 된다. Y 대신 X라는 행동을 선택한 데는 그만한 이유가 있다. 따라서 자신의 생각과 행동, 가치관이 그 실패에 어떤 역할을 했는지 곰곰이 따져보아야 한다. 흔히 사람들은 실패하는 표면적 사건만을 놓고 왈가왈부한다. 그러나 더 중요한 건, 이 경험에서 무엇을 배웠으며 앞으로는 어떻게 행동해야 하는지를 분명히 하는 것이다. 내면의 시야를 형성하는 일은 결코 쉽지 않다. 이것은 리더로서 뿐 아니라 한 개인으로서의 정체성과도 직결된 문제다. 당신의 오만 때문에 실패를 자초하지는 않았는가? 당신의 변덕스런 성격이 실패의 한 원인이 되지는 않았는가?

실패에 대처하며 반드시 지켜야 할 4가지

실패로 인한 심리적 혼란은 말로 형언하기 어렵지만, 그 와중에도 학습과 성장을 추구하기 위해서는 반드시 기억해야 할 게 있다. 우리 고객 가운데 큰 실패로 공개적인 망신을 당한 CEO가 있다. 프라이버시를 고려해 조Joe라고 부르기로 하자. 조는 애초에 감당할 수 없는 약속을 했고 이것이 결국 실패로 이어졌다. 언론에서는 그의 리더십과 판단력, 스타일에 대해 온갖 트집을 잡았고, 견디다 못한 이사회에서 결국 그를 해고하고 말았다. 사실 조는 똑똑하고 재능도 뛰어난 리더였다. 그 역시 지금까지 소개한 '경로들'을 거치며 많은 교훈을 얻었고 유능한 리더로 성장했다. 누가 보더라도 조는 유능한 CEO의 자질을 갖춘 사람이었다. 그런데 한 가지 걸리는 게 있었다. 큰 실패를 경험한 적이 한 번도 없다는 사실이다.

회사에서 쫓겨나면서 조 역시 무척이나 격앙된 상태였다. 하지만 그는 게임이 끝났다고 생각하지 않았다. 무엇이 문제인지 조는 철저히 분석하고 또 분석했다. 그리고 유능한 컨설턴트를 고용하여 자신의 문제와 언론의 대응 등 사건 전반을 함께 연구했다. 적지 않은 시간이 걸렸다. 그러나 지금 그는 중견 소프트웨어 제조업체의 CEO로 근무하며 제 역할을 충실히 수행중이다. 해고라는 굴욕적인 사건에도 불구하고 자신의 현재를 냉정히 평가하고 교훈을 얻었기에 가능한 일이었다.

당신도 실패에 직면했다면, 다음의 4가지 단계를 반드시 유념하길 바란다.

1단계 : 당신의 어떤 결정이 실패에 결정적인 역할을 했는지 파악한다.

더 구체적으로 말해, 부정적인 결과를 야기한 당신의 행동과 태도 모두를 면밀히 파악해야 한다. 태도나 행동이 실패의 직접적인 원인은 아니더라도 어떤 식으로든 영향을 미쳤다는 사실을 받아들이고, 왜 그런 결정을 내리게 되었는지 되짚어야 한다. 리스크의 존재를 너무 두려워하지는 않았는가? 리스크의 가능성을 무시하지는 않았는가? 고집 때문에 팀원들의 조언을 거부하지는 않았는가? 당신의 어떤 '성격적 결함'이 실패에 영향을 미쳤다고 생각하는가?

언젠가 직장 생활이 꼬이기 시작했을 때, 나는 코앞의 미래와 먼 훗날 모두를 대비하여 나름대로의 목표를 수립했고 그 목표를 달성하기 위해 모든 노력을 쏟아 부었다. 그 목표의 범위에는 내 개인적인 삶뿐 아니라 가족, 경제 활동, 비즈니스 등 모든 것이 포함되었다. 목표를 세우는 방법은 그리 어렵지 않았다. 종이를 하나 꺼내들고 책상에 앉은 뒤, 내 인생에서 무엇이 소중하고 무엇이 그렇지 않으며 삶을 이끌어 나가기 위해 무엇을 해야 하는지 생각나는 대로 휘갈겨 써내려갔다. 그 속에서는 나는 다시 태어난 듯한 느낌을 받았다.

레이 비아울트 | 제너럴 밀스 부회장

2단계 : 실패와 관련하여 상사나 지도자 등 믿을 만한 사람과 상의한다.

실패에 대한 논의를 반기는 사람은 많지 않다. 그래서 "실패는 선택이 아니다. 실패에 대한 논의는 더더욱 아니다"라고 생각하는 리더들이 대부분이다. 이런 태도는 리더십이 아니라 '거부 반응'일 뿐이다. 실패는 분명 고통스런 기억이다. 그 기억을 떠올리며 당신의 약점을 공개하는 데는 상당한 용기가 필요하다. 게다가 존경하고 신뢰하는 사람에게 당신의 부족한 부분을 드러내는 것 자체도 고통스런 일이 아닐 수 없다. 하지만 대화는 꼭 필요하다. 당신의 생각에 어떤 문제가 있는지, 어떤 행동이 문제를 일으켰는지를 파악하려면 타인의 피드백이 반드시 필요하다. 자기 성찰도 물론 필요하다. 하지만 자기 성찰은 내면적 시각이라는 한계를 벗어날 수 없기 때문에 타인과의 대화를 통해 외부의 시각을 이해하고 받아들여야 한다. 비록 상대방이 실용적인 해결책을 제시하지는 못하더라도, 그들과의 대화는 리더로서 당신의 현재를 뒤돌아보고 앞으로의 발전 방향을 탐색하는 데 유익한 정보를 제공해준다.

당신의 오만함이나 우유부단함 때문에, 혹은 기술에 대한 집착이나 빈약한 감성 지능emotional intelligence 때문에 실패에 이르렀다는 지적을 받을지도 모른다. 원인이 무엇이든 허심탄회한 대화는 리더의 필수 덕목이다. 실패만큼 놀라운 경험도 없다. 실패를 거울삼아

120

교훈을 얻고 재도약의 기회로 삼는 리더만이 성공에 한 걸음 더 다가간다. 그리고 이 과정에서 성장의 촉매 역할을 하는 존재가 바로 믿을 수 있는 조언자들이다.

3단계 : 앞으로는 과거와 달리 어떻게 행동할지 숙고한다.

과거의 행동에 대해 충분히 분석하고 상의했다면, 이제 앞으로 그와 비슷한 상황에 처했을 때 더욱 효과적으로 대처할 방법을 찾아야 한다. 다시 강조하지만, 비즈니스나 전략적 용어에 치중해서는 안 된다. 과거의 실패에서 배운 교훈들을 정리하여 앞으로 다른 지위나 다른 의사 결정 상황에 적용할 방안을 강구해야 한다. 물론 과거와 똑같은 상황이 다시 발생하리란 보장은 없다. 그러나 실패에서 배운 교훈을 충분히 숙지한 사람은 다른 여러 가지 상황에도 효과적으로 대처한다.

예컨대 이 경로를 통과하는 관리자들 중에는 통제에 지나치게 의존하는 경우가 적지 않다. 직원들을 옥죄어 열심히 일하도록 하고 전문성을 발휘토록 함으로써 어려움을 극복하겠다는 발상이다. 그러나 이렇게 하다가는 실수와 실패를 피하지 못한다. 진정한 리더는 팀을 신뢰하고, 팀원들을 솔직하게 대하며, 기꺼이 그들의 도움을 요청한다. 그래서 어려운 문제에 닥치더라도 팀이 합심하여 효과적인 해결책을 찾아낸다.

과거의 실패에 대한 성찰을 돕기 위해 다음의 몇 가지 질문을 소개한다.

실패했던 상황과 똑같은 상황이 다시 발생한다면, 이번에 과거와 어떻게 다르게 대처할 것인가?

과거와 다르게 대처하기 위해서는 당신의 어떤 점이 달라져야 하는 가? 새로운 가치관이나 융통성, 발상의 전환이 필요하다고 생각하는가?

실패와 관련하여 당신에게 숨어 있는 문제들을 발견했는가? 자기 방식만을 너무 고집했거나, 결과에 지나치게 치중했거나, 일보다는 직원들과의 관계 때문에 너무 많은 시간과 노력을 허비하지는 않았는가?

4단계 : 개선을 향한 열정을 북돋운다.

실패는 모두를 힘들게 하지만, 미래를 내다보는 유능한 리더는 그 와중에도 개선을 향한 열정을 고취시킨다. 회복 능력을 형성하는 데는 특별한 비밀이 없다. 자신의 내면을 깊이 들여다보고, 한 번의 실패가 언제까지나 이어지지는 않는다는 사실을 인정한다. 가장 잘 할 수 있는 일에 집중하고, 과거의 실패에 연연하거나 타인의 실패를 비난하는 일은 삼간다. 그보다는 새로운 목표를 향해 과거보다 뜨거운 열정으로 매진하는 게 현명하다. 누구에게나 격려가 필요하다. 유능한 리더는 스스로 용기를 북돋우며 미래를 개척한다. 이 경로를 헤쳐 나가는 당신 역시 뜨거운 열정을 통해 위기를 기회로 전환하는 방법을 배워야 한다.

실패에 대한 조직의 대응 방식이 불러오는 결과

중대한 실패에 대한 리더들의 대응 방식은 주로 그 기업의 문화와 업종에 따라 크게 달라진다. 실패란 다른 곳에서는 몰라도 우리에게는 결코 있어서는 안 된다고 생각하는 문화를 가진 기업들이 적지 않다. 그래서 실패한 리더는 가혹한 대가를 치르며, 결과적으로 모든 임직원이 앞 다투어 리스크를 회피하는 방법을 배우는 데만 몰입하게 된다. 특히 90년대 말의 인터넷 업체들처럼 경기 사이클의 정점에 오른 기업일수록 실패를 경멸하며 아무런 준비도 하지 않는 경향이 짙다.

최근 몇 년 사이의 경기 불황 속에서 대다수 기업이 고전을 면치 못했음에도 여전히 실패에 대해서는 보수적인 태도를 고수한다. 그래서 실패한 리더들은 그 경험에서 교훈을 얻기보다 무작정 부인하고 또 부인한다.

GE와 같은 기업에서는, 비즈니스를 영위하는 과정에서 실수를 했더라도 조직의 가치관을 위반하지 않은 리더에 대해서는 다시 한 번 기회를 제공함으로써 학습 환경을 조성한다. GE에서는 중대한 실패를 경험한 리더들을 크로톤빌 연수원으로 초청하여 강연을 맡긴다. 이 자리에는 현직 리더들뿐 아니라 미래의 리더들도 다수 참여하며, 연단에 선 리더들의 사례를 통해 실패가 끝이 아님을 다시금 확인한다.

실수나 실패를 무작정 용서하다가는 조직의 생존이 위협받는다. 그러나 실패가 리더십 사이클의 자연스런 한 부분임을 이해할 때 비로소 미래의 번영도 가능하다. 누군가가 실패에 직면했을 때, 생각 있는 조직이라면 당사자에게 이렇게 말할 수 있어야 한다. "정말 큰 실수를 했습니다. 하지만 우리는 리더로서의 당신의 미래에 여전히 희망을 갖고 있습니다. 충분히 시간을 가지고 문제의 원인을 파악하여 우리의 믿음이 헛되지 않게 해주시기 바랍니다. 그리고 같은 실수가 다시 일어나서는 안 됩니다."

유능한 리더들이 조직의 후원에도 불구하고 현재에 안주하며 변화를 거부하는 경우가 있다. 때로는 훈련 프로그램에 참여시키고 때로는 협박도 해보지만 이런 리더들은 요지부동이다. 자신의 리더십 스타일이나 태도의 변화를 단호히 거부하기 때문이다. 이런 리더들에게 아무리 변화를 요구해봐야 먹혀들지 않는다. 본인이 실패를 경험하기 전까지는 말이다. 실패에 직면하면 아무리 확고한 생각을 가진 리더라도 흔들리게 마련이며 자신의 생각과 방식에 문제가 없는지 되돌아보게 된다. 결론적으로, 중대한 실패야말로 리더로서의 변화와 성장을 위한 일생일대의 기회다. 따라서 모든 조직은 직원들이 실패를 훌륭한 기회로 활용할 수 있도록 학습 환경을 조성할 책임이 있다.

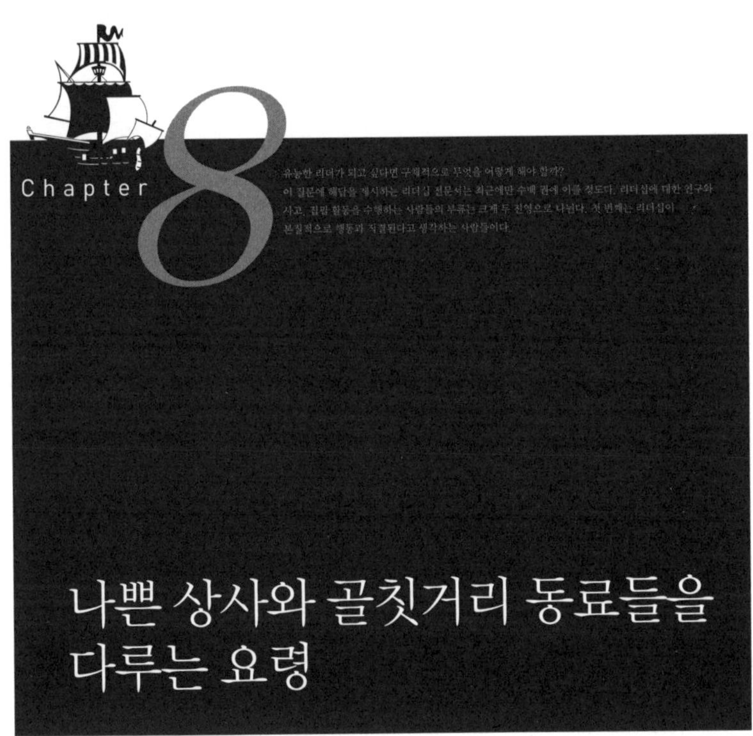

나쁜 상사와 골칫거리 동료들을 다루는 요령

일관성 있고 이성적인 환경에서 생활하길 바라는 건 모든 리더들의 바람이다. 그래서 함께 일하는 사람들에게도 무언가를 기대하게 된다. 즉 모든 사람들이 문화적 기준과 가치를 준수하고 솔직하게 대화하며 전문가처럼 행동하길 바란다. 모두가 고귀한 존재로서의 품위를 지켜주길 기대하면서.

이런 기대가 충족되지 않을 때는 아무리 위대한 리더라도 고민스럽다. 어떡하든 피하고 싶거나 무시하고픈 상사 또는 동료를 가정해 보자. 변덕스러운 상사나 겉으로는 친한 척하며 중요한 정보는 절대로 나누지 않는 동료 등, 이런 사람들은 타인의 이성적인 행동까지 혼란스럽게 한다. 그들은 조직 내부의 불신을 조장할 뿐 아니라 다른 사람들과의 협력을 어렵게 만든다. 그래서 그들을 피해 다른 직장으로 자리를 옮기는 직원들도 있다.

우리는 이런 경험도 하나의 '경로'로 간주한다. 대다수 리더들이 평생에 최소한 한 번은 이런 상황을 경험하기 때문이다. 유능한 리더는 그 상황 속에 존재하는 역동성을 냉철히 이해하며, 이 경로를 통해 자신의 리더십 수준을 한 단계 발전시킨다. 반면 무능한 리더는 분노와 자기 연민에 빠져 현실에 이성적으로 대처하지 못한다.

나쁜 상사나 골칫거리 동료들에 대해 논하기 전에 먼저 짚고 넘어가야 할 게 있다. 바로 '나쁘다'의 의미다. '나쁘다'의 의미는 사람에 따라 다르다.

'나쁨'의 스펙트럼

'나쁨'이란 단어에는 여러 가지 의미가 포함된다. 따라서 나쁘다고 판단되는 상사나 동료들을 획일적으로 대하는 것보다는 사람에 따라 다른 개념적 차이를 이해하고 그에 따라 행동 전략을 수립할 때, 비로소 학습 효과를 극대화하는 동시에 당사자가 느낄 상처를 최소화한다. 〈도표 8-1〉은 '나쁨'의 다양한 의미를 하나의 연속선상에 표현한 것이다.

수평선의 맨 왼쪽에 해당되는 사람들은 주로 타인을 괴롭히고 짜증나게 한다. 논리도 대화도 일관성도 없는 상사, 신경질적이고

불쾌함	성격적 결함	반反가치성	비윤리성

말만 많은 동료들이 여기에 해당된다. 이런 사람들에게도 장점이 없지는 않지만 하나의 단점이 워낙 크게 작용하기 때문에 다른 사람들은 그 단점만으로 당사자를 규정하게 된다. 이것은 '나쁨'을 인지하는 보편적 행동 양식의 하나다.

불쾌함의 오른쪽에는 성격적 결함이 있다. 성격적 결함 자체가 문제를 일으키는 건 아니다. 문제는 성격적 결함이 그들의 관리 스타일과 업무 스타일에 영향을 미친다는 점이다. 오만함, 완벽주의, 변덕 등이 여기에 해당되며, 이런 성향을 가진 사람들은 대인 관계나 업무 수행 과정에서도 종종 문제를 일으킨다. 변덕이 죽 끓듯 하는 상사나 지나치게 감상적인 동료와 일하는 게 즐거울 리 없다. 그래서 우리는 그들을 '나쁜 사람들'로 인식한다. 유능한 리더는 개인들이 지닌 리더십 저해 요인들을 잘 파악하여 효과적으로 대처해야 한다. 또한 리더 자신의 저해 요인도 정확히 알아야 한다.

가치에 반하는 사람도 나쁘다. 행동이나 성격적 특성 때문이 아니라 같은 문화 속에서 일하는 대다수 사람들의 가치관과 상반되는 행동을 일삼기 때문이다. 반가치적 리더는 무조건 사람보다 일을 우선하거나 (또는 그 반대), 가족의 중요성을 무시하거나, 상사를 깎아내릴 궁리를 하거나, 직원들에게 공개적으로 면박을 주거나, 동료들에게 무례하게 행동하거나, 조직의 신념을 무시하는 경우가 많다. 이런 사람들과 함께 일하기는 정말 어렵다. 당신이 소중히 여기는 가치가 권력자에 의해 공개적으로 짓밟히는 장면을 목격하는 것처

럼 뼈아픈 일도 없다. 불쾌한 리더나 성격적 결함을 가진 리더에게
는 조금이나마 신뢰를 보낼 수도 있다. 그러나 공동의 가치를 아무
렇지 않게 무시하는 사람에게서 믿음을 기대하기는 불가능하다.

수평선의 맨 오른쪽에는 비윤리적인 상사 또는 동료가 자리한
다. 제정된 윤리 원칙과 규칙, 규정을 스스럼없이 짓밟고, 자신이
마치 법 위에 군림하며 인간의 행위를 지배하는 존재인 양 거짓말
과 속임수를 밥 먹듯이 하는 사람들이 여기에 해당된다. 이런 사람
들을 위해 혹은 함께 일하는 상황은 한마디로 지옥 그 자체다. 그들
의 행동에 이의를 제기하기도 어려울 뿐 아니라, 자신들의 이해 관
계를 우선하는 프로젝트에 당신이 협력해야 한다는 사실에서도 죄
의식을 느낀다.

수평선에서 오른쪽에 위치할수록 함께 일하기 어려운 상사나 동
료를 뜻한다. 그렇지만 아무리 까다로운 성격의 소유자라도 배울
점이 한두 가지는 있는 법이다.

이 수평선 외에도 고려할 점이 있다. 바로 일관성이다. 예측 가
능한 행동을 하는 상사나 동료와 일하기는 비교적 수월하다. 예를
들어 화를 내는 상황이 대체로 정해져 있는 상사가 있을 때, 그 상
황만 피한다면 팀의 평화를 유지할 수 있다.

우리가 잘 아는 한 관리자(팀^{Tim}이라고 하자)는 여러 가지 측면에서
최악의 상사지만 부하 직원들이 조금만 구슬려도 화를 잘 푸는 성
격이었다. 그래서 저녁에 식사라도 대접하면 한없이 부드럽고 편한
사람이 되었다가도 다음날이면 어김없이 본래의 모습으로 돌아오
곤 했다. 팀의 변덕에는 논리가 없었다. 그래서 부하 직원들로서는
상사의 행동을 예측하기가 거의 불가능했기 때문에 신뢰는 아예 먼

나라 얘기였다. 아무리 노력하고 기여해도 상사가 제대로 인정해주지 않으니 모두 부질없다는 게 대다수 직원들의 생각이었다. 실제로 직원들이 일부러 게으름을 피워 실적을 엉망으로 만들었는데도 팀은 상황이 그럴 수밖에 없었다며 자비를 베풀었는가 하면, 각고의 노력 끝에 훌륭한 성과를 올렸는데도 오히려 화를 내며 직원들을 다그친 일도 있었다. 그래서 팀의 변덕을 견디다 못한 비서가 묘안을 짜냈다. 상사의 기분 상태에 따라 엄지손가락을 위아래로 움직이며 다른 직원들에게 신호를 보내, 지금이 상사와 이야기할 때인지 아니면 피해야 할 때인지를 판단하도록 한 것이다. 비서 덕분에 팀의 부하 직원들은 상사를 관리하는 방법을 터득함으로써 업무를 무난히 처리하게 되었다. 이런 현상은 비단 팀의 문제만이 아니다. 다양한 개성과 스타일로 이루어진 기업에서는 어렵지 않게 이런 현상을 목격한다.

나쁜 상사와 동료들은 수많은 가면으로 위장하고 있어서 어떤 가면을 쓰고 있는지 사전에 예측하기가 대단히 어렵다. 나쁜 상사들은 주로 통제와 공격, 지배, 괴롭힘 등에 의존한다. 하지만 전문 지식과 기술을 중시하는 대규모 조직에서는 이런 가학적인 행동 양식을 허용하지 않는다. 물론 가학적이지 않다고 해서 '나쁘지 않다'는 의미는 아니다. 지금부터 소개하는 세 명의 사례를 생각해 보자.

마크Mark : 리스크를 거부하는 CEO

어느 중견 주식회사의 무능한 CEO인 마크는 재무보고서와 각종 데이터에 목을 매고 살면서도 전략이나 인력, 조직에는 관심조차 두지 않았다. 숫자 놀음과 성과 측정에는 탁월한 재능을 가진 그였지만 인사 문제를 소홀히 하는 바람에 직원들의 사기는 말이 아니었다. 그래서 마크가 CEO로 일한 2년여 사이에 유능한 직원들의 상당수가 다른 곳으로 자리를 옮겼다. 리스크를 꺼리고 자신의 출세에만 치중하며 회사의 미래를 위한 준비 따위는 거들떠보지도 않은 결과였다. 시간이 흐를수록 마크의 성숙치 못한 리더십은 회사 전체에 부작용을 양산했고, 그가 자신 있게 내세운 목표도 결국은 환상에 불과한 지경에 이르고 말았다.

마샤Marcia : 어디로 튈지 모르는 상사

마샤는 마크와 극단적으로 대비된다는 점에서 '나쁜' 리더였다. 카리스마 넘치는 GM인 마샤는 유능한 인재들을 끌어들여 자기만의 방식대로 길들였다. 창의적이고 쾌활하며 열정적인 그녀였지만, 규칙과 절차를 일종의 '제안' 정도로 해석하는 바람에 필요할 때면 별 생각 없이 이를 위반하기 일쑤였다. 진지한 모습은 찾아볼 수 없었고, 수시로 규칙을 위반했으며, 이미 정해진 목표 따위에는 아랑곳하지 않았고, 회의를 할 때도 상황에 따라 자신이 원하는 직원들만 참여시켰다. 마샤는 부하 직원들이 자신의 행동을 예측하든 못하든 전혀 개의치 않았다. 그래서 회사가 아무리 좋고 상사의 창의력이 아무리 뛰어나더라도, 결국 그 상사의 변덕스러운 기질 때문에 부하 직원들은 힘든 나날을 보내야 했다.

로버트Robert : 가학적인 상사

로버트는 좋은 상사였지만 특별한 이유로 인해 나쁜 상사로 변한 사례다. 60대 초반인 그는 오랫동안 재무팀 수장CFO으로서 성공적인 경력을 쌓아왔지만 새로 부임한 최고경영자 때문에 점점 자기 존재가 무시당한다는 느낌을 많이 받았다. 신임 CEO는 경영진의 나이 같은 건 전혀 고려하지 않았다. 게다가 독단적으로 CFO 후임자를 고용한 뒤 로버트더러 "비법을 전수하라"는 지시까지 내렸다. 오랜 헌신에도 불구하고 회사의 배신 때문에 쫓겨날 위기에 직면했다고 생각한 로버트는 급기야 후임자를 골탕 먹일 궁리를 하게 되었다. 후임자에게 하찮은 임무만 맡기고 중요한 정보는 자신이 독점했으며, 중요한 재무 정보를 공개하는 회의에는 얼씬도 못하게 했다. 겉으로 보기에는 후임자에게 한없이 친절했다. 그러나 머릿속을 가득 메운 분노 때문에 로버트의 리더십은 지저분하게 뒤틀려 버리고 말았다.

나쁜 동료들

나쁜 동료들의 유형도 여러 가지다. 시기심 많은 직원은 다른 직원들의 일을 엉망으로 만들고 나쁜 이미지를 심어주기 위해 수단과 방법을 가리지 않는다. 자원과 임무 또는 승진을 두고 치열한 경쟁을 벌이도록 유도하는 상사들 역시 나쁜 동료들을 양산하는 중요한 원인의 하나다. 나쁜 동료들의 행동을 예측하는 것 또한 쉽지 않다. 오늘은 한없이 친절하게 대해주고서도 내일이 되면 느닷없이 태도가 돌변하곤 한다. 수시로 변하는 조직 구조와 우선순위, 역할 등으로 인해 오늘의 동료가 내일의 적이 되는 경우가 허다하다.

따라서 나쁜 상사와 나쁜 동료들 사이에는 서로 밀접한 관련이 있음을 기억하고 상황에 따라 유기적으로 대처하는 방법을 익힐 필요가 있다. 서둘러 결론을 도출하려 해서는 안 되며, 누군가의 성격이나 행동이 마음에 들지 않는다고 해서 당사자를 나쁜 사람으로 낙인찍어서도 안 된다. 상사가 정말로 악의 화신인 경우에는 서둘러 직장을 옮기는 게 옳지만 실제로 이런 사례는 극히 드물다. 마음의 문을 열고 상사나 동료가 정말로 나쁜 사람들인지 고민할 필요가 있다. 이 과정에서 리더십의 중요한 한 부분을 배우게 된다.

싸우거나 도망치기 전에 심사숙고해야 할 것들

나쁜 상사와 일하는 사람들의 대응 방식은 늘 들쭉날쭉이다. 나쁜 동료와 일할 때도 마찬가지다. 동료 때문에 직장을 옮기기까지야 하겠냐만, 그 사람을 피하고 싶고 자극하지 않고 싶은 마음은 다를 게 없다. (그동안 관리자들을 훈련시키면서 수없이 목격했듯이, 사람들은 기대를 서슴없이 저버리는 상사나 동료로 인해 심한 강박증을 느끼며 그 때문에 아무리 훈련을 시켜도 실효를 거둘 수 없다.) 그래서 나쁜 상사나 동료들의 스타일이 제각각일 뿐 아니라 수시로 바뀐다는 사실을 이해하기보다는 그저 피하기에 급급하다. 반면 학습 효과를 늘 염두에 두는 사람은 사람 또는 상황에 따라 자신의 행동을 맞추려고 노력한다.

상사와 동료가 아무리 마음에 들지 않더라도 다음에 소개하는 3가지 질문을 충분히 고려한 후에 행동으로 옮기자.

첫째, 당신의 상사 또는 동료는 수평선 어디쯤에 위치하는가?
(앞의 4가지 기준으로 상사나 동료의 현재 위치를 가늠해보자.)

둘째, 상사 또는 동료의 나쁜 행위를 유발하는 원인은 무엇인가?

(회사에서 심한 압박감에 시달리거나, 사생활에서 매우 어려운 상황에 처하지는 않았는가? 개인적으로 심한 상실감을 경험한 상사로 인해 엄청난 부담을 느끼는 동료라면 비이성적인 행동을 하기도 한다. 이런 경우에는 그 사람 자체에 문제가 있는지 아니면 특별한 상황 때문에 어쩔 수 없이 그렇게 행동하는지를 간단한 질문 몇 가지만으로도 파악이 가능하다.)

셋째, 너무 많은 걸 기대하지는 않는가?

(상사를 스승이나 부모처럼, 동료를 친구나 형제자매처럼 여기는 경우가 적지 않다. 하지만 주위의 기대치를 충족시키지 못하는 상사나 동료는 나쁜 사람으로 간주되기 십상이다. 실제로 상사들 가운데 부모로서 또는 재능 계발자로서의 역할을 제대로 하지 못하는 이들이 적지 않다. 마찬가지로 동료들 가운데 친구나 형제로 받아들이기 어려운 사람들이 많다. 항상 가까이서 일하고 사이도 좋다는 이유로 그 사람들이 당신을 후원하고 어려울 때 도와줄 것으로 착각하기 쉽다. 그러나 상황에 따라서는 그들의 태도가 돌변할 수도 있다. 상사나 동료에게는 자기만의 목표가 있으며, 그 목표와 당신의 욕구가 충돌할 때는 그동안의 우호적인 관계가 한순간에 무너지기도 한다. 이것은 경쟁으로 가득한 일터의 부산물이다. 이때 사람들은 상사나 동료를 나쁜 사람으로 매도한다. 하지만 자신의 기대치가 비현실적으로 높다는 사실은 생각조차 하지 않는다.)

이상의 3가지 질문에 확실한 해답을 가진 사람은 이 경로를 한층 효과적으로 통과한다. 예를 들어 상사나 동료에 대해 너무 많은 기대를 가지고 있음을 아는 사람은 기대 수준을 한 단계 줄여 해결책을 모색한다. 그래서 배울 점이 많은 상사와 결별하거나 생산적이고 협력적인 관계를 저해하는 부작용들을 방지한다. 아울러 최선을 다하지 않는 사람들과 교류하는 방법, 그릇된 행동을 하더라도 표면적인 모습만으로 판단하지 말고 어느 수준까지는 인내하는 요령도 배워야 한다.

당사자가 수평선의 어디쯤에 위치하는지를 안다면 그만큼 의사 결정도 수월하다. 비윤리적이고 가치에 반하는 상사와 일한다면 그 회사를 떠나는 게 현명하다. 그러나 성격적 결함과 반가치성 사이에 위치한 상사라면 조금 여유를 두고 지켜보는 것도 방법이다. 이때 어떤 선택을 내리느냐에 따라 이 경로에서 배우는 교훈도 달라진다.

나쁜 상사와 동료들이 훌륭한 교훈을 낳는다

이 경로에서 배워야 할 것들은 생각보다 많다. 그런데 당신을 미치광이로 몰아 쫓아내려는 상사와 동료들에게서도 과연 배울 게 있을까? 속도가 요구되는 오늘날의 기업 환경에서는 리더십과 '실적'을 직결시키는 경향이 있다. 그래서 직원들의 개인적인 성장은 안중에도 없이 오로지 결과만을 강조함으로써 직장 생활을 어렵게 만든다. 하지만 이런 직장에서도 배울 점은 있다. 직접적인 훈련 기회는 아니더라도 간접적인 경험을 통해 배우는 것도 적지 않다. 이 경로에서 어떤 것들을 배울 수 있는지 구체적으로 살펴보자.

첫째, 자발적인 동기 부여 방법.

지금까지는 동기 부여가 외부에서 오는 것으로 생각했다. 목표는 항상 상사나 팀이 수립하고 당신은 그저 상사와 팀을 기쁘게 하기 위해 노력에 노력을 거듭했다. 나쁜 상사는 동기를 빼앗는다. 직원들의 창의력과 생산성, 근면을 이용하여 자신의 이미지를 개선하려는 상사가 반가울 리 없다. 타인이 아닌 자신을 위해 열심히 일하고 싶은 건 인지상정이다. 유능한 리더는 훌륭한 성과 자체를 통해 만족을 추구한다. 남보다 뛰어나고 싶은 강한 욕구를 가지고 있으며, 이 욕구는 곧 직원들의 자기계발 욕구를 촉진하는 역할을 한다. 그러므로 지위가 높은 리더일수록 내면의 동기를 발견하기 위해 더 많이 노력해야 한다.

마찬가지로 직원들도 마음에 들지 않는 동료들과 우호적인 관계를 유지하기 위한 내면의 동기를 찾는 방법을 배워야 한다. 관리자들 사이의 대립과 다툼은 전체의 에너지를 심각히 고갈시켜 결국은 한 기업을 파멸로 이끈다. 디즈니와 픽사, 휴렛 팩커드, 다임러 크라이슬러 등의 사례에서 보듯이, 개인적인 이유에서 비롯된 대립이 기업 전체에 엄청난 비용과 손실을 초래했다. 게다가 더 심각한 문제는, 대립이 일상화되면 공동의 목적을 달성하기 위해 올바르지 못한 동료들과의 연대도 서슴지 않는다는 사실이다. 하지만 훌륭한 리더는 조직 전체의 목표를 위해 비록 마음에 들지 않는 동료나 직원들이라도 기꺼이 포용한다. 사람들의 개성이나 배경은 천차만별이며 이런 이유로 인해 조직의 목표와 목적이 훼손되어서는 안 된다는 사실을 경험으로 알기 때문이다. 위대한 정치인들 가운데 상황에 따라 반대자들과의 연대를 모색한 경우가 많다. 대립은 상사 자신뿐 아니라 고위직 관리자들, 직원들 등 누구에게도 도움이 되지 않는다.

둘째, 보호 장치 없는 시스템 속에서 일하는 요령.

유능한 상사는 직원들의 보호자 역할도 수행한다. 여기서 말하는 보호란 직원들이 필요로 하는 정보와 자원, 조언 등을 제공함으로써 한 단계 성장하도록 돕는다는 의미다. 유능한 상사는 직원들의 불편한 관계에 개입하여 좋은 방향으로 이끌고 해로운 길로 들어서는 직원이 없도록 안내한다. 이런 상사를 둔 것은 분명 행운이지만, 한편으로 생각하면 보호자 없이 생활하는 요령을 터득할 기회를 박탈당한 셈이기도 하다. 그러므로 상사에게 전적으로 의존하다가는 어려운 상황을 헤쳐 나가는 요령을 배울 기회도, 독자적인 인맥을 형성할 기회도 가질 수 없다. 실제로 강력한 영향력을 지닌 상사가 무대에서 퇴장하자 그동안 유능하다고 여겨져 온 리더들이 중심을 잡지 못하고 갈팡질팡하는 경우를 본다. 그 상사가 멘토의 역할뿐 아니라 보호자 역할까지 겸했기 때문이다. 그리고 나쁜 상사와 일하는 상황은 이와는 반대다.

리더는 조직 속에서 살아남는 법을 배워야 한다. 문제가 있으면 스스로 해결해야 하며 제휴나 자원 배분, 정치적 인맥, 무언의 규칙 등 조직이 굴러가는 방식도 알아야 한다. 최고경영자나 고위직 관리자들이 당신 편을 들어줄 리 없다. 따라서 시스템이 운용되는 방식을 스스로 익혀야 하며 필요에 따라 정치적 인맥을 만들어야 한다. 특히 나쁜 상사와 일할 때는 이런 인맥이 큰 역할을 한다.

셋째, 나쁜 상사나 동료가 되지 않는 방법.

부정적인 사례 역시 좋은 스승이다. 베테랑 관리자들에게 가장 기억에 남는 상사나 동료들을 떠올려보라고 했을 때, 대부분은 문제가 많고 사고를 많이 쳤던 사람들을 들먹인다. 그만큼 부정적인 경험이 기억에 오래 남기 때문이다. 따라서 훌륭한 리더에게는 리더로서 하지 말아야 할 일을 온몸으로 가르쳐주는 상사, 즉 나쁜 상사야말로 가장 좋은 스승이다.

나쁜 상사나 동료들은 다른 직원들의 직장 생활에도 큰 영향을 미치지만 장기적으로 보면 부정적인 영향보다는 긍정적인 요소가 더 많다. 상사나 동료의 전횡을 통해 자신의 잠재적 문제를 되돌아보는 기회를 가지기 때문이다. 타인, 특히 상사의 그릇된 행동을 체험하기 전에는 자신의 오만이나 지나치게 신중한 행위 등을 제대로 돌아보기 어렵다. 사전 경고는 사전 대비로 이어지는 법이다. 즉 상사의 일탈 행위가 스스로의 경력에 치명적인 오점을 남기는 장면을 직접 목격한 직원들은 그와 같은 실수를 답습하지 않으려고 신경을 쓰게 된다. 따라서 나쁜 상사나 동료는 '반대 역할 모델'인 셈이다. 그 사람들의 비생산적인 행동과 태도를 멀리하면 할수록 유익하다.

지금까지 설명한 내용들을 정리하며 다음의 3가지 행동 단계를 소개한다.

나는 나와 다른 스타일의 리더들로부터 많은 가르침을 얻었다. 그건 분명 부정적인 가르침이었다. 나를 과거보다 더 나은 리더로 만들기 위함이라기보다는 하니웰 이미지를 강제로 주입시키려 한다는 인상을 더 많이 받았다.

빌 조지 | 메드트로닉 전 회장 겸 CEO

1단계 : 대인 관계를 조절할 전략을 수립한다.

상사나 동료에 대한 적대감을 버리지 않는 한 아무것도 배울 수 없다. 그러므로 어려운 상황에 대처하기 위한 나름의 전략을 수립해야 한다. 무대응도 하나의 전략이다. 그러나 그것보다는 우리가 소개하는 대안이 훨씬 효과적이다.

'하필이면 지금 이 시점에서 저 사람이 내 앞에 등장했을까?'

그 사람과의 관계를 무작정 적대적으로 생각할 게 아니라 조금이라도 배우겠다는 태도로 접근한다면, 상황을 호전시킬 새로운 기회가 엿보인다. 따라서 '어떻게 하면 저 사람을 없앨까?'라는 생각을 '여기서 나는 무엇을 배울까?'로 바꿔야 한다.

당신의 문제에 대해 상사나 동료와 함께 이야기한다.

이 방법을 사용하기 전에 '나쁨'의 스펙트럼을 먼저 고려한다. 상사가 수평선의 맨 오른쪽에 해당되는 사람이라면 이런 이야기를 꺼내지도 않는 편이 현명하다. 반면에 왼쪽에 해당되는 사람이라면 허심탄회한 대화를 시도한다. 화를 잘 내는 상사와의 대화가 말처럼 쉽지는 않다. 그러나 솔직한 대화를 통해 상사의 감정을 누그러뜨린다면 그 정도의 부담은 감수한다.

상사 또는 동료와 맞선다.

다시 말해 강하게 밀어붙여야 한다. 단순한 대화로서 끝낼 게 아니라, 상사(동료)의 태도와 행동을 수긍하지 못한다면 어떤 식으로든 달라져야 한다는 점을 납득시킨다. 평범한 대화보다는 분명 리스크가 따르는 일이지만, 상대방의 태도 변화를 위해서는 당신의 흥분된 모습을 보여줘라.

상사의 윗사람을 찾는다.
상사의 상사에게 당신의 문제를 설명하고 개입을 요청하라. 이로 인해 상사와 당신 사이의 갈등이 깊어져 자칫 직장에서 쫓겨날지도 모른다. 게다가 평범한 기업에서는 무능한 상사에 대한 불평을 그리 대수롭게 여지지 않으며, 편을 든다 해도 부하 직원들보다는 상사의 입장을 두둔한다. 하지만 견디기 힘든 상황을 바꾸기 위해서는 이 정도의 리스크는 감수해야 하지 않을까?

사표를 던지는 것도 방법이지만 항상 최선은 아니라는 사실을 명심한다. 시장에서 충분히 인정을 받고 있고 당장 직장을 그만두더라도 생계를 유지할 능력이 있다면, 특히 비윤리적인 상사와 함께 일하는 상황에서는 퇴직도 고려해봄 직하다. 그러나 새 직장을 구한다고 해서 반드시 바라던 여건이 갖춰져 있는 건 아니다. 어쩌면 과거의 직장과 비슷하거나 혹은 더 심한 사람들이 설치고 다닐 수도 있음을 염두에 두어야 한다.

2단계 : 상사 또는 동료에 대한 반응을 통해 노출되는 당신의 모습을 고려한다.
일반적으로 상사나 동료가 그릇된 행동을 하게 된 배경보다는 그 행동 자체만을 두고 무작정 비난하는 경향이 있다. 상사(또는 동료)가 당신에 대해서만 유독 차갑게 대할 수도 있다. 비열하고 잔인한 상사라면 누구나 똑같이 비열하고 잔인하게 대해야 하지만, 당신에게만 이런 태도를 보인다면 그건 당신에게도 문제가 있다는 뜻이다. '나쁨'에 대한 사람들의 인식은 크게 다르며 나쁜 행동은 주로 대인 관계의 문제에서 비롯된다. 변덕스러운 상사는 변덕을 싫어하는 부하 직원에게는 큰 골칫거리지만 상사의 비위를 잘 맞추는 직원에게는 아무런 문제도 되지 않는다. 경쟁심도 경쟁을 싫어하는 직원들에게만 문제가 될 뿐, 경쟁을 즐기고 승부욕이 강한 직원들에게는 오히려 동기 요인이 된다. 그러므로 상사나 동료에 대한 당신의 반응을 충분히 따져본 뒤 지도자 등의 도움을 빌어 당신의 사고방식과 행동 양식을 점검한다.

특히 다음의 2가지 질문을 고려하자.

그 사람이 과거에 당신이 싫어했던 누군가를 연상시키지는 않는가?

그 사람이 당신의 내면에 존재하는 달갑지 않은 성향을 가지지는 않는가?

특별히 싫어하는 유형의 사람들이 있을 수도 있다. 그러나 성숙된 리더십을 바란다면 이런 편협한 시각부터 버려라. 그럴 수 없을 때는 그 사실을 인정하고 적절히 통제하는 것도 방법이다. 당신은 거만한 사람들을 왜 두 눈 뜨고 못 보는지('당신이 거만한 사람이어서?') 또는 우유부단한 상사를 보면 왜 짜증부터 나는지('당신의 인내심이 부족해서?') 곰곰이 생각하자. 상사나 동료를 대할 때 표현되는 당신의 부정적인 반응은 곧 리더로서 약점이라는 사실을 명심하라.

3단계 : 당신만의 가치관을 정립한다.

당신의 가치관과 신념에 위배되는 행동을 일삼기 때문에 상사나 동료를 싫어할 수도 있다. 적당히 임무를 완수하는 데만 급급하거나 부하 직원들을 함부로 대하는 사람들 등, 이런 사람들의 행동은 오히려 당신의 신념을 더 확고히 만드는 촉매 역할을 한다. 위대한 리더는 강한 신념을 가진다. 따라서 이런 사람들과 일하는 상황이야말로 자신의 신념을 재확인하고 더욱 공고히 하는 기회다.

대응이 중요한 이유

나쁜 상사와 일하는 직원들은 늘 풀이 죽어 지내는 경우가 많다. 자칫하면 직장에서 축출되거나 권력자들로 인해 고통을 받기 때문이다. 그러면서도 경쟁 동료에 대해서는 대뜸 화를 내기도 한다. 그들의 경쟁심이 자신들에게는 위협이고 도전이며 아픈 곳을 찌르는 행위이기 때문이다.

소리 내어 울부짖든 조용히 고통을 감내하든, 이런 직원들은 한결같이 감성적인 고통을 경험한다. 하지만 이런 식의 대응으로는 아무것도 배울 수 없다. 다른 경로들에서도 설명했듯이, 개인의 직장 생활을 좌지우지하는 것은 사건 그 자체가 아니라 사건에 대응하는 방식이다. 최대한 불쌍하게 보이려 노력하든 아니면 어려운 상황에서도 최선을 추구하든, 선택은 당신의 몫이다.

여기서 말하는 최선이란, 상사나 동료들이 직장 생활의 장애물이 아니라 당신의 경로를 개척하는 데 필요한 스승으로 바라보는 시각을 의미한다. 예를 들어 정말로 문제가 많은 상사는 신뢰의 중요성을 일깨우는 훌륭한 스승이다. 이런 상사와 일하다보면 뼈저린 경험을 통해 신뢰 관계의 필요성을 새삼 확인하게 된다. 훗날 상사가 되어 동일한 실수를 반복하지 않으려면 이런 경험들을 꼼꼼히 되짚어보고 머릿속에 각인시켜야 한다.

해고 또는 승진 탈락

그저 그런 직장에서 해고되거나 별 관심도 없는 지위로의 승진 후보에서 탈락하는 경우를 말하려는 게 아니다. 9장에서는 20년 정도 헌신한 직장에서 해고되는 경우나 오랫동안 목표로 했던 승진 심사에서 제외된 경우 등, 쉽게 얻기 힘든 기회를 한순간에 날려버린 상황에 대해 설명한다. 이 경로에서는 직장 생활에서 느끼는 커다란 상실감과 당신을 속속들이 뒤흔들어 놓을 거대한 풍파에 대해 다룬다. 물론 흔한 경우는 아니지만 기업의 조직 재편이나 감원 과정에서 심심찮게 발생하는 현상이기도 하다.

다른 후보자에게 승진 기회를 뺏기거나 해고당하는 건 아무리 유능한 리더에게도 혹독한 시련이 아닐 수 없다. 무엇보다 자존심과 자신감에 심각한 타격을 받는다는 게 가장 큰 문제다. 이 경로에 직면한 사람들은 심한 분노와 괴로움, 배신감에 사로잡히게 마련이며 이런 감정 때문에 리더십의 발전도 기대하기 어렵다.

이 경로에 빠져 허우적거리는 고위직 리더들을 '살려낼' 목적으로 우리를 찾는 기업들도 있다. 그만큼 이 경로는 혹독하며 감성적으로 큰 고통을 감내해야 한다.

하지만 다른 경로에서도 그랬듯이, 여기서 경험하는 시련 또한 리더를 한층 성숙케 하는 원동력이다. 현명하게 판단하고 극단적인 감정만 피한다면 이 경로가 오히려 당신을 승진 일순위로 만들어준다. 제임스 맥너니(3M의 회장, CEO), 빌 조지(메드트로닉의 전 회장, CEO), 제프리 카첸버그(드림웍스 SKG의 파트너), 제이미 다이먼(뱅크원의 회장, CEO), 스티브 잡스(애플의 회장, CEO) 등은 이 경로에서 경험하는 고통을 인내하며 성공적으로 통과한 덕분에 더 높고 영향력 있는 지위로 승진한 사람들이다. 중요한 것은, 고통스러운 상황을 얼마나 냉철하고 현명한 눈으로 바라보느냐에 달렸다.

반발과 자숙

냉철하고 현명한 시각을 얻기 위해 먼저 우리의 관리자 리더십 프로그램에 참여했던 두 리더의 사례부터 살펴보자.

아론Aaron은 반발했다

아론은 미국 굴지의 기업에서 일하던 고위 관리자였다. 20년 넘게 근무하며 나름대로 좋은 실적을 쌓았고, 덕분에 여러 차례 승진을 거쳐 팀장의 지위에까지 올랐다. 마침 자신이 속한 사업팀의 책임자가 퇴직하며 빈자리가 생기자 아론은 즉시 상사에게 자신을 추천해달라고 요청했다. 다른 관리자들과 마찬가지로 그 역시 비즈니스 운영에 대해 많은 공부를 해왔기 때문에 그 자리야말로 그에게는 다시없는 기회였다. 그래서 GM에 오르기 위해 로비도 벌였고 최고경영자로부터 자신이 후보자의 한 사람이란 말까지 들었다. 아론의 자격을 의심하는 동료는 없었다. 누구보다 훌륭한 자질을 갖췄을 뿐 아니라 회사를 위해 오랫동안 노력해왔으니 당연한 결과였다. '그동안 충성한 데 대해 이제야말로 보답을 받는구나!' 하고 그는 생각했다.

그런데 그가 아니었다. 그 자리는 외부에서 영입된 후보자에게 돌아갔다. 아론은 창피함에 고개도 못들 지경이었다. 그런데 시간이 흐를수록 수치심은 분노로 변했다. 한마디로 회사로부터 배신당한 꼴이었다. 누구도 자신의 탈락을 예상치 못했기 때문에 앞으로 어떻게 얼굴을 들고 다녀야 할지 난감했다. '적어도 이 회사에서는 내 인생은 끝났어. 이런 일을 겪고 어떻게 직원들에게 존경받는 상사가 될 수 있겠어!' GM 선정자 발표가 있은 다음날 출근길에 아론은 엘리베이터에서 최고경영자와 맞닥뜨렸다. 화를 참을 수 없었던 그는 최고경영자의 잘못된 판단을 완곡하게 지적했다. 그리고 이제 더 이상은 회사와 경영진을 믿기 어렵게 되었다는 말도 잊지 않았다. 최고경영자는 아론의 심정을 이해한다는 한마디를 남긴 채 엘

리베이터를 빠져나갔다. 하지만 타고난 감상주의자인 아론은 여기서 그치지 않고 인사팀을 찾아가, 신임 GM이 자신보다 일곱 살이나 어리다는 이유로 연령 차별을 운운하며 한바탕 소란을 피웠다. 이런 상황에서 신임 상사와 일이 제대로 될 리 없었고, 결국 회사로부터 해고 통보를 받는 바람에 또 하나의 시련을 자초하고 말았다.

카렌Karen은 자숙했다

카렌도 승진에서 제외되었다. 아론만큼 오랫동안 재직하지는 않았지만 '관리자들의 관리자' 지위에 오르고 싶은 욕구만큼은 다를게 없었다. 게다가 상사도 카렌이 그동안 쌓아온 실적을 인정하며 승진을 약속했다. 카렌은 이번이야말로 '중간 관리자들'로부터 벗어날 좋은 기회라고 생각했다. 지난 3년간, 그녀는 상사가 수립한 목표를 달성하기 위해 일주일에 적어도 이틀은 출장을 다니며 고객들과 돈독한 관계를 형성했다. 덕분에 동료들도 카렌의 승진 자격을 믿어 의심치 않았다.

그러던 어느 날, 집무실로 카렌을 호출한 상사가 뜻밖의 말을 꺼냈다. 승진 후보자 검토 과정에서 핵심 관리자 가운데 한 사람이 카렌의 적격성에 이의를 제기했다는 소식이었다. 최근 몇 개월간 카렌을 눈엣가시처럼 생각해온 그 관리자가 결국 승진에 제동을 건 셈이다. 카렌의 상사는 그 관리자의 정략적인 개입을 못마땅하게 여기면서도 결정이 번복되기는 어렵다고 말했다. 그리고 카렌이 느꼈을 심정을 충분히 이해하며, 능력이 있기 때문에 언제든 다시 기회를 잡을 수 있으리란 위로의 말도 전했다.

처음에는 카렌도 아론처럼 화가 머리끝까지 났다. 그러나 아론과 달리 그녀는 분노의 감정과 상사에 대한 태도를 엄격히 구분했다. 사건이 지난 후 상사와 가진 첫 대화에서 카렌은 머릿속에 든 생각을 모두 쏟아 붓고 싶은 충동에 휩싸였다. 하지만 자제력을 발휘하며 최대한 담담한 어조로 그동안의 실망감에 대해 털어놓았다. 물론 회사를 그만두고픈 마음이 완전히 사라진 건 아니었다. 상사가 자신을 위해 최선을 다했으리란 확신도 없었고, 고위 관리자 한 사람으로 인해 직원들의 출셋길이 한순간에 벽에 부딪히는 그런 회사에서 계속 일하고픈 생각도 없었다.

이후 몇 주간 그녀는 고심에 고심을 거듭했고, 카렌이 스승처럼 모시던 은퇴한 전前 상사까지 여러 차례 찾아가 대화를 나눴다. 카렌의 현직 상사의 됨됨이를 누구보다 잘 알고 있던 그는, 상사가 정략적인 이유로 카렌의 승진 탈락을 용인하긴 했지만 그 사실을 솔직히 이야기했으며 다음에 같은 기회가 오면 반드시 카렌을 추천해 주겠다고 말했다.

두 사람의 대화를 통해 카렌은 자신의 순진함도 승진 탈락의 이유 가운데 하나라는 사실을 깨달았다. 그동안 그녀는 정략적 행위를 용납하지 않았을 뿐 아니라 고위층과의 연줄 만들기에도 무관심하게 살아온 게 사실이었다. 그렇지 않았더라면 그 관리자가 카렌의 승진을 반대하지 않았으리란 게 스승의 설명이었다.

여전히 기분은 나빴지만 시간이 지날수록 조금씩 평온을 되찾았다. 그리고 자신이 원하는 승진 기회를 다시 한 번 붙잡기 위해서는 이미 잘 알고 있는 회사에서 적어도 일 년 정도 더 근무하는 게 현명하리라고 생각했다. 이번에는 관리자들과의 친분 쌓기에도 노력을 기울이기로 다짐했다. 한 관리자의 반대로 인해 승진에서 탈락

된 만큼 자신을 믿고 후원해줄 유력 인사들과 관계를 맺는 게 유리하다고 생각했다. 아울러 자신의 승진에 반대했던 관리자를 무작정 피하기보다는 적당한 기회를 봐서 이야기를 나눠보기로 했다. 그로부터 2년쯤 지난 어느 날, 드디어 카렌은 그토록 원하던 승진 기회를 잡았다. 사업부는 달랐지만 그동안 고대했던 '관리자들의 관리자' 지위에 오르게 된 것이다.

아론은 반발했지만 카렌은 자숙했다. 일에는 항상 감정이 개입되지만 유능한 리더는 자신의 감정을 조절하여 생산적인 방향을 추구한다. 해고나 좌천과 같은 위기 상황에서는 아무리 실적이 좋은 사람들도 곧바로 그 상황에 개입하고픈 충동을 느끼게 되며, 이럴 때는 주로 부정적인 행동을 보인다. 승진에서 제외되거나 회사에서 쫓겨날 판인데 반발하지 않을 사람이 어디 있을까! 그래서 누군가를 공격하거나 혹은 스스로를 책망하곤 한다. 그러나 이 두 경우 모두 학습과는 거리가 멀다. 최악의 경우에는 스스로를 파멸로 이끌게 되며, 최선의 경우라 하더라도 자아가 비뚤어지게 마련이며 리더십의 발전도 기대하기 어렵다.

반면 자숙과 대화는 비단 이 경로뿐 아니라 다른 모든 상황에서도 유익한 결과를 낳는다. 감정과 충동을 통제하지 못하는 사람은 다른 어떤 직장에서도 성공하기 어렵다. 그러나 감정을 통제하는 사람은 해고나 좌천과 같은 상황에서도 다시 일어서 자신의 미래를 가꾸어 나간다.

분노와 고통, 자책과 같은 감정은 다른 모든 경로에서도 공통적으로 발생한다. 따라서 여유를 가지고 사건을 충분히 돌이켜보며 자신의 감정을 조절하는 능력을 키워야 한다. 사람에 따라 방법은 다양하다. 하지만 이런 노력을 하지 않는 사람에게 돌아오는 결과는 파멸뿐이다.

자기 파괴의 징후

이 경로는 실패와 밀접한 관련이 있지만, 여기서의 실패는 당사자에게 심리적으로 상당한 타격을 입힌다는 점에서 다른 경우와는 약간 차이를 보인다. 누구보다 열심히 살아왔음에도 요직으로의 승진에서 탈락하거나 해고된 사람들이 회사에 대해 느끼는 감정은 예전과 확연히 다르다. 그들은 오랫동안 회사와 그 직원들, 가치관을 위해 헌신해왔다. 그래서 회사로부터 느끼는 배신감은 당연한 감정일 수밖에 없다. 또 하나의 문제는, 승진 탈락이나 해고가 당사자의 통제력 범위 밖에서 이루어진다는 사실이다. 자신의 잘못으로 발생한 문제에 대해서는 충분히 수긍을 한다. 하지만 다른 누군가의 독단적인 결정으로 인해 실패에 직면했다면, 그건 마치 피할 수 없는 운명처럼 당사자를 옥죄고 만다.

이 경로에서는 지위가 높은 사람일수록 충격이 더 크다. 특히 다음과 같은 상황에 해당되는 사람들은 더더욱 신중한 대처가 필요하다.

첫째, 직업이 자신의 정체성을 결정하다시피 하는 경우.

하는 일에 따라 그 사람의 정체성이 결정되는 경우가 있다. 친구들도 같은 회사 또는 같은 업종 종사자들이고 모든 여가 활동도 비즈니스와 관련된 인맥 만들기와 거래와 직결된 사람들의 정체성은 그만큼 제한적일 수밖에 없다. 따라서 일이 뜻대로 풀리지 않을 때의 감성적 상실감도 크다. 승진 탈락이나 해고는 직업적으로 중대한 위협이다. 이때 협소한 정체성을 가진 사람들에게는 교훈을 얻기는 고사하고 그 상황을 극복하는 일조차 매우 어렵다. 미국에는 기업의 고위직 관리자들이 주로 거주하는 지역들이 있다. 그들은 서로의 비즈니스를 공유하고 사교 활동뿐 아니라 휴가까지 함께 보내곤 한다. 따라서 누군가가 승진에서 탈락하거나 해고되었을 때는 그 여파가 모두에게도 확산된다. 특히 당사자는 자신을 동정시하는 시선이 두려워 골프 모임 같은 행사는 둘째치고 외식마저도 마음대로 하기 어렵다.

둘째, 과도한 자신감.

리더로서 하나의 사업체를 운영하거나 영향력을 행사하기 위해서는 적정한 수준의 자신감이 필요하다. 실제로 치열한 경쟁을 뚫고 관리자가 된 사람들 대부분은 강한 자신감의 소유자들이다. 그런데 자신감에도 건전한 게 있고 그렇지 못한 게 있다. 후자에 속하는 사람들은 주위의 비판이나 개인적인 실패를 모욕으로 간주한다. '단순한 사건'이 아니라 개인적으로 중대한 모욕으로 생각하기 때문에 심리적으로 크게 위축되거나 어떤 식으로든 앙갚음하려 한다. 이런 상황에서 학습 효과를 기대하기는 불가능하다.

셋째, 한 직장에서 오래 근무한 경우.

한 직장에서 근무한 기간이 길수록 해고나 승진 탈락이 가져오는 충격도 크다. 회사를 위해 오랫동안 일한 만큼 회사에서도 그만한 대가를 지불해야 옳다고 생각하는 리더들도 있다. 그러나 요즘처럼 실적을 중시하고 경쟁도 치열한 시장 환경에서는 이런 발상이 통하지 않는다. 일부 기업에서는 직원들을 가족과 같이 여긴다며 연일 광고를 내보낸다. 하지만 미래는 예측할 수 없다. 정말로 급박한 상황이 되면 누구도 직원들의 안위를 보장하지 못한다. 회사가 위기에 처하여 동료들 중 일부가 자리를 떠나는 상황도 발생한다. 그런데 그 일이 바로 당신에게 일어난다면 그건 큰 충격으로 다가온다. 정말 오랫동안 충성하고 헌신해왔는데 당신을 해고하거나 승진에서 제외시켰다면, 그동안의 의리를 저버리고 외부에서 새로운 인물을 영입한다면, 아마도 당신이 느낄 배신감과 분노는 극에 달하리라. 극심한 고통 속에서 무언가를 배우도록 요구하는 것도 어불성설이다. 이런 경우에 우리가 관리자들에게 가르치는 것은 하나뿐이다. '상황을 담담히 받아들이는 요령' 말이다.

넷째, 실적이 원인으로 작용한 경우.

실적 부진으로 해고되었거나 승진에서 제외되었다면 크게 노여워할 이유도 없다. 심각한 경기 침체로 인해 단행된 대량 감원에 포함되었거나 또는 외부로부터 전 파트너를 영입하는 바람에 승진에서 탈락한 등의 경우에도 마찬가지다. 그러나 단순히 기대치를 충족시키지 못했다는 이유로 희생양이 된 경우에는 사정이 다르다. 이럴 때는 회사에서 주장하는 어떤 이유도 납득할 수 없으며, 회사와 자신 모두를 대상으로 거칠게 반응하게 된다. 따라서 교훈을 기대하기란 애당초 불가능하다.

어려움 속에서도 성장을 추구하는 방법

해고됐든 승진에서 탈락했든, 피할 수 없는 상황이라면 삶에 유익하도록 이용하는 방법을 찾아야 한다. 먼저, 웬만큼 경력이 있는 리더라면 누구나 이런 경험을 한다는 사실부터 명심해야 한다. 아울러 이런 경험이 단 한 번뿐인 경우보다는 여러 차례 경험한 리더들이 훨씬 많다는 점도 알아야 한다. 이 점을 명심하고 다음에 소개하는 단계별 대응 방법을 살펴보자.

첫째, 그 사건이 당신의 전부가 되어서는 안 된다.

'중대한 실패'와 '나쁜 상사' 편에서도 언급했지만 정체성 문제는 특히 이 경로에서 중요한 개념이다. 해고된 리더들을 교육시킬 때 우리가 가장 강조하는 부분이 있다. 자신의 정체성은 역할과 책임의 합보다 훨씬 크다는 사실이다. 지역 사회 리더, 부모, 배우자, 자녀 등 한 사람에게도 여러 가지 정체성이 존재한다. 따라서 자신의 여러 가지 모습을 있는 그대로 바라보는 시각을 키워야 하며, 하나의 사건으로 인해 자신의 정체성이 '획일화 되는' 일은 결코 없어야 한다.

둘째, 그 사건이 왜 일어났는지 이해한다.

사건의 원인과 과정을 제대로 알지 못하면 교훈을 얻지 못한다. 고위직 인사에게는 결코 쉽지 않지만, 우선 스스로를 솔직히 되돌아보아야 한다. 그래서 자신의 중대한 실수가 해고나 승진 탈락의 직접적인 원인이라고 생각되면 그 사실을 인정하고 예방책을 마련한다. 아울러 경영 기법이나 전략적 사고 기술, 팀 형성 기술 등 리더로서 배양해야 할 기술이나 능력은 없는지 꼼꼼히 따져본다. 부인과 비난은 결코 해결책이 아니며 변명을 늘어놓아서도 안 된다. 문제의 원인이 어디에 있었는지 자신뿐 아니라 다른 사람들에게도 물어볼 용기가 필요하다. 고통스럽겠지만 정확한 데이터를 수집하고 냉정히 분석하는 것만이 이 경로를 효과적으로 헤쳐 나가는 지름길이다.

셋째, 후원 인맥을 활용한다.

혹독한 경로를 혼자만의 힘으로 극복하려다가는 오히려 화를 자초한다. 해고나 승진 탈락은 심리적으로 극심한 불안감을 형성한다. 따라서 사건을 '처리하는 데' 도움이 되는 사람들을 적극 활용하는 게 좋다. 전문 컨설턴트나 카운슬러, 경험이 풍부한 동료들의 도움을 받는다면 시련 속에서도 긍정적인 결과물을 만들어낼 수 있다. 그들의 격려와 조언을 바탕으로 어려운 순간에 자칫 범할지 모르는 실수를 예방해야 한다. 해고되거나 승진에서 탈락한 후에 회사와 경영진을 비난하고픈 강한 충동을 느끼는 건 당연하다. 그렇다고 무작정 덤벼서는 안 된다. 반발심을 억제하지 못하면 직장 생활도 끝이다. 따라서 후회하지 않을 결정을 위해서는 후원 인맥과 전문가들의 도움을 요청해야 한다.

넷째, '차후의' 전략을 수립한다.

이 경로를 통해 리더로서 반드시 배워야 할 것 중의 하나가 바로 태도와 행동 모두의 회복 능력resiliency이다. 그러기 위해서는 철저한 분석을 바탕으로 새로운 전략을 수립해야 한다. 당신이 승진에서 탈락했지만, 새로 부임할 상사는 과연 어떤 사람일까? 그 상사가 당신의 발전에 도움이 될까? 회사에서 당신이 다시 노려볼 만한 또 다른 지위가 있는가? 차라리 직장을 옮기는 편이 최선일까?

해고나 승진 탈락이 더 큰 존재로 성장하는 계기가 되기도 한다. 당신이 직장에서 해고되었다면, 앞으로 다른 직장에서 더 중요한 직책을 맡기 위해 어떤 준비를 해야 할까? 스트레스 상황에서 당신의 능력을 저해하는 개인적인 요인들은 무엇인가? 당신이 가치 있게 생각하는, 또는 당신의 재능, 관심사와 완벽하게 맞아떨어지는 회사나 업무는 무엇인가? 같은 실수를 반복하지 않고 리더로서 더욱 성장하기 위해서는 치밀한 계획과 실행이 뒷받침되어야 한다. 그동안 많은 기업의 관리자들을 교육시켜온 결과, 고통을 경험한 이후야말로 리더들의 능력을 비약적으로 발전시킬 수 있는 가장 '좋은 시기'라는 사실을 발견했다. 실제로 많은 관리자들은 고통의 순간이야말로 훗날의 성공에 결정적인 역할을 한다고 말한다. 시련을 통해 '의문을 가지고 스스로를 되돌아보는 것', 이렇게 해서 향상된 리더십이야말로 다른 어떤 리더십 계발 프로그램에서도 모방할 수 없는 최선의 결과를 낳는다.

다섯째, 시간을 가져야 한다.

행동이 앞서는 리더들 가운데 해고나 승진 탈락 후 다급하게 달려드는 바람에 잘못된 행동을 범하기도 한다. 심사숙고 과정을 거치지 않고 무작정 행동에 나서다가는 자기발전도 기대할 수 없다. 그래서 유능한 리더임에도 불구하고 이 경로에서 허우적거리는 사람들을 발견했을 때 우리는 늘 '여유'를 강조한다. 업무에 지친 리더일수록 현재를 되돌아볼 시간이 필요하다. 과거의 잘못을 모르는 사람은 같은 실수를 반복하기 쉽다.

리더로서의 일생은 임무와 사건의 연속이다. 따라서 가능하면 그 사이사이에 여유를 두고 현재를 되짚어봄으로써 새로운 자신을 만들어간다. 시간과 노력을 몽땅 쏟아 부어야 하는 역할을 받아들이는 건 스스로를 되돌아볼 기회를 포기하는 것과 같다. 이런 사람들은 정말로 큰 사건이 발생하지 않는 한 자기 성찰의 시간을 갖지 못하며, 결과적으로 자신의 행동과 자아를 새롭게 할 기회도 없다.

최악의 상황이 발생했을 때

회복 능력에서 자의식에 이르기까지 이 경로를 통해 배우는 교훈은 여러 가지다. 그 중에서도 당신의 리더십 역량을 향상시키는 데 유익한 교훈 몇 가지를 구체적으로 살펴보자.

첫째, '속임수'는 더 큰 손실을 낳는다는 인식.
모두를 즐겁게 하고 누구도 불쾌하게 하지 않는 사람들을 주로 승진시키는 기업도 있다. 이런 곳에서는 시스템을 만족시키는 게 성공의 지름길이다. 전혀 틀린 말은 아니다. 그러나 유능한 리더는 모두를 만족시키기 위해 매달리지 않는다. 유능한 리더는 자신이 옳다고 생각하는 것을 행동으로 옮길 뿐이며 반대자들과의 갈등에도 적절히 대처한다. 해고나 승진 탈락에서 새로이 배우는 리더십 교훈의 하나도 바로 이것이다. 타인을 만족시키려는 노력과 리더십은 별개의 문제다! 우리가 잘 아는 저명한 한 CEO는 처음 직장 생활을 하다 해고되면서 자신에 대해 여러 가지를 생각하게 되었다고 했다.

둘째, 생존 능력을 배양하는 방법.

최근에는 직장에서 해고되거나 승진에서 제외된 경험을 한 사람들이 과거 어느 때보다 많다. 그러나 유능한 리더는 자신감과 대인관계를 통해 이 경로를 꿋꿋이 헤쳐 나가며, 상사에게 분노를 표출하기보다는 직업인다운 자세로 시련을 극복한다. 내일 살아남기 위한 능력을 오늘 열심히 배양하는 것이다. 리더, 특히 고위직 리더라면 어떤 상황에도 현명하게 대처함으로써 생존을 유지하는 방법을 배워야 한다.

셋째, 한층 깊이 있는 존재로 성장하는 방법.

지금까지 설명한 모든 경로들이 리더의 성장을 촉진하지만, 특히 이 경로는 리더를 한층 사려 깊고 온화하며 통찰력 있는 존재로 만들어준다. 고통의 깊이가 학습의 양을 결정한다는 말이 있듯이, 직장에서 해고된 경험이 없는 사람은 그 쓰디쓴 아픔을 이해하기 어려운 법이다. 고통은 과거엔 전혀 생각지도, 느끼지도 못했던 것들을 떠올리게 한다. 물론 그 순간은 고통스럽다. 그러나 고통을 통해 현실과 사람들에 대해 더 넓은 시야를 형성하며, 고통스러운 생각이나 감정에 대해서도 한결 편안하게 다가간다. 따라서 직장을 잃어 본 사람은 그렇지 않은 사람에 비해 유능한 리더로 성장할 좋은 기회를 확보하는 셈이다.

　시련 속에서 기회를 찾아내기는 말처럼 쉽지 않다. 아니, 기회가 정말로 있는지조차 의심스러워하는 사람들도 많다. 단언컨대 기회는 온다. 시련을 통해 더 큰 리더로 성장한 관리자들의 사례는 수도 없이 많다. 실패야말로 변화를 위한 가장 좋은 매개체다. 어려운 상황에서도 인내하고 자숙하고 허심탄회하게 이야기하는 사람만이 성숙한 리더가 된다.

인수 또는 합병

유년 시절 부모의 이혼으로 의붓아버지(또는 새어머니)에게 적응하려 노력한 적이 있다면 이미 이 경로를 어느 정도 경험했다고 보아도 된다. 당신이 근무하는 회사가 다른 기업에 인수 또는 합병되었다면 직원들이 당연히 혼란을 느낄 수밖에 없다. 오랫동안 함께 해온 가족이 바뀌었으니 무리도 아니다. 기존의 모든 생각과 모든 업적, 모든 대인 관계가 이젠 달라져야 한다. 새로운 상사에게 적응해야 하며 새로운 가치관과 시스템도 배워야 한다.

게다가 가족 속에서의 당신의 위치까지 위협받는다. 그 위협이 실제인지 허상인지는 중요치 않다. 오래된 속설도 있듯이, 합병은 '1 더하기 1'을 '2'가 아닌 '1'로 만들어버린다. 그래서 지위의 중복이 불가피하므로 당신 또는 상대방 가운데 한 사람은 사라져야 한다고 생각하기 쉽다. 합병 직후에 제대로 된 리더십을 발휘하기 어려운 이유 가운데 하나가 바로 이런 공포심이다. 당신 혹은 동료들의 일부가 언제 어떻게 잘려나갈지 모르는 상황에서 일이 손에 잡힐 리 없다. 합병은 고도의 집중력이 필요한 과정이다. 그러나 조직을 휘감고 있는 불안감은 이 집중력을 크게 저해한다.

리더는 이런 압박감 속에서도 효과적으로 리더십을 발휘하며 성장을 추구하는 방법을 배워야 한다. 그러기 위해서는 합병이나 인수 상황에서 실제로 어떤 일들이 벌어지는지 먼저 파악하고 대처한다.

재입사

과거에 이 경로를 경험하지 못한 리더들은 인수나 합병의 충격을 과소평가하기 쉽다. 설령 수적인 변화를, 예컨대 감원이나 자원 재배치, 브랜드 변경 등 겉으로 드러나는 변화에 대해 웬만큼 안다 하더라도 이 경로가 가져오는 심리적인 충격까지 파악하기는 어렵다. 특히 한 회사에서 출세 가도를 걸어온 야심적인 리더는 그 길이 더 이상 존재하지 않는다는 사실 때문에 큰 충격을 받는다.

각고의 노력 끝에 달성한 실적도, 아무리 좋은 실적도, 그동안 만들어온 인맥도, 회사에서 당신에게 다짐한 약속도 이제는 무의미하다. 인수나 합병은 기존 직원들의 실적과 헌신을 무효로 만들어 버린다. 직원들로서는 받아들이기 힘든 일이 아닐 수 없다. 게다가 인수 기업이 경쟁 업체일 때는 상황이 더 복잡해진다. 그동안 적대적 인수 사례를 심심찮게 목격했다. 적대적 인수는 강자와 약자 사이에서 발생한다. 따라서 약자의 상품이나 서비스, 정책, 조직 문화는 머잖아 폐기 처분될 가능성이 높다.

또 한 가지 문제는, 인수나 합병이 하룻밤 사이에 해결되는 문제가 아니라는 사실이다. 그래서 합병이 이루어질지도 모른다는 첫 소문이 들린 순간부터 실제 합병이 완료된 후까지 직원들은 불안에 떤다. 20여 일만에 합병을 원만히 끝냈다며 공개적으로 자랑하는 기업도 있다. 그러나 실제로 20여 일은 법적인 절차를 처리하거나 잉여 인력을 계산하여 해고하는 데 걸리는 시간에 불과하다. 직원들이 새로운 문화에 적응하기까지는 이보다 훨씬 많은 시간이 소요된다.

인수나 합병의 첫 단계는 주로 인력이나 운영과 관련된 계약이나 재무 수치 등을 조율하는 과정이다. 이 과정에서 직원들의 시간과 노력, 집중력이 적잖이 고갈된다. 그런데 여기서 끝나는 게 아니다. 많은 기업들은 두 번째 단계를 간과하고 있다. 두 번째 단계란 두 개의 문화를 하나로 통합하고 심리적인 문제들을 조율하는 과정을 뜻한다. 이때 리더들은 윌리엄 브리지스^{William Bridges}가 명명한 '중립 지대'^{the neutral zone}에 빠지기 쉽다. 중립 지대란, 리더들이 과거의 정체성과 역할, 개념에서 탈피했지만 새로운 조직과 정체성을 아직 받아들이지는 못한 상태를 의미한다. 중립 지대의 특징은 혼돈이며, 따라서 여기에 속한 사람들은 감성적으로 심한 기복을 나

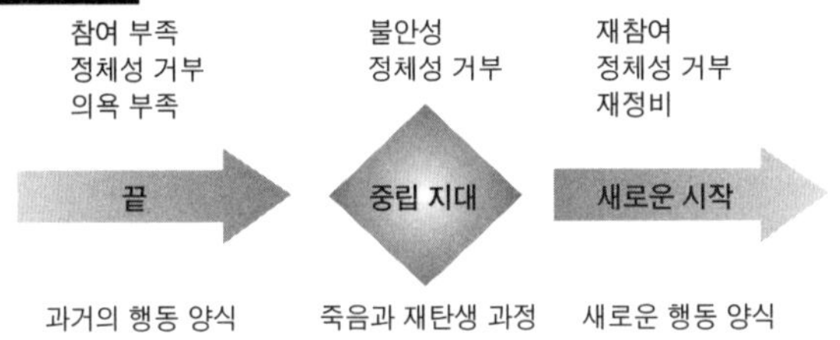

타낸다. 이 중립 지대를 신속히 통과하는 사람들이 있는가 하면(〈도표 10-1〉) 그 속에서 몇 주, 몇 개월 혹은 몇 년씩 허우적거리는 사람들도 있다.

사라진 과거의 직장에 대해 충분히 애도할 시간을 갖지 못한 직원들은 새 직장에도 빨리 적응하기 어렵다. 실제로 인수나 합병 주도 기업의 대부분은 이런 시간을 용납지 않을뿐더러, 피인수 또는 피합병 기업의 직원들 역시 과거의 것들을 쉽게 놓으려 하지 않는다. 그 결과, 입으로는 새로운 상사들을 따르는 척 하면서도 속으로는 '그들'이라는 분명한 선을 긋는 반면 과거의 동료들은 '우리'로 간주한다.

RCA를 인수한 GE는 RCA의 경영진을 크로톤빌 연수원으로 초대했다. 경영진이 도착하자 GE의 임원들이 그들에게 GE 로고가 새겨진 티셔츠를 선물했다. 그런데 바로 다음날, RCA 측은 자사의 로고가 붙은 티셔츠 상자를 들고 와 GE 임원들에게 내밀었다. RCA 경영진이 선의에서 이런 행동을 했을 수도 있다. 그러나 중요한 사실을 간과했다. 상황은 변했으며 RCA와 GE는 더 이상 동급이 아니라는 사실 말이다. 인수 기업은 피인수 기업의 직원들이 새로운 환

거부	"그런 일은 일어나지 않아."
두려움	"난 앞으로 어떻게 되는 거야?"
분노	"우리를 팔았대!"
탄식	"옛날이 더 좋았어."
수용	"이젠 선택의 여지가 없어."
안도	"처음 생각했던 것보다는 나은 것 같아."
관심	"어쩌면 새로운 기회가 있을지도 몰라."
호감	"이젠 정말 안정돼가는 것 같아."
만족	"차라리 잘 된 일이야."

경에서 역량을 발휘해주길 기대한다. 그러나 피인수 기업 리더들의 생각은 다르다. 그들 중 상당수는 새 조직의 결점을 찾아내기 위해 혈안이 되어 있으며 그 결점을 해결할 대안으로 과거 조직의 시스템을 운운한다.

〈도표 10-2〉는 합병에 대한 전형적인 감성 반응으로 반응 유형은 단계별로 달라진다.

아무리 장점이 많아도 인수 기업은 피인수 기업의 프로세스를 쉽사리 받아들이지 않는다. 인수와 합병은 겉으로는 이성적으로 진행되지만 속으로는 감성적인 요소가 많이 숨어 있기 때문이다. 따라서 새 직장에서 살아남기 위해 리더는 자신의 대응 행동을 적절히 관리하고, 변화 과정을 객관적으로 이해하며, 앞으로는 더 열심히 일하겠다는 마음가짐을 가져야 한다.

일자리 유지에만 급급해서는 안 된다

인수 기업에 성공적으로 적응하기 위해서는, 표면적으로는 살아남기 위한 연습처럼 보일지 몰라도 되도록 많은 경험을 통해 교훈을 얻어야 한다. 그러나 생존을 위해 모든 노력을 쏟아버리면 많은 것을 배울 수 없다. 새 직장에서 살아남기 위해서는 새로운 사람들과의 원만한 유대 관계가 필요하지만 이것만으로는 충분치 않다. 인수나 합병 상황에서의 생존 기술이 탁월한 사람들이 있다. 그러나 이 기술만 가지고는 리더로 성장할 수 없다. 이런 사람들은 수시로 머리를 조아리며 새 배에 올라탄 것처럼 행세할 뿐이다.

이제는 미래 지향적인 학습에 대해 논의할 때다. 이 경로를 어떻게 헤쳐 나가느냐에 따라 당신의 미래가 크게 달라지기 때문이다. 인수나 합병 이후에도 당신을 유능한 리더로 발전시키기 위한 다음의 5가지 방법을 이해하고 나면, 나중에 소개할 행동 양식도 자연스럽게 받아들여지게 된다.

첫째, 새 규칙을 신속히 파악하여 준수한다.

환경이 달라진 만큼 새로운 규칙 체계를 받아들여야 한다. 이것은 비단 인수나 합병뿐 아니라 이직, 파견 근무, CEO의 교체 등 다른 모든 리더십 상황에서도 마찬가지다. 인수나 합병 후에는 새로운 규칙을 수용하는 능력과 새로운 자원을 가동하는 능력, 원만한 유대 관계를 형성하는 능력에 따라 리더의 효용이 결정된다. 새로운 규칙은 이전과 크게 다를지 모른다. 따라서 가능한 세밀하게 파악하되 궁금한 점이 있을 때는 질문을 해서라도 알아내야 한다. 규칙을 파악하는 기간이 빠를수록 회사의 운영 방식을 더 빨리 파악하고 리더로서의 성공도 한층 가까워진다.

둘째, 자신감을 잃지 말고 강한 리더로 자리한다.

리더로서 쉽지 않은 일이지만 인수나 합병이 좋은 학습 기회가 된다. 이런 사건이 발생하면 아무리 고위직 관리자라 할지라도 회사를 뺏겼다는 생각에 정체성마저 상실하게 된다. 기존의 정체성과 경쟁 의식, 리더십 가치관 등은 모두 회사에서의 역할에 근거했다. 그리고 회사의 평판과 시장에서의 지위, 조직 문화 등을 통해 자부심을 느꼈고, 그들의 리더십 스타일 역시 회사의 스타일을 바탕으로 했다. 그런데 회사가 하루아침에 바뀌어버리면 그들의 정체성과 자신감도 크게 위축되고, 정체성이 사라지면 리더로서의 역량도 심각한 도전을 받게 된다.

상처받은 자아ego에도 불구하고 효율적인 리더십을 발휘하는 능력이야말로 모든 리더들이 배워야 할 덕목이다. 자아 관리는 강의실에서 배울 수 있는 게 아니다. 아무리 유능한 리더라도 때로는 부하 직원이나 고객의 생각이 자신보다 뛰어나다면 기꺼이 받아들여야 하고, 아무리 부정적인 피드백이라도 사실을 정확히 지적한다면 그 또한 인정해야 한다. 즉 속으로는 우려되는 것들이 있더라도 겉으로는 강하고 포용력 있는 리더의 면모를 잃지 말아야 한다. 이 경로는 리더로서의 굳건한

직원들에게 자신을 드러내지 않거나 직원들 앞에서 약점을 애써 감추려는 리더는 리더십을 발휘할 수 없다. 직원들이 리더의 실체를 인정하려 하지 않기 때문이다. 따라서 어떤 메시지를 보내더라도 직원들의 솔직한 반응을 이끌어낼 수 없다. 직원들과 영원히 함께 하려면 먼저 솔직해져야 한다. 솔직함이야말로 위대한 리더십의 발로다.

조셉 베라디노Joseph Beradino | 앤더슨 월드와이드Anderson Worldwide 전 CEO

위용을 과시하는 좋은 연습 기회다.

셋째, 정략에 휩쓸리지 말고 임무에 충실한다.

정략은 집중력을 흐트러뜨린다. 유능한 리더는 정략적 상황 때문에 팀이나 회사의 객관적 시야를 방해하지는 않는다. 인수나 합병 후에는 정략이 더욱 극심해진다. 하지만 훌륭한 리더는 이런 상황에 아랑곳하지 않고 자신의 일을 묵묵히 계속한다. 굳이 인수나 합병까지는 아니더라도 정략적 상황으로 인해 임무에 대한 집중력이 훼손되는 일이 많은 만큼, 집중력의 유지야말로 리더로서 반드시 익혀야 할 중요한 기술이다. 사실 비공식적 협상이나 권력 나눠 먹기와 같은 정략적 행위는 이미 모든 기업에서 보편화되어 있다. 유능한 리더라고 해서 모든 정략적 상황을 회피하는 건 아니다. 다만, 그 상황을 정직하고 유연하게 활용한다는 점이 보통의 리더와는 다른 점이다. 따라서 어떤 상황에 직면하든 목표를 향한 집중력이 훼손되는 일은 없다.

넷째, 마음을 연다.

회사의 주인이 바뀌면 사람들도 방어적으로 변한다. 인수 절차를 밟고 있는 기업의 리더들을 보더라도 이 점은 확인된다. '우리 아니면 그들'이란 의식이 지배하며 대다수 임직원들이 새 방식을 비효율적인 것으로 간주한다. 배신감이 큰 만큼 폐쇄적인 사고방식이 확산되는 것도 무리는 아니다. 하지만 새 직장이 가져다주는 새 기회도 그리 나쁘지만은 않다. 인수 이후 우리와 인터뷰를 나눈 관리자들도 새로운 경영진과 조직 문화를 접하면서 놀라운 사실을 경위기 상황일수록 리더는 직원들이 자신을 향해 머리뿐 아니라 가슴도 열고 있는지 생각해야 한다. 직원들도 모두 똑똑한 사람들이며 게임의 당사자로 참여하고 있다. 따라서 리더가 어떤 생각을 하고 있는지 촉각을 곤두세우고 있다. 하지만 이것만으로는 충분치 않다. 리더는 직원들의 가슴을 열어야 한다. 그러기 위해서는 시간이 필요하며, 메모나 회의 같은 방식으로는 불가능하다. 직원들 한 사람 한 사람과 시간을 보내며 그 사람을 알아야 한다. 서로의 인간적인 면모를 확인하는 것만이 가슴을 여는 유일한 방법이다.

조셉 베라디노 |
앤더슨 월드와이드 전 CEO

험했다고 털어놓은 적이 있다. 걱정했던 것들이 말 그대로 기우杞憂에 불과했다는 사실을 깨달은 것이다. 덕분에 더 이상은 과거의 비현실적인 가정에 얽매일 필요가 없다.

개방적 태도는 어떤 경로에서든 리더가 터득해야 할 자질 가운데 하나다. 특히 인수나 합병 상황은 개방적 태도의 필요성을 더욱 부각시켜 새로운 운영 방식을 받아들이도록 자극한다.

다섯째, 새로운 인맥을 형성한다.

이 기술 역시 다른 경로에서도 배울 수 있지만 기업의 소유주가 바뀐 상황에서는 새로운 인맥 형성이 절대적으로 필요하다. 인맥 형성은 늘 어려운 과제지만, 한 직장에서 오랫동안 근무하며 인수나 합병을 경험한 적이 전혀 없는 리더에게는 더더욱 힘겨운 일이다.

비단 이런 극단적인 상황뿐 아니라 감원, 구조 개편 등 변화가 심한 경우에도 인맥은 반드시 필요하다. 실제로 멘토나 후원자 역할을 하던 사람들이 회사를 그만 둘 경우에 그들을 따르던 사람들까지 같이 사표를 던지는 사례가 적지 않다. 따라서 상황이 바뀌면 새로운 후원자를 찾아나서야 한다.

발붙일 곳을 찾아라

앤드류Andrew는 회사가 합병된 후 이 5가지 방법을 적극적으로 실천했다. 물론 합병 초기에는 그 역시 극적인 상황 변화를 거부했다.

최근 앤드류는 근무하던 은행의 리스크 관리팀 부사장으로 임명되었는데, 그 무렵 이사회에서 대형 금융 기관과의 합병을 결정했다. 앤드류는 지난 10년간 이곳에서 근무하며 여러 가지 역할을 수행해왔다. 대형 은행들의 합병은 업계에서의 지위를 더욱 공고히 하기 위한 전략의 일환이었다. 합병을 통해 새로운 영업점과 고객들을 확보하고 영업 지역을 확장할 수 있었기 때문이다. 그동안 앤드류는 회사를 자랑스럽게 생각해왔고, 짧은 기간이지만 부사장에 임명된 후에 쌓아온 실적에 대해서도 큰 자부심을 느끼고 있었다. 그래서 누구보다 적극적으로 합병을 반대했지만 대세는 이미 기울고 말았다.

합병이 성사된 후 3개월 동안, 양쪽 은행을 통틀어 절반도 더 되는 약 1000명의 직원들이 해고되었다. 다행히 앤드류는 살아남았지만, 리스크 관리팀에서만 세 명의 인력이 잘려나갔고 그 중에는 앤드류의 상사도 포함되었다. 새로운 정책과 절차들이 도입되었지만 앤드류의 눈에는 하나같이 관료주의 냄새가 물씬 풍기는 것들뿐이었다. 게다가 더 혼란스러운 건, 그동안의 성과를 모두 없던 것으로 하고 처음부터 다시 시작해야 한다는 사실이었다. 발언권도 예전 같지 않아서 새 은행의 경영진은 그의 말을 귀담아들으려 하지도 않았다. 처음부터 다시 '적응'하는 수밖에 없었다. 새로운 회사와 새로운 전략들을 받아들이기에는 너무도 많은 시간과 노력이 필요했다. 그래서 과거의 상사와 전화 통화를 할 때도 대화 시간의 대부분을 불평거리를 늘어놓는 데 소모했다.

직장 생활이 점점 힘들어지자 앤드류는 마지막 대안으로 외부의 컨설턴트에게 도움을 요청하기로 했다. 이윽고 두 사람의 첫 만남이 이루어졌다. 회사와 경영진에 대한 앤드류의 불평을 주의 깊게 들은 컨설턴트는 당장 사표를 던지기보다는 조금 시간을 두고 다시 생각해보자고 제안했다.

그로부터 한 달 후, 앤드류의 불만과 배신감이 눈에 띄게 줄어들었다. 그동안 추진해온 리스크 평가 프로젝트가 경영진으로부터 높은 점수를 받으면서 얼굴도 모르던 임원들이 공개적으로 앤드류를 칭찬하고 나섰다. 덕분에 그는 기획팀으로 자리를 옮겨 새로운 비전 수립이라는 중책을 맡게 되었다. 새 직장에 대한 기여도가 점점 높아지면서 앤드류의 시각에도 변화가 생겼다. 불과 얼마 전만 하더라도 불평을 늘어놓느라 여념이 없었는데 이제는 모든 것이 희망적으로 바뀌었다. 게다가 합병 이후 살아남은 기존 임원들과도 좋은 관계가 만들어졌다. 그로부터 채 1년이 지나지 않아 앤드류는 실적으로서 자신의 위상을 재확인시켰고 더 많은 동료와 상사들과도 신뢰 관계를 형성했다.

앤드류와 같은 사례는 인수나 합병 이후에 더러 목격되는 시나리오다. 여기서 가장 중요한 요소는 바로 신뢰 관계다. 유능한 리더는 믿음을 최우선으로 여기며 타인에게 먼저 다가가 믿음을 전파한다. 최첨단 시스템을 바탕으로 눈에 보이지 않게 조직을 운영되며 지속적으로 조직 재편을 시도하는 최근의 기업 환경에서는 신뢰만큼 중요한 덕목도 없다. 신뢰를 형성하기 위해서는 타인에 대한 긍

정적인 태도가 가장 중요하다. 따라서 인수나 합병 같은 상황이야
말로 신뢰라는 중요한 리더십 기술을 익힐 좋은 기회가 된다.

회사의 변화가 나를 발전시킨다

이 경로를 통해 리더십 역량을 극대화하기 위해 몇 가지 실천 방
안을 소개한다.

첫째, 새 회사에 잔류할지 결정한다.

성급하게 결정해서는 안 된다. 무엇보다 새 회사에서 추구하는
가치관이 당신의 가치관과 부합하는지 객관적으로 판단해야 한다.
예를 들어 당신은 솔직하고 직접적인 커뮤니케이션을 원하는 반면
새 조직 문화에서는 수동적이고 간접적인 합의를 종용한다면 당신
의 리더십 능력을 제대로 평가받기 어렵다. 리더가 조직 문화를 수
용할 수 없는 환경에서 직원들의 헌신을 기대하기는 불가능하며, 회
사의 운영 방식에 대한 원망은 결국 리더
의 성장을 가로막는 장애물이 될 뿐이다.
이런 상황에서 신임 상사와의 가치관까
지 충돌한다면 일은 훨씬 어려워진다. 그
러나 가치관이 대립하는 속에서도 일말
의 공통점을 찾을 수는 있다. 사소할지라
도 통점을 찾고 나면 새 회사와 새 목표에
대한 적응과 집중이 훨씬 수월해진다.

헌신은 현실적이어야 한다.
현실성 없는 일에 인생을 허비할 필
요가 있을까? 직장에서도 마찬가지
다. 기업이 직원들에게 전혀 어울리
지 않는 것을 기대하는 것이야말로
부끄러운 일이다. 많은 기업들이 직
원들에게 진실을 말하고자 노력한다.
그러나 이보다 앞서 알아야 할 사실
은 조직과 직원들이 추구하는 스타
일, 가치관, 문화 사이의 차이점이다.

빌 조지 | 메드트로닉 전 회장 겸 CEO

둘째, 인수나 합병에 대한 느낌을 정리하여 표현한다.

다시 말해 실망과 분노를 속으로만 삭이며 고민할 필요가 없다는 뜻이다. 몇 년이 지난 후에도 과거의 사건에 대해 불만을 토로하며 전 직장이 마치 천국이었다는 듯이 말하는 관리자들이 있다. 과거에 집착하면 새로운 정보와 아이디어를 받아들이지 못할 뿐 아니라 다양한 경험을 통한 리더십 계발도 어려워진다. 따라서 스스로에게 솔직해야 하며, 신뢰할 만한 조언자를 적어도 한 명 이상 확보한 뒤 인수나 합병에 대한 감정을 표현해야 한다. 현실적이지 못한 두려움에 사로잡힐 필요는 없다. 생각을 말한다고 해서 직장 생활이 끝나는 건 아니다. 오히려 감정을 빨리 표현할수록 집착에서 빨리 벗어나고 앞으로 다가올 기회들을 효과적으로 활용할 수 있다.

셋째, 회사와 새로운 관계를 형성한다.

수동적인 태도를 고집하다가는 절대 얻을 수 없다. 우리는 합병 기업의 관리자들을 교육시킬 때 직속 상사뿐 아니라 그 위의 상사들과도 관계를 형성하도록 조언한다. 바람직한 인맥을 만들기 위해서는 상당한 시간을 투자하여 다양한 지위와 다양한 영역의 사람들과 접촉해야 한다. 인맥은 하루아침에 만들어진 게 아니며 어설픈 접촉은 오히려 관계를 훼손한다. 또한 자신이 나이도 많고 근무 기간도 길다고 해서 그렇지 못한 상사나 직원들을 무시해서도 안 되며, 그동안 인맥의 도움을 받지 못했다고 해서 다시 노력할 필요성까지 거부해서도 안 된다. 인맥이란 만드는 것 못지않게 관리와 업데이트가 중요하다. 변화하는 조직 속에서 살아가는 리더에게는 꾸준한 인맥 관리가 무엇보다 중요하다.

넷째, 직속 부하 직원들과의 허심탄회한 커뮤니케이션을 유지한다.

리더십은 부하 직원들의 욕구 충족에도 반드시 필요한 요소다. 부하 직원들과 팀 역시 인수나 합병으로부터 당신 못지않게 많은 영향을 받는다. 따라서 리더는 부하 직원들이 새로운 환경에 적응하도록 도와야 한다. 직원들에게 필요한 게 무엇인지를 알고 나면, 리더로서 당신이 새 조직 문화에 적응하는 것 역시 한결 수월해진다. 솔직히 이야기하고 귀담아 들어주고 필요한 정보를 제공하라. 직원들은 당신의 도움을 필요로 하며, 당신 역시 인수나 합병 이후의 새로운 목표를 달성하려면 직원들의 도움이 절실히 필요하다.

다섯째, 인내한다.

인내가 미덕이란 말은, 특히 오늘의 환경에서는 결코 빈말이 아니다. 행동 지향적 리더들은 사건에 대한 반응속도가 매우 빠르다. 그래서 새로운 자극이 발생할 때마다 신속히 입장을 정리하여 해결책을 모색한다. 그러나 인수나 합병과 같은 사건과 관련해서는 인내가 최선의 전략이 되기도 한다. 실제로 합병 이후에 조직이 안정되기까지는 적어도 몇 개월에서 길게는 몇 년씩 걸린다. 따라서 리더들이 새로운 환경에 적응하고 새로운 인맥을 형성하기 위해서는 더 많은 시간이 필요할 수밖에 없다. 무작정 앞으로 나아갈 수도 없기에 상실감은 더욱 커진다. 이런 상황에서는 기다림과 관찰, 토론, 사색이 오히려 좋은 결과를 낳을 때가 많다. 객관적인 관찰을 통해 상황을 분명히 파악하고 부하 직원들과 올바른 관계를 형성하기 위해서는 작은 인내가 반드시 필요하다.

그럼에도 불구하고 인수나 합병 소식이 들려올 때 많은 리더들이 부정적으로 반응하는 게 사실이다. 이 경로에서 교훈을 얻기 위해서는 처음의 부정적인 반응을 유보하고 멀리 내다보는 눈을 키워야 한다. 인수나 합병을 시도하는 이유는 둘의 조합이 고객과 다른 이해관계자들에게 더 유익하기 때문이다. 그리고 인수 기업은 피인수 기업의 브랜드와 기술, 시장 점유율, 제품, 서비스와 더불어 인재들까지 함께 구매한다. 그러므로 당신도 그 자산의 일부에 해당된다는 사실을 이해한다면 인수에 대한 고정관념을 극복하는 데 큰 도움이 된다.

또 하나 기억할 게 있다. 인수 기업이 과거의 직장보다 훨씬 많은 기회를 선사할지도 모른다. 두 개가 하나로 합쳐지면 덩치가 훨씬 커지는 반면 숨겨진 자산도 그만큼 많은 법이다. 똑똑한 직원들, 새로운 작업 방식, 창의적 아이디어, 변화 지향적 리더, 실적 중심적 문화, 야심가 등이 그것이다. 이런 존재들에게는 새로 탄생한 직장이 더 큰 기회의 보고일 수도 있다. 예컨대 시장 지배력이 강화되고, 훈련 프로그램이 늘어나고, 해외에서 일할 기회도 많아지고, 과거보다 나은 조직 문화나 경영 전략을 경험할 수도 있다. 실제로 기업 관리자들 중에는 합병 이후에 오히려 더 나은 직장에서 더 나은 리더로 성장한 경우가 적지 않다.

지금까지 소개한 내용들은 인수를 당하는 경우뿐 아니라 인수를 주도하는 경우에도 동일하게 적용된다. 사실 인수를 당하는 쪽보다는 인수를 주도하여 운영해야 하는 쪽의 입장이 훨씬 어렵다. 따라서 인수 기업의 리더들은 끊임없이 자아를 점검하고, 귀를 열어두어야 하며, 새로 직원이 될 사람들에게 신뢰를 보내야 한다. "이곳은 우리가 접수했어” “이 친구들은 영 형편없군” “우리가 이겼어.”
이런 발상은 절대 금물이다. 누군가를 ‘인수’하기 위해서는 최고의
인재를 선택하고, 최고의 팀을 구축하며, 최고의 비전을 수립하고,
직원들을 신뢰하는 리더십 능력이 반드시 필요하다.

인수나 합병에 대한 감정을 정리할 때는 이 장章 첫머리에서 언
급한 내용을 상기하기 바란다. 이혼은 분명 힘든 사건이며 마음에
큰 상처를 남긴다. 그러나 훌륭한 의붓아버지나 새어머니를 만나
과거의 가정에서는 생각할 수도 없었던 성장의 기회를 얻을 수도
있음을 명심해야 한다.

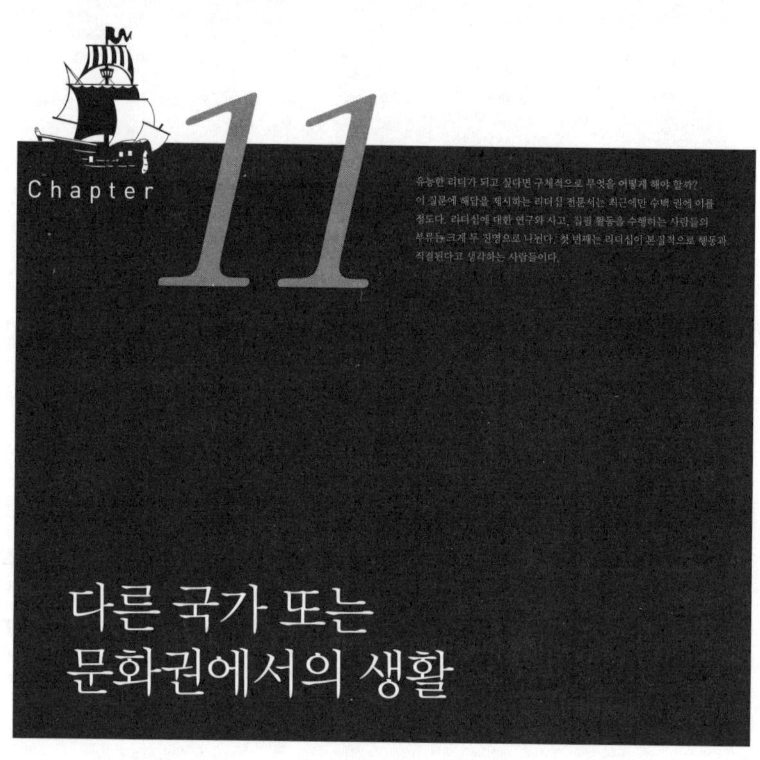

다른 국가 또는 문화권에서의 생활

지금까지 설명한 내용은 주로 직업적 경험과 관련된 시련과 다
양성에 초점을 맞췄다. 그래서 지금부터는 동일한 주제들을 개인적
인 측면에서 재조명해보기로 한다.

각 경로를 고려하면서 개인적인 측면과 직업적인 측면을 따로
떼어 생각하기는 사실상 불가능하다. 오래 전에는 사무실에서의 사
생활을 엄격히 금하는 게 대다수 기업들의 관행이었다. 그래서 지
금 50대 이상의 관리자들 중에도, 회사에서 있었던 일은 회사에 남
겨두고 가야지 가정까지 들고 가서는 안 된다고 생각하는 사람들이

많다. 그러나 오늘날에는 이런 엄격한 구분이 무의미하다는 시각이 보편적이다. 적어도 심리적으로나 감성적인 측면에서는 그렇다. 이혼을 했거나 여기서 설명하려는 사례처럼 가족 전체가 해외로 이주하여 달라진 환경에 제대로 적응하지 못한다면, 당사자들이 느낄 위축감은 굳이 더 말할 필요도 없다. 마찬가지로 직장에서 아무런 흥미나 도전 의식, 만족감도 주지 못하는 임무를 맡았을 때의 부정적인 영향 역시 배우자와 가족 전체에까지 파급된다.

다행스러운 사실은, 개인적인 경로가 사생활뿐 아니라 리더로서의 삶에도 좋은 발전 기회를 제공한다는 점이다. 우리가 시행한 조사에 따르면, 해외에서 근무한 경험이 있는 관리자들 상당수가 이를 개인적으로도 의미 있고 도전적인 기회였다고 평가했다. 일 때문이든 아니면 개인적인 이유에서든 해외에 체류하는 사람들은, 다른 문화권에서의 생활이 오히려 그동안의 삶을 전반적으로 돌이켜보는 기회로 작용했다. 해외까지는 아니더라도 자국의 '생소한' 환경에서 한동안 머무를 때도 이와 비슷한 결과를 목격한다. 달라진 환경이 그 사람의 생각과 시각에도 긍정적인 영향을 미치는 셈이다.

우리도 실천 학습 프로그램을 운영하면서 관리자들에게 다양한 경험을 선사했다. 이를테면 AIDS 클리닉에서 며칠간 봉사하거나 해비타트Habitat 봉사원으로 집짓기 활동에 참여하는 것 등이 그것이다. 좋은 리더십 프로그램은 참여자들의 세계관을 바람직한 방향으로 바꾸어준다. 하지만 경험의 노예가 되어버린 사람들에게는 아무리 도전적이고 유익한 프로그램도 쓸모가 없다. 해외로 이주하여 한동안 생활하다 모든 걸 포기하고 되돌아오는 경우가 대표적 사례다.

해외 체류에 따르는 문제들

해외에 체류한다 하더라도 그 환경이 과거와 큰 차이가 없을 때는 생활도, 리더십도 별반 달라질 게 없다. 기업의 고위직 관리자들 중에는 해외에 체류하더라도 과거와 유사한 지역으로 가서 유사한 사람들과 교류하고, 유사한 식당에서 식사를 해결하며 좀처럼 새로운 문화 속에 자신을 노출시키지 않는 이들도 있다. 다른 문화를 경험하지 못한다면 해외에 체류한다고 해도 아무런 의미가 없다.

이제 해외에서 근무하며 풍부한 경험을 쌓는 이상적인 시나리오를 생각해보자.

최근 당신이 태국 지사의 책임자로 발령을 받았다. 생애 처음 받은 해외 근무 명령이라 마음도 설레지만, 해외 사업팀 리더의 역할을 충실히 수행하면 승진도 훨씬 빨라지리라는 기대도 적지 않다. 태국 방콕으로 떠나기에 앞서 배우자와 세 아이들의 손을 잡고 문화교육 프로그램에 참여하여 태국 문화에 대한 설명을 듣는다. 나이 탓에 친구들과 멀리 떨어지려 하지 않는 아이들을 억지로 떼놓는 것 같아 죄책감도 없지 않다. 하지만 기회가 기회인지라 가족들을 다독거려 방콕행 비행기에 몸을 싣는다.

방콕에 도착한 후 몇 주 동안은 혼란의 연속이다. 아이들은 태국의 또래 아이들보다 교육 수준이 높은 편이라서 학교 생활에 아무런 흥미를 느끼지 못한다. 그래서 대안이 될 만한 시설을 찾기 위해 방콕 전역을 샅샅이 뒤진다. 처음 몇 주간은 당신과 배우자 또한 외로움을 곱씹어야 했다. 태국 지사장에게 부여되는 특권도 있고 가족과 함께 사회 활동에도 참여해보려 노력하지만 뜻대로 되지 않는다. 그래서 배우자가 당신의 해외 근무 결정에 대해 의문을 던지기에 이른다.

문제는 여기서 그치지 않는다. 비즈니스 환경도 고국과는 확연히 다르다. 태국 정부 관료들의 행동은 정말 짜증날 정도로 굼뜨다. 게다가 당신의 상품과 서비스에 대한 태국 판매 업체들의 반응속도는 정부 관료들 못지않게 느리다. 겉으로는 친한 척하며 협력을 약속했으면서도 정작 몇 주가 지나도 실행은 없다. 여기에다 태국인 부하 직원들과의 언어 문제까지 겹치면서 체류 초기의 생활은 그야말로 고민의 연속이다.

하지만 시간이 흐르면서 당신과 가족들도 조금씩 자리를 잡아나간다. 배우자와 아이들은 여전히 외국 생활을 못마땅하게 여기지만, 과거처럼 불평을 늘어놓기보다는 새로운 문화에 적응하려 노력한다. 그리고 해외 체류에 따른 혼란보다는 새로운 기회를 더 많이 얻게 되어 오히려 감사하다는 생각까지 하기에 이른다. 환경이 달라지면 새로운 인맥도 필요하고 리더십도 그에 맞춰 바뀌어야 한다. 태국의 비즈니스 환경이 고국과는 너무 달라 처음에는 어리둥절했지만 시간이 흐를수록 적응 속도가 빨라지고 장애물을 처리하는 방법도 터득한다.

몇 년 후 고국으로 되돌아왔을 때, 이제 당신은 사고의 폭이 전과는 비교할 수 없을 만큼 확장되었을 뿐 아니라 어려운 문제에도 차분히 대응하며 해결책을 찾는다. 외국에서 비즈니스를 진행하는 데 필요한 지식 못지않게 당신의 내면도 크게 성장했다. 특히 그동안의 풍부한 경험은 당신의 존재를 더욱 명확히 이해하는 밑거름이 되었다. 해외 근무가 자기 성찰의 기회로 작용한 것이다. 또한 태국

신혼 시절, 해외사업팀 책임자로 임명된 나는 임신한 아내를 데리고 아시아로 향했다. 그때는 아내와의 결혼 생활도 원만치 못했던 데다, 해외 경험이라고 해야 캐나다를 세 번 방문한 것과 유럽에 한 번 들른 게 고작이었다. 가장으로서의 책임, 삐걱거리는 가정, 생소한 역할에서 비롯된 두려움에 시달리던 나는 어떡하든 성공에 이르기 위해 밤낮없이 일에 매달렸다. 이때가 바로 내 직장 생활의 전환점이었으며, 당시 홍콩에서 얻은 딸들은 지금도 내게 커다란 축복으로 남아 있다.

빌 캠벨Bill Campbell |
JP모건 체이스 카드 서비스 회장

의 직원들과 부딪히며 깨달은 교훈 덕분에 고국의 직원들도 더 잘 이해하게 되었고 당신의 오만함을 다시 한 번 돌아보는 계기가 되었다. 이제는 직원들의 눈을 통해 당신 자신을 바라볼 수 있고 당신만의 시각에 집착하는 일도 없다. 오만하지 않은 자신감을 표출하는 방법도 배웠고, 당신의 단점을 솔직히 드러내는 동시에 직원들의 가치를 인정하는 방법도 터득했다. 이렇게 해서 당신의 대인 관계 능력이 획기적으로 향상되었고 리더로서의 자질도 한층 풍부해졌다.

해외 근무에서 피해야 할 것들

모든 직업적 경로에서 그렇듯이, 리더를 파괴하는 것은 사건 그 자체가 아니라 대응 방식이다. 중간 관리자 혹은 사업부 책임자로의 승진은 분명 리더십을 발전시킬 좋은 기회다. 그러나 대응 방식이 잘못되어 자기계발을 이루지 못하는 사람은 리더십의 성장도 기대할 수 없다. 이런 경우라면 차라리 해외 근무를 포기하는 편이 낫다. 새로 개설한 중국 지사의 책임자로 임명되었든 자비를 들여 일 년간 인도 대륙을 여행하기로 결정했든, 새로운 환경에 직면했다면 행동 양식도 달라져야 한다. 특히 해외에서 근무하며 유능한 리더로 성장하기 위해서는 다음의 내용에 유의해야 한다.

첫째, 거품에 휩싸이지 마라.

말처럼 쉽지는 않다. 해외로 이주할 때는 현재와 다른 환경을 충분히 경험하겠다는 마음가짐이 필요하다. 특히 해외에서 근무할 경우에는 낯선 국가의 낯선 직원들을 접촉하게 되므로 당신의 말과 행동, 복장, 업무 스타일에도 변화를 주어야 한다. 하지만 가식적인 관계로는 새로운 환경이 부여하는 다양성을 제대로 포용하기 어렵다.

낯선 외국 문화를 접하다보면 뿌연 거품에 휩싸이기 쉽다. 그래서 모든 게 불확실하고 불안정하게 느껴진다. 하지만 문화적 차이로부터 스스로를 보호하는 데만 치중하는 것은 현명한 행동이 아니다. 우리가 잘 아는 어느 대기업의 최고경영자가 폴란드 지사를 방문하게 되었다. 폴란드 출신 경영진은 자국의 전통 음식과 민속 문화를 곁들인 연회를 열어 본사의 최고경영자를 맞이했다. 폴란드식 연회는 밤늦게까지 계속되었다. 이윽고 연회가 끝나자 지사 경영진은 다음 일정을 위해 다른 국가로 떠나야 하는 최고경영자를 전용기가 있는 공항까지 배웅했다. 그런데 공항으로 가는 길에 새로 생긴 맥도널드 가게가 눈에 띄었다. 그러자 최고경영자가 주위 사람들에게 불평하듯 말했다. "대체 왜 맥도널드엔 가지 않은 거요? 지금은 비행기 시간 때문에 들를 수도 없게 됐잖소?" 이국적인 문화에 대한 반감은 비단 이 관리자의 문제만은 아니다. 그러나 다른 문화에 대한 반감을 노골적으로 표현하는 것은 중대한 실수임을 명심해야 한다.

신혼, 금융 서비스 사업부에서의 새 출발, 최근에 입양한 딸… 이 모두는 그동안 내가 성공적인 인생을 걸어왔고 올바른 리더십을 발휘해왔음을 입증하는 것들이다. 인생은 긴 여정이며 직업적 성공은 그 결과 가운데 하나다. 하지만 직업적 성공이 내 인생의 견인차는 아니다.

빌 캠벨 | JP모건 체이스 카드 서비스의 회장

둘째, 자기 경험의 노예가 되지 마라.

해외에서 일할 기회가 생겼을 때는 무엇보다 문화적 이질감을 무작정 거부하지 않는다는 다짐이 필요하다. 당신은 실제로 어떻게 행동하는지 다음의 질문을 생각해보자.

주기적으로 지역 식당에 들러 전통 음식을 먹는가?

지역 주민들이 집으로 초대했을 때 기꺼이 응하는가?

해당 국가를 여행하며 문화적, 종교적, 정치적 명소들을 찾아보는가?

당신과 생각이 완전히 다른 그 나라 사람들과 주기적으로 대화를 나누는가?

일과 관련된 사람들과 신뢰할 수 있고 개방적인 우호 관계를 맺기 위해 노력하는가?

일 때문에 해외에 체류하고 있다면, 일과 관련이 없는 사람들도 만나기 위해 노력하는가?

눈으로 관찰하고 사람들과 대화함으로써 그 나라의 관습과 역사를 배우기 위해 노력하는가?

지역 상점에서 쇼핑을 하며 지역민들과 교류하고 그 나라 국민처럼 행동하려 노력하는가?

새로운 문화를 이해함으로써 고국의 문화를 더 깊이 있게 이해하려 노력하는가?

마지막으로, 일 때문에 해외에서 거주하는 경우에는 다국적 비즈니스 경험을 쌓을 기회가 많다. 그러나 비즈니스와 직결된 경험만을 추구하는 것 역시 앞에서 말한 거품에 해당된다. 우리 동료인 스티븐 라인스미스Stephen Rhinesmith는, 다국적 대기업의 고위직 관리자들은 세계 어디서 근무하든 자국의 농민들보다 외국의 기업 고위층들과 더 친밀하게 지낸다고 꼬집었다. 다국적 비즈니스가 보편화되고 영어가 공통의 비즈니스 언어로 자리하며 해외 출장이 생활의 일부가 되면서, 이제 국내보다 해외에서 일류 경영자들의 모습을 찾아보기가 더 수월한 세상이 되었다. 하지만 전 세계를 수도 없이 돌아다니면서도 좋은 경험을 하지 못하는 관리자들보다는, 차라리 자국의 농촌에서 생활하며 주위 사람들과 자주 만나는 사람들이 훨씬 배우는 게 많다.

일생일대의 기회를 활용하는 방법

행동 양식을 바꾸기란 결코 쉽지 않다. 그런데 해외 거주야말로 굳어진 행동 양식을 바꿀 수 있는 좋은 기회다. 관리자들의 상당수는 엄격한 조직 환경 속에서 생활하며 문화적 편견을 형성한다. 비즈니스와 세계를 바라보는 이런 편협한 시각은 커뮤니케이션과 의사 결정, 리더십 활동으로 고스란히 이어진다. 그래서 관리자들은 CDR 인터내셔널의 파트너 스티븐 라인스미스가 정의한 '다양한 문화 경험으로 이루어진 테마 파크'를 경험하게 된다. 즉 관리자들은 마치 테마 파크를 돌아다니듯 전 세계를 여행하며 이질적인 문화를 접하게 되고, 그 과정에서 개인적으로나 직업적으로도 중대한 변화를 경험하게 된다.

누구나 자기 회사 또는 경쟁 업체, 시장, 업종 등에 대해 일정한 편견을 가진다. 따라서 이 편견을 뛰어넘어 더 나은 리더로 발전하기 위해서는 생각의 틀 자체를 바꿀 수 있는 획기적인 경험이 필요하다. 직업적 경험도 생각을 바꾸는 데 도움이 되지만 해외 거주 역시 좋은 대안 가운데 하나다. 생소한 환경에서 새로운 경험을 축적함으로써 사물을 바라보는 시야를 넓히고 나와 전혀 다른 사람들을 대하는 방법도 익힐 수 있기 때문이다.

해외에서의 학습 효과를 극대화하기 위해서는 다음의 몇 가지를 고려한다.

첫째, 모험가적인 사고방식을 가진다.

새로운 것을 시도하고, 합리적인 수준의 리스크를 받아들이고, 생소한 지역이나 아이디어도 기꺼이 살펴보려는 마음가짐이 필요하다. 물리적인 위험까지 감수하라는 게 아니라 여러 방식으로 자신을 시험해보라는 뜻이다. 아시아에 거주한다면 불교 사원들을 둘러보거나 승려들의 명상에 참여해보는 것도 좋고, 남아메리카라면 주말을 이용하여 열대우림의 강변을 탐험하는 것도 괜찮다. 또한 직장에서도 서로 다른 언어를 사용하는 직원들과 대화를 나누고, 고객 또는 협력 업체들과의 교류 방식을 개편하고 그들의 아이디어에 귀 기울이는 것도 모험가적인 사고방식에 해당된다.

이런 방식의 커뮤니케이션에는 시간과 노력이 필요하다. 공급 시스템이나 전략 등의 효율을 정확히 평가하기 위해서는 충분한 시간을 투자하여 의문점을 해결해야 한다. 이 과정에서 너무 많은 시간을 허비하고 너무 많이 꼬치꼬치 캐묻지 않나 하는 생각이 들 수도 있다. 그러나 모험가는 정복과 발견을 위해 그 정도의 어려움쯤은 기꺼이 감당한다.

경력을 쌓기 위해 해외 근무를 택한 사람들은 문화적 차이에 대해 보수적으로 대응하기 쉽다. 또한 생소한 상황 때문에 자신의 약점이 노출될까봐 우려하기도 한다. 하지만 폭넓은 경험을 쌓기 위해서는 해외에서의 생활을 일종의 모험으로 받아들여야 한다.

둘째, 먼저 배우고 나중에 가르친다.

해외 근무, 특히 저개발 국가에서의 근무를 무의식적으로 거부하는 사람들이 있다. 주는 것에 비해 얻는 건 별로 없으리라는 섣부른 생각 때문이다. 자원 봉사나 선교 활동 등 다른 이유로 해외로 나가려는 사람들도 마찬가지다. 그래서 최근에는 해외로 나가려는 사람들을 대상으로, 다양한 문화에 대한 보편적 거부감을 이해하고 새로운 문화를 수용하도록 교육을 시키는 프로그램까지 등장했다. 생소한 문화를 직접 경험하기보다는 적당히 회피하는 사람들이 훨씬 많은 게 사실이다. 이런 식이라면, 해외에서 보내는 시간이 자기충족의 방편에 지나지 않을 뿐 아니라 주는 것에 비해 얻는 건 적을 수밖에 없다.

개발도상국이든 선진국에서 근무하든 새로운 문화를 통해 많은 것을 배우겠다는 자세가 중요하다. 이런 생각을 가진 사람들에게는 이질적인 문화 자체가 하나의 흥분과 관심으로 다가온다. 생소함 때문에 혼란스럽고 친숙해지기까지 긴 시간이 필요하다고 생각될

수록 마음을 열어야 한다. 그 나라가 후진적이라고 해서 마음을 닫아버리면 그 속에 존재하는 문화적 가치와 차이를 깨닫기 어렵다. 귀를 기울이고 관찰하려 노력할 때 비로소 소중한 교훈을 얻을 수 있으며 당신 회사의 획일화된 업무 절차도 개선할 수 있다.

어느 대기업의 최고경영자가 있었다. 가명으로 프랭크^{Frank}라고 하자. 최고경영자에 오르기 몇 년 전, 회사에서 그를 유럽의 한 국가에 위치한 지사의 책임자로 임명했다. 그동안 프랭크는 '유능하다'고 정평이 났을 만큼 성공적인 길을 걸어왔기에 새로운 환경에도 누구보다 잘 적응하리라는 평가를 받았다. 그런데 회사의 명령을 받고 유럽으로 오긴 했지만 그 나라의 문화와 풍습이 너무나 생소했다. 그래서 프랭크는 명령을 내리기 전에 먼저 듣고 관찰하는 데 주력했다. 또한 주말에는 유럽 여러 국가들을 여행하며 사람들과 문화를 직접 접했고 사무실에서는 얻을 수 없는 경험들을 하나씩 축적해나갔다. 임기가 끝나갈 무렵, 프랭크는 부하 직원들로부터 존경의 대명사가 되었을 뿐 아니라 자신의 아이디어와 전략들을 새로운 문화에 접목시키는 데도 성공했다. 탁월한 적응력이 그에게 또 한 번의 성공을 가져다준 것이다. 이후 본사로 복귀한 후에도 프랭크의 승진 가도는 계속 이어졌다. 상황을 읽는 탁월한 능력에다 적극적인 마음가짐, 여기에 융통성 있는 대응 방식까지 갖춘 그는 누구도 부인할 수 없는 유능한 리더의 전형이었다.

셋째, 규칙이나 행동 양식을 모르더라도 현명하게 대응한다.

고국으로 돌아갈 때도 반드시 유념해야 할 부분이다. 세계화, 다국적 언론의 역할로 인한 균질화로 대표되는 오늘의 환경으로부터 어느 국가의 어느 기업도 예외일 수는 없다. 그 결과, 모든 비즈니스 규칙과 프로세스들이 빠르게 변화하고 있다. 개방성을 강조하는 리더십 모델도, 식스시그마와 같은 경영 원칙도, 점심 시간을 줄이고 근무 시간을 더 늘리는 관행들도 새로운 동향이나 기술 혁신에 밀려 설 자리를 잃고 있는 상황이다. 리더에게 분명한 것은 아무것도 없으며 어디를 뒤져봐도 명확한 해답은 존재하지 않는다. 따라서 한정된 정보를 바탕으로 행동에 돌입해야 하며, 새로운 규칙이 등장할 때는 신속한 판단을 통해 발 빠르게 적응해야 한다.

해외 근무야말로 이런 판단력과 적응력을 향상시킬 수 있는 좋은 기회다. 관습을 몰라서 사업적으로 혹은 사회적으로 클 실수를 할까봐 걱정하는 사람들이 많다. 그뿐 아니라 외국에 첫 발을 내디딘 사람들에게는 그 나라의 행정 체계나 교통 체계, 심지어 식당에서 메뉴를 주문하는 요령까지도 신경이 쓰일 수밖에 없다.

이런 상황에서는 절대 당황하면 안 된다. 모를 때는 모른다고 솔직히 이야기하고 우둔한 질문도 기꺼이 할 수 있어야 한다. 모르는 것을 솔직히 인정하는 자세도 리더의 능력이다. 리더가 자신의 취약점을 숨기지 않는다면 다른 직원들 사이에서도 학습 환경이 만들어진다. 특히 생소한 국가에서 생활해야 하는 리더에게는 이런 마음가짐이 반드시 필요하다.

모르는 것은 모른다고 말하고 실수를 하더라도 부끄러워할 필요는 없다. 식당에서 스테이크를 주문했는데 생선 스튜가 나왔다면 새로운 음식을 시식해보든지 아니면 정확한 주문 방법을 배우면 된다. 마찬가지로 부하 직원들에게 마케팅 계획을 요구했는데 엉뚱한 문서를 들고 왔더라도 화낼 필요는 없다. 직원들을 탓할 게 아니라 원하는 정보를 정확히 요구하는 방법부터 배운다.

실천 학습 프로그램과 다른 여러 가지 리더십 훈련 프로그램을 운영해본 결과, 행동 양식만 올바르다면 해외 근무가 당사자의 성장에 매우 좋은 기회라는 사실을 알 수 있었다. 실천 학습은 단기적으로(몇 주 또는 1개월 정도) 운영되는 프로그램이지만 그 효과는 아주 오랫동안 유지된다. 이 프로그램은 참여자(관리자)들이 자신의 능력을 신뢰하도록 유도한다. 그래서 참여자들은 해외 체류 계획에서부터 주거 계획까지 직접 수립해야 하며, 그 나라에서의 일과 사람들과 관련된 모든 어려움들을 혼자 힘으로 해결해야 한다. 존슨 & 존슨이나 GE, 노바티스, 디아지오와 같은 대기업들도 이와 유사한 프로그램을 운영한다. 관리자들을 언어가 통하지 않는 국가에 계획적으로 파견한 뒤 일체의 지원 체계를 금지함으로써 혼자 힘으로 어려움을 극복하도록 하는 방식이다. 낯선 환경에 직면한 관리자들은 혼자 힘으로 정보를 수집해야 하며, 창의적이고 유연한 사고를 통해 해당 국가의 프로세스와 가치관에 조금씩 적응해나가야 한다.

고국으로 돌아올 때

혼자서 낯선 국가를 방문했을 때를 돌이켜보자. 대학 시절에 유럽을 여행했거나 배낭을 메고 안데스 산맥 같은 오지를 탐험한 기억, 아니면 평화봉사단이나 해비타트 활동에 동참한 기억도 좋다. 경험을 한 때는 오래 전이지만 그때 받은 문화적 충격은 지금도 생생하다. 그래서 고국에 돌아온 후에도 사람들을 만날 때마다 당시의 경험을 이야기하곤 했을 것이다. 낯선 곳에서 경험하는 것들, 그 경험들로부터 배운 것들, 다양한 문화와 사람들, 세상을 바라보는 새로운 시야 등 이야깃거리는 수도 없이 많다. 그 가운데 공통적으로 경험하는 2가지를 정리하면 다음과 같다.

첫째, '내가 누구인지, 왜 그런 행동을 했는지'에 대한 통찰력.

외국 생활은 아침을 깨우는 자명종 소리와 같다. 경험하지 못한 신념과 행동 양식을 일깨우는 소리이며 이 2가지가 문화의 바탕을 이룬다는 사실을 가르쳐준다. 그래서 고국으로 돌아온 여행자들은 기존의 신념과 행동 양식까지 과거와는 확연히 다른 시각으로 바라보게 된다.

둘째, 자신의 단점과 외로움에 대한 인내력 향상.

낯선 문화권에서 긴 시간을 보내야 한다면 당연히 외로움과 고립감을 느낀다. 무엇보다 그동안 친숙했던 사람들과 장소로부터 격리된다는 사실이 가장 고통스럽다. 하지만 이런 상황이야말로 자신이 지닌 지식의 한계를 깨닫기에 좋은 기회다. 그래서 고국으로 돌아올 무렵에는 자신의 취약점과 외로움에 대해 한층 성숙된 인내심을 발휘할 수 있다.

고국으로 돌아오는 사람들 가운데 일부는 옛 환경을 오히려 부정적으로 받아들이기도 한다. 특히 해외에서 다양한 문화를 접하며 생활한 사람일수록 고국의 획일적이고 무미건조한 문화에 지루함을 느끼기 쉽다. 사람들의 유사성보다는 다양성에 익숙해졌기 때문에 획일적인 사고와 사회적 합의를 더 이상 받아들이기 어렵게 된것이다. 실제로 여러 조사 결과들을 종합한 결과, 해외에서 본사로복귀하는 관리자들 가운데 상당수가 복귀를 못마땅하게 여기는 것으로 나타났다. 그동안 쌓은 경험을 회사에서 제대로 인정해주지않고, 그동안의 변화를 제대로 평가해주지도 않으며, 새로운 도전을 위한 기회도 기대하기 어렵다는 게 가장 큰 이유였다.

그래서 해외에서 복귀한 리더 중에는 새로운 변화를 모색하는이들도 있다. 다시 해외 근무를 요청하거나 자신들의 욕구를 충족시킬 수 있는 새로운 직책의 경우, 또는 원하는 일을 찾아 아예 다른 회사를 찾는 경우도 발생한다.

방법의 차이는 있지만 이 모두는 개인적인 발전과 성숙을 위한도전의 일환이다. 물론 남들은 이런 노력을 인정하려 하지 않을 수도 있다. 예를 들어 당신의 시각이 새로워지고 다양성에 대한 포용력이 훨씬 넓어졌음에도 회사에서는 이를 무시할 수도 있다. 그러나 이런 기업만 있는 건 아니다. 세계 시장에서의 성공을 위해 이런유형의 리더들을 적극적으로 찾아나서는 기업도 얼마든지 많다.

일과 가정 사이의 균형

다른 리더십 경로에서도 역설이 존재하지만, 일과 가정 사이의 균형과 관련된 역설 또한 아주 헷갈리는 부분이다(파트너나 친구 등 의미 있는 지원 체계들을 언급할 때도 가족이란 말을 자주 쓴다). 일과 가정 혹은 직업 생활과 사생활의 균형을 주제로 지금껏 많은 글들이 쏟아져 나왔다. 그러나 다른 리더십 전문가나 트레이너들과는 달리 우리는 둘 사이의 균형이 불가능하다고 생각한다. 일과 가정 사이의 동등하고 이상적인 균형을 유지하는 게 목표라면, 그 목표를 달성하기는 어렵다. 직장과 파트너들을 위해 매주 40시간을 투자하고 아이들을 위해 다시 40시간을 할애한다면 사실상 어느 누구도 만족시키지 못한다. 특히 대기업 경영자라는 원대한 꿈을 가진 사람에게는 일과 가정의 균형이 오히려 자신의 목적 달성에 걸림돌이 되기도 한다. 여기서 새로운 역설이 만들어진다. 즉 절대적 균형은 불가능하되 상대적인 균형은 가능하다.

오늘날의 직장 환경에서는 삶의 한 쪽이 고통 받기 쉽다. 출세나 조직을 위해 가정을 희생시키기도 하고 가정을 위해 일을 희생시키기도 한다. 불균형은 이제 시대의 대세다. 따라서 합리적인 균형이란 상황에 따라 유동적으로 접근하는 역동적 균형을 의미한다. 다시 말해 일과 가정을 위해 무엇을 어떻게 할 것인지 가족들 사이에 합의가 이루어져야 하며, 여기서 만들어진 가이드라인을 최대한 준수하려 노력해야 한다. 직장에서 전략이나 예산안을 수립하느라 평소보다 많은 시간을 할애하는 경우가 있다. 하지만 가족과 먼저 상의하여 충분한 합의를 형성했다면 가족들도 이런 일시적인 규칙 위반을 너그럽게 이해한다. 반면 일이 급한데도 가족과의 규칙을 준수하려 시간을 충분히 투자하지 않다가는 직장 생활이 심각한 위기에 처할지도 모른다.

합리적인 균형은 당신 개인에게도 합리적이어야 한다. 일 때문에 자주 출장을 다니느라 가족의 생일과 기념일, 아이들의 학교 행사를 제대로 챙기지 못하더라도 사전에 충분한 합의했다면 문제될 게 없다. 하지만 가족이 우선이라는 생각에 장기간의 출장을 받아들이지 않는 가정도 있다. 어쨌든 가족이 함께 모여 '균형'의 기준을 정하는 일이 중요하다.

이 경로는 균형의 개념을 분명하게 정의하는 좋은 기회다. 직업

활동을 하는 사람들은 일과 가정의 균형이란 숙제를 늘 안고 살아간다. 그렇지만 균형을 제대로 유지하지 못해 배우자와 별거하거나 이혼하는 경우도 적지 않다. 이런 사건들은 그동안 살아온 과정을 되돌아보게 만든다. 한 예로 2001년 9월 11일의 재앙 이후 미국인들의 상당수가 자성과 자숙의 시간을 보냈다고 한다.

이 경로를 성장과 학습의 기회로 만들기 위해서는, '일과 가정의 균형' 문제를 다룰 때 당신의 내부와 외부에서 발생하는 다양한 현상부터 살펴야 한다.

균형을 의식하라

이 경로는 다른 리더십 경로보다도 비교적 나중에 또는 직장 생활의 후반기에 주로 나타난다. 젊은 관리자들은 매우 야심적이며 긴 근무 시간도 마다하지 않는다. 최근에 MBA를 취득하여 컨설팅 기관에 입사한 사람들 가운데 장시간 근무를 마다하기는커녕 오히려 즐기는 이들도 적지 않다. 그래서 컨설팅 기관들은 이런 젊은이들에게 저녁 식사까지 대접하며 더 오래 일하도록 종용하기도 한다. 이처럼 직장 생활 초창기에는 자주 출장을 다니며 학교에서 배운 것들을 실무에 적용하는 데서 쾌감을 느낀다. 바꾸어 말하면 직업적 이익을 위해 사생활쯤은 아낌없이 포기하는 것이다.

30대 또는 40대가 되어서도 합리적 균형의 필요성을 의식조차 하지 못하는 사람들도 있다. 심지어 결혼을 해서 아이들이 있더라도 배우자의 동의 아래 일에 몰두하는 경우가 많다. 좋은 주거 지역에서 살기 위해, 아이들을 좋은 사립학교에 보내기 위해, 화려한 휴가를 즐기기 위해서는 금전적인 여유가 최우선이며 따라서 일에 더욱 매진한다.

하지만 중년으로 접어들면 모든 게 달라진다. 중대한 실패와 같은 불미스런 사건으로 인해 또는 배우자의 죽음과 같은 예기치 않은 사건으로 변화가 촉발되기도 한다. 원인이 무엇이든 일과 가정 사이에 빚어지는 심각한 단절 현상을 피하기는 어렵다. 그래서 그동안 회사와 출세를 위해 감내해온 희생에 대해 의문을 가지게 되고, 그것이 과연 아이들의 유년 시절과 배우자의 행복과 맞바꿀 정도로 가치 있는 것인지를 다시금 생각하기에 이른다. 그뿐 아니라 그동안 일을 위해 투자한 시간과 노력을 다른 곳에 투자했더라면 어땠을는지, 물건을 파는 것보다 더 의미 있는 삶은 없는지, 일보다 가족들과의 정신적 유대관계에 더 많은 신경을 쓰는 게 옳지 않은지 등 의문을 꼬리에 꼬리를 물고 당신을 괴롭힌다. 생각 끝에 일을 그만 두는 게 현명하다는 해답을 내릴지도 모른다. 그러나 사표를 던지기에는 현실적인 어려움이 너무 많다. 그래서 차선으로 선택하는 게 바로 일과 가정 사이의 합리적인 균형이다.

일 때문에 가족을 희생시켜왔다는 자책감을 느끼는 사람들도 있다. 그래서 출장도 줄이고 근무 시간도 줄여 가족들에게 조금 더 시간을 할애하는 한편, 아무리 보상이 많더라도 가족과의 시간을 빼앗는 직책으로의 이동은 단호히 거부한다. 그런데 여기서 또 한 가지 문제가 발생한다. 경영대학을 같이 다녔던 친구들 또는 같은 회사에 함께 입사한 동료들이 당신보다 훨씬 높은 지위로 승진했다. 그래서 일과 가정 사이의 균형에 연연하다가는 동료들이 모두 관리자로 승진했는데 혼자만 뒤처질까봐 걱정되는 것도 사실이다.

대다수 사람들이 이런 생각을 하며 살아간다. 일부 여성들을 제외한 직장인들의 대부분이 가정보다는 직장에 더 많은 시간과 관심을 투자하는 게 사실이다. 직장 생활 초창기에는 가정을 형성해야 한다는 생각에 일에 대한 관심이 일시적으로 적을 수 있다. 그래서 때로는 몇 개월에서 길게는 몇 년까지 일을 쉬기도 한다. 어느 경우든 이미 떠난 직장을 다시 들어간다는 건 쉬운 일이 아니다. 게다가 자녀를 둔 여성 가운데 고위직까지 승진하는 경우도 극히 드물다. 분명히 바뀌어야 할 부분이기는 하지만, 자녀를 둔 여성들이 회사에 전적으로 헌신할 수 없다고 생각하는 관리자들의 편견은 지금도 굳건하다.

이런 사고방식 때문에 여전히 많은 여성들이 고통을 받는다. 그런데 일과 가정의 균형이란 화두를 먼저 제기한 쪽은 남성이 아니라 여성들이란 점을 기억하자. 그래서 남편을 아예 집에 눌러앉게 함으로써 이 문제를 해결한 여성들이 있는 반면, 대다수는 전문 위탁 기관에 자녀를 맡기고 일터로 향한다. 어떤 선택을 하든, 여성들에게는 이 문제가 매우 골치 아프다. 게다가 일과 가정의 균형은 앞으로도 많은 시간을 필요로 하는 어려운 숙제다. 특히 문화적인 편견 때문에 아이들을 보육사들에게 맡기는 여성들을 곱지 않은 시선으로 바라보기도 한다.

여성이든 남성이든, 이 경로에 접어든 사람들은 어떤 식으로든 일과 가정 모두를 충족시키려는 욕구를 가진다. 그뿐 아니라 기업들도 일과 가정의 균형을 애써 강조한다. 최고경영자든 당신의 직속 상사든, 휴가를 모두 활용하여 가족과 최대한 많은 시간을 보내라고 권유한다. 그들의 권유에 숨은 뜻은 없다. 그러나 문제는 조직이 처한 현실이다. 많은 기업이 직원들에게 일과 가정의 균형을 촉구하면서도 생산성 저하만큼은 결코 용납하지 않는다. 직원들이 기꺼이 투자하는 시간을 가지고 기업이 충분히 운영된다면 전혀 문제될 게 없다. 그러나 가정에 많은 시간을 할애하라고 해놓고, 근무 시간이 부족하여 생산성이 떨어진다는 이유로 인력을 감축하는 건 이율배반이다.

중병에 걸린 아내를 돌보며 힘든 시간을 보내던 관리자가 있었다. 능력도 있고 실적도 우수한 그였기에 회사에서도 가급적 아내와 많은 시간을 보내라며 격려해주었다. 그런데 크리스마스를 일주일 앞둔 어느 날, 그에게 느닷없이 해고통지서가 날아들었다. 실적평가 결과, 다른 항목들은 동료 관리자들에 비해 별 차이가 없었지만 아내로 인해 생산성이 많이 떨어졌다는 게 주된 이유였다.

정말로 잔인한 처사였다. 회사를 상대로 한바탕 싸움을 걸고픈 충동도 느꼈지만, 그는 이 일을 계기로 가정에 더 많은 관심을 쏟기로 생각을 바꿨다. 그러자 마음도 한결 편해졌다. 비록 직장을 잃었지만 세상에서 가장 소중한 사람과 함께한다는 생각에 그동안 쌓였던 분노도 눈 녹듯이 사라졌다. 올바른 가치관이 일과 가정의 역설을 잠재우는 열쇠가 된 셈이다.

감당해야 할 대가 계산

일과 가정의 불균형을 허용한다면 그로 인해 감당해야 할 대가도 계산해야 한다. 출세를 위해 가정을 버리는 사람들도 물론 있지만 대다수는 이런 식의 희생을 용납하지 않는다. 관리자들도 초창기에는 가족보다 일에 매달리다가 나중에는 점차 균형을 찾아가는 게 일반적이지만, 오로지 출세만을 위해 열과 성을 쏟고 배우자도 이를 적극 후원하기도 한다.

언젠가 어느 대형 금융 기관의 최고경영자가 한창 출세를 위해 달리다 겪은 경험담을 우리에게 들려준 적이 있다. 최고경영자가 되기 전 임원으로 근무하던 어느 날, 회사에서 그에게 본사에서 멀리 떨어진 곳에 위치한 지점을 맡아달라고 제의했다. 경력을 확장시킬 좋은 기회라고 판단한 그는 그 제안을 기꺼이 수락했고, 아내와 세 아이들 역시 새로운 경험을 하게 되었다며 이사에 적극 찬성했다. 그런데 살림살이를 잔뜩 실은 트럭을 타고 그 지역으로 한창 이동하던 중 회사로부터 뜻밖의 전화를 받았다. 계획이 변경되어 다시 다른 지역의 지점으로 가라는 명령이었다. 황당하기 이를 데 없었다. 하루에 이사를 두 번 하는 건 둘째치고, 아름다운 호수 주변에 자리한 멋진 집에서 살게 되었다며 잔뜩 기대에 부푼 아내와 아이들에게 그 사실을 어떻게 설명한단 말인가! 게다가 혹시라도 회사 경영진이 자신을 싫어하여 먼 곳으로 보내려고 일부러 수를 쓴 게 아닌가 하는 의구심까지 들었다. 의심스런 정황에도 불구하고 이 미래의 최고경영자는 회사에 대해 항의는커녕 아무런 불만도 표현하지 않았고, 가족들도 두 번의 이사를 기꺼이 참아주었다.

이런 일이 당신에게 발생했다면 어떻게 했을까? 당장 회사를 때려치웠을까? 아니면 상사에게 전화를 걸어 한창 이사중에 말도 안 되는 요구를 한다며 화를 내지는 않았을까? 이때는 당사자의 인내심이 어느 정도냐에 따라 대응 방식도 달라진다. 물론 배우자와 자녀들의 인내심도 얼마간은 영향을 미친다.

이런 경우에 (대다수가 선택하는 방법처럼) 자신의 희생을 무작정 거부하거나 훗날 가족들에게 그만한 대가를 치르리라고 생각이야말로 최악의 결정이다. 전 세계로 출장을 다니며 일에만 매달리고 집에 돌아와서도 온통 일 생각만 한다면 가족들과 좋은 관계를 유지하기 어렵다. 배우자도 아이들도 당신에게서 점점 거리를 두게 된다.

설령 가족들이 이해를 해도 가족 관계에 발생하는 긴장감은 피할 수 없다. 요즘에는 배우자들도 일하는 남편이나 아내가 가정에 어느 정도는 신경을 써주길 바란다. 그럼에도 불구하고 가정을 위해 아무런 노력도 하지 않을 때는 그만한 대가를 각오해야 한다. 물론 그 대가가 충분히 감당할 수준이라 하더라도, 현명한 사람이라면 대가를 논하기 전에 먼저 배우자와 충분히 논의해야 한다. 일에만 매달리는 자신을 계속 합리화하다가는 머잖아 심각한 문제에 부딪히고 만다.

덧붙여 혼자서 '팔방미인'의 역할을 수행할 수 있다는 과신도 경계해야 한다. 우리가 아는 관리자들의 상당수는, 일거리를 집에 들고 갈 정도로 바쁜 생활을 하면서도 배우자와 자녀를 위해서도 기꺼이 시간을 할애한다고 주장했다. 그러면서 가족과 보내는 시간이야말로 가장 '유익하다'는 말도 빠트리지 않았다. 그러나 이런 주장은 합리화에 지나지 않는다. 휴가를 가서도 일 때문에 휴대전화를 들고 다녀야 하는 사람이 무슨 수로 가족과 깊이 있는 대화를 나누겠는가? 본인은 가족의 욕구를 충족시킨다고 생각할지 몰라도 배우자와 자녀의 생각은 전혀 다를 수도 있음을 알아야 한다.

일보다 가족을 우선하는 것 역시 부작용을 초래하기는 마찬가지다. 앞에서도 말했듯이, 자녀를 둔 여성이 직장에서도 최선을 다하기는 참으로 어렵다. 이건 공평하고 않고의 문제가 아니다. 일부 여성들은 자녀의 존재가 자신의 직장 생활에 걸림돌이 된다는 사실 자체를 거부한다. 그래서 남편이나 직장 상사와 사전에 충분한 논의를 하지 않았다가 종종 낭패를 당하기도 한다. 자녀가 생기면 직장에 투자해야 할 시간과 기여, 근무 시간의 유동성 등에도 영향이 미친다. 그럼에도 그 사실 자체를 부정하다가는 심각한 난관에 봉착한다. 시간이 부족하면 의사 결정에도 문제가 발생하기 쉽고, 그릇된 결정은 자신의 직장 생활을 송두리째 날려버릴지도 모른다.

물론 일과 가정의 균형을 유지해야 하는 게 여성들만의 숙제는 아니다. 남성 관리자들 중에는 자녀의 생활사에 아예 관심도 갖지 않는 사람들이 있는가 하면, 가족들과의 시간에 방해가 된다는 이유로 직업적으로 중요한 기회를 스스로 포기하는 이들도 있다. 실제로 어느 기업의 관리자처럼 아들의 생일 파티 때문에 1년에 단한 차례 열리는 최고경영진 회의에 뒤늦게 참석하는 경우도 있다. 이 선택이 본인의 가치관에는 부합할지도 모른다. 그러나 고위직 인사들이 모두 참석하는 중요한 모임에 아들을 핑계로 늦게 나타나는 것은 분명 보기 좋은 모습은 아니다. 본인은 일과 가정의 균형을 유지하기 위해 한 행동인데 남들은 전혀 다른 반응을 보인다면, 속으로 화가 치밀고 그 행동이 후회될 수도 있다. 그래서 그 경험으로부터 무언가를 배우고 합리적인 균형을 찾기보다는 못마땅한 감정에 휩싸여 자아를 상실하기 쉽다.

그러므로 리더십을 발전시키고 리더로서 한층 더 성장하기 위해서는 다음 몇 가지를 준수해야 한다.

첫째, 당신의 가치관이 일과 가정의 균형을 이루는 지침이 되어야 한다.

먼저 다음의 질문을 곰곰이 생각해보자.

가정에서 일어나는 일상적인 일들에 적극적으로 참여하는 게 정말로 중요한가?(부모가 참여하든 안 하든 아이들은 그 모습에서 여러 가지를 배운다.)

결혼을 하면 노동과 양육 책임을 똑같이 나눠야 한다고 생각하는가?

에머슨 일렉트릭Emerson Electric이란 기업을 운영하던 사람과 관련된 이야기를 들었다. 그의 이름이 맥나이트McKnight였던 것으로 기억한다. 에머슨 일렉트릭은 오랫동안 성공 가도를 달려온 기업이다. 맥나이트는 인생에서 가장 우선적인 3가지로 건강과 가정, 일을 들었다. 그리고 3가지 중에서도 가장 중요하고 우선적인 것으로 건강을 꼽았다. 건강하지 못한 사람은 가정과 일, 나아가 자신뿐 아니라 그 무엇에도 도움이 되지 않는다. 건강에 이어 두 번째로 그는 가정을 지목했으며 일은 세 번째였다. 일을 위해 많은 시간을 투자하는 게 결국은 앞의 2가지를 보장하는 지름길이라고 생각하는 사람들도 있다. 그래서 일종의 '거래'를 통해 건강과 가정에 투자할 시간의 일부 혹은 상당 부분을 일 쪽으로 전용한다. 하지만 일에 얽매인 인생만큼 불행한 삶도 없다. 물론 직업적 성공을 위해서는 그만한 시간을 투여해야 한다. 그러나 현실은 어떤가? 어리석은 판단이 곳곳에서 난무한다. 직장에서는 상사나 동료들을 실망시키고 가정에서는 배우자와 자녀들을 실망시킨다. 따라서 균형이 필요하다. 가정도 회사도 균형을 잡으려는 당신의 노력을 이해하고 인정해야 한다. 균형과 관련하여 오늘날 미국 사회에서 최악의 사례로는 두 명의 가장과 자녀를 둔 가정이다. 가장, 특히 여성들은 자녀와 배우자, 부모, 일, 나아가 자기 자신에게도 심한 죄의식을 느끼며 살아간다. 만족 따위를 생각할 겨를조차 없다. 따라서 현실을 그대로 받아들이며, 그 속에서 위안을 찾는 사람들도 많다. 어차피 쉬운 길은 없는 법이니 말이다.

레이 비아울트 | 제너럴 밀스 부회장

전형적인 부부 역할이 옳다고 보는가? 자신의 역할이 무엇인지 잘 모르지 않은가?

직업적 야망 달성만으로도 행복과 만족을 느낀다고 보는가?

가치관과 연관된 질문이다. 이 경로에서는 참으로 어려운 판단에 직면하게 된다. 한 예로 회사에서 사우디아라비아로 발령을 냈을 때, 가족 모두가 중동으로의 이주를 반대한다면 어떻게 해야 할까? 이건 논리로 해결할 문제가 아니다. 따라서 충분한 여유를 가지고 당신이 정말로 소중하게 여기는 게 무엇인지부터 생각해야 한다. 일주일에 80시간씩 일하는 사람이 이런 여유를 내기는 현실적으로 어렵지만, 자신의 가치관을 분명히 하기 위해서는 조금이라도 성찰의 시간이 필요하다. 이 모두를 포기한 채 오로지 정상을 향해 달리는 사람들도 있고, 가장의 이런 노력을 전적으로 후원하는 가정도 있다. 반면 하루 8시간 이외의 시간은 반드시 가족과 함께 보내야 한다는 원칙을 고수하는 사람들도 있다.

한 예를 보자. 댄Dan은 대규모 소프트웨어 제조업체의 한 사업부 책임자였다. 댄은 지식과 기술에서 타의 추종을 불허했다. 게다가 실적도 우수했기 때문에 가족과 최대한 많은 시간을 보내고 싶다는 그의 요구를 회사에서도 기꺼이 수용했다. 그런데 문제가 발생했다. 회사가 다른 기업에 인수되면서 댄은 새로운 상사와 새로운 직원들, 새로운 프로세스에 적응해야 했다. 인수라는 특별한 상황에 처한 댄은 새로운 후원자 인맥을 형성하는 게 무엇보다 시급하다고 판단했다. 그렇다면 점심 시간이나 일과 후의 사교 모임 등을 이용하여 가급적 많은 사람들을 만나는 방법도 고려해봄 직했다. 하지

만 그는 점심도 사무실에서 혼자 해결했고 저녁이면 곧장 집으로
가서 가족과 함께 식사를 했다. 저녁은 가족과 함께 보내야 한다는
원칙의 소유자였기에 일과 후의 어떤 활동에도 참여치 않았다. 그
에게 가장 소중한 가치는 바로 가족이었으며, 회사에 입사할 때부
터 가족과의 시간을 방해하는 어떤 일정도 용납하지 않으리라고 다
짐한 바 있었다. 그렇다고 회사를 위해 최선을 다하리라는 생각마
저 달라진 건 아니다. 당장 새로운 인맥을 만들지 않는 게 자신에게
불이익이 될 수도 있지만, 가족이 먼저라는 확고한 가치관이 있었
기 때문에 자신이 내린 결정에 대해 후회하는 일은 없었다.

**둘째, 일과 가정과 관련된 결정에는 처음부터 배우자를 참여시켜
야 한다.**

직장을 위해 어느 부분까지 수용할지 배우자와 합의를 이뤄야
한다. 대다수 사람들은 결정이 끝난 후에야 비로소 배우자에게 이
런 이야기를 꺼낸다. 자녀의 학교 행사나 생일 파티, 기념일 등에
참석하겠다고 약속해놓고 아무런 설명 없이 불참했을 때, 아이들이
느끼는 실망감은 말할 수 없을 정도다. 따라서 사전에 합의가 이루
어져야 한다. 사전 합의는 합리적 균형을 위한 전제조건임을 잊어
서는 안 된다.

셋째, 성공에 대한 당신의 기준을 주시한다.

직장에 들어가면 성공을 바라보는 관점이 만들어진다. 직장 생
활을 하는 사람들은 승진이나 직함, 특권, 급여, 보너스와 같은 공
식적 또는 비공식적 수단을 통해 성공 여부를 가늠하게 된다. 하지

만 이 모두를 손에 쥔 채 '이것이 전부인가?' 하고 의문을 던지기도 한다. 결국 성공의 기준은 당신의 내면에서 형성된다.

나이가 들고 경험이 늘어날수록 성공을 바라보는 시야도 달라진다. 물론 이런 변화를 의식하지 못하기도 한다. 그러므로 성공을 향한 당신의 관점이 어떻게 변화하고 있는지 관심을 가져야 한다. 성공의 기준이 달라졌다고 해서 당장 모든 걸 갈아 치워야 한다는 뜻은 아니다. 적어도 1년에 한두 번씩 당신의 기준을 점검한 뒤 그것에 맞춰 행동 양식을 조금씩 수정하면 충분하다.

보상적 경험

지금까지는 일과 가정의 합리적 균형을 찾기 위한 험난한 과정에 대해 설명했다. 그런데 이 경험 자체에서 얻는 소득도 적지 않다. 합리적 균형을 추구하는 과정에서 사람들은 스스로를 되돌아본다. 지나친 감상주의는 경계해야겠지만, 균형을 찾는 노력이야말로 자신의 가치관과 신념 그리고 실제 생활 사이의 조화를 추구하는 과정이다.

유능한 리더는 가치관과 부합하는 삶을 산다. 그래서 직업적 목표뿐 아니라 개인적인 목표도 충족시키는 방향을 추구하며, 그 과정에서 발산되는 자신감은 타인들의 신뢰와 존중을 이끌어내는 원

나는 회사뿐 아니라 가족의 건강도 아주 중요하다고 생각한다. 그래서 정기적으로 휴가를 가지려고 노력한다. 그것이 내 방식이다.

토마스 에블링 | 노바티스 제약 CEO

동력으로 작용한다. 유능한 리더는 어느 한쪽으로 쏠린 행동을 최대한 자제한다. 완벽한 균형을 찾아서가 아니라 그러기 위해 노력한다는 뜻이다. 때로는 출장을 너무 많이 다닌다고 배우자가 불만을 토로하기도, 일을 제쳐두고 가족과 함께 장기간의 휴가를 즐기며 약간의 죄의식을 느끼기도 한다. 하지만 유능한 리더는 '중립'이 무엇인지 잘 알기 때문에 조직과 가정 모두를 만족시킨다. 그만큼 성숙한 존재이기 때문이다.

리더의 성숙함이야말로 가족의 후원을 이끌어내는 비결이다. 오스카 수상자나 스포츠 경기에서 우승한 팀의 스타 선수들이 소감을 이야기하며 다른 사람들에게 공을 돌리는 경우가 많다. 이런 감사 인사는 대부분 진심에서 나온다. 예외도 없진 않지만, 유능한 리더는 훌륭한 가정이나 강력한 지원 체계에서 탄생하는 경우가 많다. 어떤 일이 발생하든 가족의 든든한 뒷받침을 믿기 때문에 자신 있고 일관된 행동이 가능하다.

마지막으로, 이 경로를 헤쳐 나가는 사람들은 자신에 대해 그리고 자신에게 발생한 사건으로부터 많은 것을 배워야 한다. 갓 사회로 진출한 사람들 중에는 일중독에 가까울 정도로 회사와 경력을 위해 헌신하는 경우가 많다. 그래서 가정을 꾸린 후에도 일중독을 합리화하며, 훗날 배우자와 자녀와 함께 더 많은 시간을 보낼 수 있으리라고 설득한다. 그러던 어느 날, 가족과 보내는 시간이 너무 적다는 사실을 깨닫는다. 되돌아가기에는 이미 너무 먼 곳까지 와버렸다. 그동안 자신과 가족들은 서로 다른 세상에서 살아왔다. 늦게나마 이를 깨닫고 상황을 수습해보려 하지만, 자녀는 자녀대로 또 자신은 자신대로 서로 다른 세상에서 살기 때문에 마땅한 해결책을 찾지 못한다.

　그러므로 두 세상 사이의 격차가 더 벌어지기 전에 심각성을 인식하고 격차를 메우려는 노력을 해야 한다. 이제는 세상도 달라졌다. 적어도 조직의 리더라면 근무 시간과 일정을 스스로 조율해야 하며 가족과도 충분히 상의해야 한다. 이 경로를 헤쳐 나가는 리더에게는 자기 자신과 삶에 대한 확고한 신념이 필요하며 그 신념의 시작은 가정에서 비롯된다. 따라서 가족의 후원을 토대로 강한 내면세계를 구축한 리더만이 겉으로도 강력한 리더십을 발휘한다.

야망을 버려라

제목이 약간 어둡게 들릴지도 모르지만, 이 장에서 설명하려는
내용은 사직이나 어쩔 수 없는 수용이 아니라 리더십의 성숙과 직
결된다. 좋은 기회를 잃었거나 승진에서 탈락했는데도 아무런 대응
도 하지 말라는 뜻은 아니다. '내가 능력이 없어 그렇지 뭐. 어떡하
든 버티는 데까지는 버텨봐야지.' 이런 생각에 자포자기해서는 안
된다. 이 장은 일에 대한 사랑이지 '더 높은 지위'로의 승진이나 자
격의 확대가 아님을 강조한다. 야망을 버리는 건 지금 맡고 있는 업
무와 그 요건이 정확히 맞아떨어진다는 의미다. 반면 항상 다음을

준비하며 기회를 노리는 사람에게는 현재의 일이 만족스럽고 관심
이 갈 리 없다.

'버려라'의 의미

"아무런 야망도 갖지 않는 것, 그것이 내 야망이다." 사망한 전
비틀스 멤버 조지 해리슨George Harrison이 한 말이다. 해리슨은 비틀스
의 멤버들 가운데 높은 의식 세계를 추구한 인물로 알려져 있다. 많
은 사람들이 자신의 직장 생활을 설계하고 능력 계발을 통해 직업
인으로서의 매력을 높이기 위해 애를 쓰며 살아간다. 그리고 승진
과 출세, 더 많은 예산, 더 많은 부하 직원, 더 좋은 사무실, 더 높은
직함으로 규정되는 성공을 손에 넣기 위해 오늘도 직장에서 치열한
전투를 벌인다. 다 좋다. 그런데 어느 단계에 이르면 이런 노력조차
필요치 않다. 위대한 리더들의 대부분은 성공에 대한 정의가 남들
과는 다른 위치에 올라선 사람들이다. 이런 사람들은 지금 하는 일
에만 전념한다. 자신의 능력을 100퍼센트 발휘한다는 뜻이며, 결과
적으로 업무 수행의 효율도 극대화된다.

여기서 야망을 버리라는 말은 지금껏 쌓아온 지위까지 한순간에
팽개치란 뜻은 아니다. 다만, 야망에 대한 관점을 동료나 부하 직원
들에게 이야기할 때는 매우 조심해야 한다. 그만큼 오해의 소지가
많기 때문이다. 이 경로에서는 당신의 내면에서 일어나는 현상에
초점을 맞춘다. 야망에서 자유로운 사람만이 현재의 업무나 직업으
로부터 자유로우며, 따라서 원하는 일에 더 집중한다.

말콤과 매리사의 사례

상사의 눈치나 질책이 두려워 야망을 버릴 사람은 아무도 없다. 설령 그렇다 하더라도 이를 공개적으로 인정하는 사람은 없다. 나름대로 목표를 세우고 오랫동안 노력해온 사람에게 그 목표를 포기하라고 했을 때 결코 이를 받아들이지 않는다. 다시 말해 이 경로를 전혀 경험하지 못하는 사람들도 없지 않다는 이야기다. 한 단계 높은 지위로의 승진을 갈구하는 사람은 비록 마음은 그렇지 않더라도 실제 행동은 이미 그 목표를 향하고 있다. 그래서 승진 기회를 잡아 높은 지위로 이동한 후에도 마음 한 편에서는 항상 과거의 역할을 그리워하는 경우도 많다.

한 순간에 야망을 버리지는 못한다. 오로지 장기간에 걸친 경험과 피드백을 통해서만 가능하다. 다른 사람들이 말하는 성공의 정의가 못마땅하게 들릴 때가 많다. 이것은 흑백 논리로 생각할 문제가 아니다. 또한 이기고 지고의 문제도 아니다. 많은 사람들이 기업의 수장이 되어 『포춘』과 같은 비즈니스 전문지에 얼굴을 올리고 싶어 한다. 이런 목표도 물론 중요하다. 그러나 머지않아 현실적인 어려움을 깨닫고는 생각을 달리한다. 따라서 이 경로에서는 당신의 열망을 조율하는 방법을 배워야 한다. 성공이란 단순히 위를 좇는 게 아니라 내면에서 만들어지는 것임을 알아야 한다. 무작정 위를 향해 달리기보다는 지금 하는 일을 효과적으로 완수함으로써 좋은 결과를 만들어내는 게 훨씬 중요하다.

두 번째에 만족하는 법을 배운 말콤

말콤Malcolm의 경력은 화려함 그 자체였다. 숙련된 엔지니어로서 작은 소프트웨어 제조업체 몇 곳을 운영한 경력을 바탕으로 지금은 어느 대기업의 기술 책임자로 근무중이다. 사회에 첫 발을 내디뎠을 때만 하더라도 말콤의 사고방식은 '정복자' 그 자체였다. 남다른 야망의 소유자였던 그는 동시에 두 곳의 소프트웨어 업체를 운영하며 같은 업계 거물들의 관심을 사로잡았다. 그러다 세 번째 회사를 창업한 지 얼마 지나지 않아 깨달은 게 있었다. 상품개발 프로세스에 대한 흥미는 여전했지만 사업체 책임자로서의 역할에 조금씩 싫증이 나기 시작한 것이다. 직원 선발, 운영 회의, 실적 평가 등 리더로서 수행해야 하는 역할들에 전혀 흥미를 느끼지 못했다. 게다가 재무와 관련된 수치 관리도 그에게는 그저 지겨울 뿐이었다. 결국 현재의 고용주에게 회사를 매각하고 대기업의 일원으로 참여한 그에게는, 더 이상 자기 회사에 대한 미련도 없었을 뿐 아니라 다시는 사업체 우두머리가 되고픈 생각도 없었다. 대기업의 최고 기술책임자로 일하게 된 지금이 과거 어느 때보다 행복하기 때문이다.

시간이 지날수록 일에 싫증이 났다. 내게 주어진 다양한 업무를 위해 모든 시간과 노력을 쏟아 부었다. 하지만 고객과 직원들을 만족시키고 혁신적인 신상품을 개발한다는 과거의 자부심이 이젠 더 이상 의미가 없었다. 나는 하니웰의 CEO를 향해 출세기를 달렸고 그 대열에는 다른 몇몇도 함께 했다. 곰곰이 생각했다. 내가 정말로 하니웰의 CEO가 된다면 5년에서 7년 이내에 회사를 과거 수준으로 되돌려놓을 자신은 있었다. 그러나 내가 기대하는 수준까지 이끌고 갈 자신은 솔직히 없었다. 어느 날, 일을 끝내고 집으로 돌아오는 길에 다시 이 문제를 생각했고 결국 하니웰에서의 생활을 정리하고 자리를 옮기는 게 낫다는 결론에 도달했다. 하니웰에 계속 머무른 건 대기업의 우두머리가 되고픈 욕망 때문이었다. 그러나 돌이켜보면, 하니웰이 나를 바꾼 것에 비해 내가 하니웰을 바꾼 건 별로 없었다.

빌 조지 | 메드트로닉 전 회장 겸 CEO

새 고용주는 말콤에게 적잖이 부담스런 역할을 맡겼다. 하지만 그는 독창적인 아이디어로 회사의 상품 구성을 혁신한다는 데 대해 자부심을 느꼈을 뿐 아니라, 직원들에게 기술적 노하우를 가르치는 일도 큰 즐거움의 하나였다. 기술과 지식이 워낙 풍부한 데다 신선한 아이디어로 무장한 말콤은 새 회사에 합류한 지 얼마 지나지도 않아 탁월한 성과를 올렸고, 이를 인정한 경영진은 그에게 원하는 사업부를 맡아 운영하지 않겠냐고 권유했다. 그러나 큰 조직의 리더는 애당초 그가 원하는 역할이 아니었다. 그래서 말콤은 현재처럼 최고경영자 아래서 일하고 싶다는 뜻을 전하면서 한 가지를 요구했다. 아들이 소속된 축구팀의 보조 코치가 되어 모든 경기에 참여하도록 해달라는 요구였다. 물론 최고경영자는 흔쾌히 수락했다. 말콤은 회사에 대해 더 많이 요구할 자격이 충분했을 뿐 아니라 명석한 두뇌 덕분에 차기 CEO의 물망에 오르기도 했다. 하지만 그는 현재의 지위에서도 원하는 건 모두 얻었다며 만족해했다.

중심을 잃은 매리사

말콤과 매리사Marissa를 비교해보자. 매리사는 지난 30년간 마케팅 부문에서 화려한 경력을 쌓아왔다. 그녀는 뛰어난 마케팅 전문가에다 탁월한 관리 능력까지 가졌을 뿐 아니라 성격도 부드러워 부하 직원들의 신망이 두터웠다. 그러던 그녀가 최근 들어 심각한 어려움에 직면했다. 대형 항공사의 마케팅 담당 부사장으로 일하게 되었지만 모든 상황이 예전과 확연히 달라졌기 때문이다. 치열한 경쟁과 손익의 불확실성, 예기치 않은 파산 가능성, 운임 경쟁 등 항공 업계가 직면한 구조적인 특성상 그녀의 역할이 과거 어느 때보다 중요한 건 사실이었다. 하지만 경력으로 볼 때 그녀만큼 이 지위에 적합한 사람도 없었다. 그런데 뭐가 문제였을까?

문제는 중심을 잃은 데서 비롯된 듯했다. 부하 직원들은 매리사가 예전처럼 분명한 지시를 내리지 못했고 질문을 해도 제대로 답해주지 않는다며 불만을 토로했다. 하지만 부하 직원들과 상사를 더 어리둥절하게 하는 건 매리사의 행동 방식이었다. 사실 과거나 지금이나 크게 달라진 건 없었다. 광고와 홍보에 관한 한 그녀가 추구하는 방향은 여전히 확고했고 일처리도 깔끔했다. 문제는 리더로서의 역할이었다. 그녀에게서는 고위직 리더로서의 비전도, 열정도 찾아보기 어려웠다.

'야망을 버려라'는 경로를 경험하지 못한 사람들은 매리사가 슬럼프에 빠져 인사 문제를 제대로 처리하지 못한다는 둥 고위직 리더에게는 어울리지 않는 사람이라는 둥 토를 달지도 모른다. 하지만 그녀는 이 경로를 헤쳐 나가는 중이었다. (이 항공사에서 2년을 근무한 시점에서) 우리에게 도움을 요청한 매리사는 앞으로 5년만 더 일하고 퇴직하리라 다짐했다고 말했다. 퇴직 시점을 정한 것에서 안도감을 느꼈을 만큼 그녀에게 새 직책에 적응하기가 어려웠던 탓이다.

여성 관리자라는 성적 편견에 직면할 때마다 매리사는 부단한 노력으로 미래를 개척해왔다. 그런데 어느 순간부터 지위에는 아무런 관심도 없어져 버렸다. 회사 내부나 외부에서 새로운 기회를 찾는 것도, 회의에 참석하여 열띤 논쟁을 벌이는 것도, 상사에게 부동산에 투자하도록 권유하는 것도 이젠 모두 관심 밖의 일이었다. 앞으로 3년간은 현재의 지위에만 집중하기로 생각하면서 모든 욕심이 사라지고 오히려 평정을 얻게 되었다. 매리사는 그동안 열심히 일해 온 원동력이 자신의 야망 때문이었다고 생각했다. 따라서 야망을 버리면 일에 대한 열정과 활력도 어느 정도는 사라지게 마련이었다. 이런 경우에 '야망을 버려라'는 경로를 이해한다면 다른 소중한 것들에 더 많은 시간과 노력을 할애할 수 있다. 우리와 대화를 나눈 매리사는 비로소 자신이 얼마나 좋은 직업을 가지고 있는지 깨닫게 되었다. 그리고 회사와 업종에 대한 애착과 함께 부하 직원들의 재능을 계발하기 위해 더 노력해야 한다고 다짐했다. 자신의 직장 생활에서 처음으로 이 경로를 경험하면서 혼란이 있었던 게 사실이지만 이제는 거의 '원숙'의 단계로 접어들었다. 그리고 승진보다는 '내실'에 더 많은 관심을 가지게 되었다.

이 경로를 성공적으로 헤쳐 나가는 방법

어떻게 하면 매리사가 직면했던 문제들을 피할 수 있는지, 그리고 어떻게 하면 말콤처럼 원하는 방향으로 미래를 설계할 수 있는지 생각해보자.

이 경로는 지극히 개인적인 영역과 관련된다. 따라서 자신의 욕구가 무엇이고 이 욕구가 최근 자신에게 어떤 영향을 미쳤는지를 제대로 파악해야만 이 경로를 성공적으로 헤쳐 나갈 수 있다. 새롭게 발견한 사실에 대해 처음에는 두려움이 앞설 수도 있다. 우리 사회, 특히 비즈니스 환경에서는 야망을 신성시한다. 그래서 더 좋은 직업과 더 높은 직책에 관심이 없는 사람들을 마치 이단자처럼 바라보는 것도 사실이다. 하지만 더 유능한 리더가 되고 싶다면 먼저 야망에서 자유로워져야 한다.

야망을 버리고 그 빈자리를 다른 유익한 것들로 채우려면 지금부터 소개하는 내용을 반드시 기억해야 한다.

첫째, 누구나 이 경로에 맞닥뜨릴 수 있다는 사실을 납득한다.

심리학자 데이비드 맥클랜드David McClelland 근본적인 3대 동기 유형으로 친화욕, 성취욕, 권력욕을 꼽았다. 친화욕은 주로 청소년기의 지배적인 동기인 반면 성취욕은 직장 생활을 시작한 이후에 더 중요해지는 동기라고들 말한다. 그런데 맥클랜드는 성취욕이 정점에 다다른 후에는 다른 욕구들이 지배적인 위치를 차지하게 된다는 사실을 발견했다. 이 경로 역시 누구나 경험하지만, 그 과정에서 자기만의 독특한 개성을 형성하는 시점은 공식적인 은퇴 시기보다 훨씬 빠르다. 기업의 고위직 관리자(임원)들이 그 전형이다. 비록 공개적인 언급은 하지 않더라도, 더 이상 오를 곳이 거의 없는 지위에 이른 임원들은 야망으로부터 비교적 자유롭다. 오를 자리(최고경영자)가 딱 하나 남았지만 그 자리를 손에 넣기 위해 과거처럼 필사적으로 매달릴 필요는 없다. 오히려 그들은 이미 손에 쥔 권력을 과거보다 훨씬 효율적으로 활용한다.

'납득'과 '어쩔 수 없는 이해'는 완전히 다른 개념이다. 어쩔 수 없는 이해는 두려움과 무기력을 유발한다. 따라서 이런 상황에 처한 사람은 신속히 조언자에게 도움을 요청하여 그 상황에서 벗어나야 한다. 현명한 조언자는 당신이 처한 상황을 면밀히 분석하도록 도와주며, 야망에서 자유로워지는 것이야말로 리더로서 배워야 할 중요한 교훈임을 깨닫게 해준다. 아울러 야망은 있으나 현실에서 실패를 경험했고 이를 해결하는 방법조차 모르는 사람들이 자주 사용하는 단어는 '수용'이 아니라 '포기'다.

둘째, 에너지 쏟을 방향을 새롭게 설정한다.

이 경로를 납득하지 못하는 사람은 인맥을 만들고, 상사를 비난하고, 더 좋은 직장을 찾아다니느라 많은 시간을 허비한다. 그리고 좋은 기회를 놓쳤다는 후회 때문에 또는 승진 대상에서 제외될지도 모른다는 걱정 때문에 뜬눈으로 밤을 새우기도 한다. 그러나 이제는 새로운 방향을 설정해야 한다. 다음에 나열하는 몇 가지를 생각해보자.

- 지난 10년을 돌이켜보자. 승진을 위해 상사의 비위를 맞추는 데 사용한 시간, 조직 속에서 당신의 모습을 각인시키기 위해 사용한 시간, 당신의 기여에 대한 대가를 얻기 위해 사용한 시간, 경쟁 관계에 있던 동료들을 밀어제치는 데 사용한 시간, 새로운 기회를 위해 헤드헌터나 컨설턴트들을 만나는 데 사용한 시간이 얼마나 되는가?
- 희망했지만 달성하지 못한 직책, 후보자로 거론되었지만 낙점되지 못한 직책들을 목록으로 정리해보자.
- 스트레스와 경쟁에 의한 불안 때문에 업무 성과에 악영향을 받았던 기억을 떠올려 보자. 이런 것들이 실제로 성과에 부작용을 미친다고 생각하는가?

특별한 사람이 아닌 한 이런 몇 가지를 고려하는 것만으로도 새로운 감성 에너지를 얻을 수 있으며 시간 배분의 효율도 개선할 수 있다. 그렇다면 현재의 업무 환경에서 최대의 만족을 얻는 방법은 무엇일까? 어떤 일에 시간을 더 많이 투자해야 할까? 직원들과 조직 모두에 도움이 되려면 어떤 것에 초점을 맞춰야 할까? 특별히 애착을 가진 프로젝트가 있는가? 이 모든 질문에 분명한 해답을 가지고 있을 때 비로소 이 경로를 헤쳐 나가는 과정에서 무엇이 최선인지를 판단할 수 있다.

셋째, 성취 개념을 재정의한다.

야망과 성취라는 두 개념을 혼동하는 관리자들이 적지 않다. 벌어들인 돈으로, 획득한 직책이나 직함으로 성공을 재단하는 사람들이 많다. 물론 이런 척도들이 타당해 보인다. 그러나 이 경로에서는 새로운 척도를 만들어야 한다. 예를 들어 좋아하는 업무에 투자한 시간을 기준으로 성취 수준을 판단할 수 있다. 그리고 수익성이나 시장 점유율, 시장 지배력, 신상품 출시, 법적 분쟁에서의 승리 등 기존에 수립한 목표에 얼마나 다가갔는지를 근거로 성취 여부를 가늠한다. 야망을 버린다고 해서 야심적인 프로젝트까지 포기해서는 안 된다. 동시에 그 프로젝트가 결과에 이르는 수단이 되어서도 안 된다.

타인을 위한 서비스 문화 창조

야망을 버린 리더야말로 조직의 현자賢者다. 인간다운 삶을 추구하는 사람은 출세보다 일 그 자체를 즐기기 위해 노력한다. 그 결과, 개인적인 아젠다agenda가 결여된 부하 직원이나 동료들로부터 많은 존경을 받을 뿐 아니라 그들의 조언자나 후원자의 역할을 하게 된다.

야망을 초월한 리더는 관심 분야에서 진정한 전문가가 될 기회를 얻은 것과 같다. 직업적 구속으로부터 자유롭기 때문에 가장 잘할 수 있는 분야에 집중할 수 있으며, 따라서 말콤이 회사의 기술 전도사가 되었던 것처럼 해당 영역에서 최고의 전문성을 발휘할 수 있다. 또한 중요한 정보를 얻기 위해서라면 실패에 대한 걱정 정도는 기꺼이 감수한다.

우리가 잘 아는 한 관리자가 있다. 몇 년 전에 어느 컨설팅 기관에서 시행한 관리자 프로그램에 참여한 이후로 그의 모습은 눈에 띄게 달라졌다. 일단 겉모습부터가 과거와는 확연히 달랐다. 그동안 체중이 많이 줄었을 뿐 아니라 정해진 시간에 정해진 양 이상의 음식은 먹지 않는다. 게다가 그에게는 여유가 넘쳤고 얼굴에서도 행복한 미소가 피어올랐다. 지금도 거대 다국적기업에서 고위직 인사로 근무하는 그를 만난 우리는 어떻게 해서 그처럼 달라질 수 있었는지 비결을 물었다. 그런데 돌아온 대답은 간단했다. "날 자르지 않겠다는 약속 때문이지요." 얼마 전에 그의 회사가 합병을 추진한 적이 있었다. 그때 그는 회사로부터 앞으로 최소한 3년간은 자신을 해고하지 않을 것이며 그 기한이 끝나면 상당한 액수의 보너스까지 지급한다는 약속을 받아냈다. 이 합의 덕분에 그의 경쟁 의지가 많이 수그러들었다. 해고의 우려가 사라지자 과거보다 차분해지고 편안해졌으며, 당장 해야 할 일이 무엇인지 더욱 분명해졌

다. 덕분에 모든 일을 건설적으로 생각하게 되었고 자신의 건강에
도 신경 쓸 여유가 생겼다. 비록 리더로서의 야망은 사라졌을지 모
르나 그 때문에 더 깊이 있고 더 유능한 리더로 거듭나게 되었다.

관리자들은 야망을 버리는 일이야말로 직원들의 재능을 계발하
는 좋은 방법임을 알아야 한다. 출세를 위해 달리는 직원들의 자기
계발을 돕는다며 이러쿵저러쿵 지시해봐야 아무런 소용도 없다. 이
런 사람들은 직속 부하 직원들마저도 밥그릇 싸움의 경쟁자들이라
고 생각한다. 따라서 남을 돕기는커녕 자기만의 성공을 위해 모든
시간과 노력을 투입한다. 또한 재능 계발을 통해 얻는 것보다 목표
달성을 통해 얻는 것이 훨씬 크다고 생각하는 리더에게 이런 요구
가 먹혀들 리 없다.

몇 년 전, 하니웰 인터내셔널에서 직원들의 자기계발에 혁혁한
공을 세운 사람들을 대상으로 수여할 상을 제정한 적이 있었다. 동
료들의 추천을 통해 선발된 50명의 수상자들에게는 상장과 함께 적
지 않은 금액의 상금이 수여되었다. 수상자들은 현대 기업 환경에
서의 성공 개념을 새롭게 조명했다. 리더십을 통해 직원들의 재능
을 꽃피웠을 뿐 아니라, 수익 창출이나 프로젝트 완수, 회의 참석과
같은 것들보다 훨씬 중요하고 의미 있는 것이 무엇인지를 똑똑히
보여주었다.

야망을 버린 사람은 타인의 성공을 통해 대리 만족을 얻기도 한
다. 말하자면 후세대를 위해 자신의 지혜까지 기꺼이 내놓을 수 있
는 단계에 올라 선 것이다. 그래서 개인적인 이익을 위해 지식을 가
두어두기보다는 자신의 경험을 타인에게도 아낌없이 베푼다. 이 경
로를 올바르게 헤쳐 나가기 위해서는 선생님으로서의 인내심과 아

량을 갖춰야 한다. 부하 직원들의 짧은 경험마저 참아내기 어려웠던 과거에는 당신이 가진 지식과 경험을 나눠주는 것도 못마땅했다. 하지만 지금의 당신은 기꺼이 나누고, 가르치고, 경청할 수 있는 존재로 성장했다.

무조건 남보다 앞서야 한다는 맹목적인 목표를 가진 사람들이 수뇌부를 장악하고 있다면, 그 조직은 불꽃 튀는 경쟁 문화를 가질 수밖에 없다. 경쟁은 자본주의 문화의 요체이며 비즈니스에서도 대단히 중요한 요소다. 그러나 인력 계발 역시 그에 못지않게 중요하다. 특히 야망을 버린 리더들을 많이 보유한 기업이야말로 최고의 조직 문화를 건설할 중요한 밑바탕을 이미 마련한 것과 같다. 누군가는 미래의 리더들을 양성해야 한다. 누군가는 더욱 효과적인 일 처리 방식을 개발해야 한다. 이 모든 역할을 수행하며 조직에 새로운 가치를 부여할 수 있는 존재는 바로 리더들, 야망을 버리고 현재에 충실한 리더들이다.

'개인적인 비극'에는 심각한 수준의 위험과 고통이 수반된다. 사랑하는 사람의 죽음, 신체적 질병이나 장애, 이혼 등이 대표적인 사례이며 자녀의 문제, 법적인 문제, 금전적 어려움 등도 여기에 해당된다. 각각의 문제들을 유발하는 원인이야 다를지 모르나 리더의 삶을 혼란에 빠트린다는 점에서는 모두가 마찬가지다. 기능적 측면뿐 아니라 감성적 측면에서도 불확실성이 높아지며, 그 사건 이전과 비교할 때 모든 것이 한순간에 달라져버린다.

그럼에도 불구하고 이런 사건들이 자신의 리더십에 영향을 미친다고 생각하는 사람은 많지 않다. 대다수 관리자들 역시 죽음이나 이혼, 재난과 같은 사건들을 한낱 개인적 문제로 치부한다. 그래서 이혼을 해도 별 문제 아니듯이 동료 관리자들에게 얘기할 뿐 아니라 가족의 누군가가 죽어도 며칠간 쉬겠다는 얘기 외에는 별다른 말을 하지 않는다. 이렇게 사건을 단순히 설명하는 식으로는 그 사건이 발생된 원인과 그로 인한 감성적 고통을 함께 나누기 어렵다. 그런데 감정까지 나누는 것을 일종의 약점처럼 여기는 경우도 있다. 기업이란 본디 '프로페셔널리즘'을 중시하므로 개인의 감정 따위가 끼어들 틈은 없으며, 따라서 사생활의 문제는 직업적 성과와 전혀 무관하다고 생각하는 사람들이 많다. 또한 정략이 난무하는 조직 환경의 특성상 괜히 타인의 안부를 물었다가 자칫하면 본전도 못 찾는다며 회피하는 경우도 많다. 나이가 많은 관리자들은 상사들의 독단적이고 군대주의식 문화를 접하며 성장했기에 그렇다고 하지만, 아주 젊은 관리자들 중에도 개인적인 어려움과 갈등을 사무실에서 드러내지 않으려 노력하는 사람들이 많다. 자신의 유약한 모습, 정제되지 않은 모습을 무조건 숨기려 하기 때문이다. 그러나 이해타산을 앞세우는 이런 행동 양식이 오히려 리더십의 발전을 저해한다는 사실을 알아야 한다.

이 책을 집필하며 인터뷰를 나눈 리더들의 대부분은 이런 삶의 우여곡절이 사생활뿐 아니라 직업적으로도 중요한 전환점이 되었다고 말했다. 직장에서 사생활을 언급하는 게 여전히 부담스러운 건 사실이지만, 길게 보면 이런 노력이 더 인간적인 리더를 만드는 밑거름이 된다. 반면 뜻밖의 경험을 하고서도 그 사실을 애써 부인하며 아무 일 없었다는 듯이 행동하거나 사실을 위장하는 것처럼 내 인생에서 가장 힘들었던 사건은 첫 아내와의 이혼이었다. 참으로 힘든 순간이었다. 아내와의 결별도 그랬지만 세 명의 어린 아이들과 헤어져야 한다는 사실이 날 더욱 비참하게 만들었다. 그동안 우리 가족을 위한 자산을 만들기 위해 노력해왔지만 그 결과는 엉뚱하게도 이혼으로 되돌아왔다. 모든 것을 다 잃고 임시 거처를 빌려 사는 신세로 전락하고 말았다. 직장은 그대로였지만, 이젠 아이들을 보려면 차를 타고 한 시간이나 달려야 했다. 아직도 해야 할 일들이 많았지만 내겐 집을 사는 건 고사하고 무엇 하나 내 힘으로 해결할 능력이 없었다. 일주일에 한 번 만나는 아이들을 데리고 갈 집조차 없었으니 말이다. 정말로 비참한 상황에 빠지자 내겐 숱한 의문이 생겼다. '도대체 내가 뭘 하고 있는 거지? 난 어디로 가는 걸까? 정말 소중한 게 무엇일까? 소중하지 않은 건? 도대체 뭘 어떻게 해야 하는 걸까?' 이와 함께 나의 어떤 점들이 이런 상황을 만들어낸 것인지 골똘히 생각하게 되었다. '그동안 내가 아내를 어떻게 대했지? 아이들을 내 뜻대로 움직이려 하지는 않았나? 직업을 통해 내가 추구하는 건 무엇이었나?' 고심 끝에 나는 많은 것을 깨달았다. 먼저 내가 추구해온 방향에 문제가 있었다. 지난 6년의 시간을 오로지 나 혼자서 보낸 게 제일 큰 실수였다. 그래서 많은 사람들이 흔히 범하는 실수처럼, 나 역시 아내와 아이들을 돌아볼 여유를 갖지 못했다. 소크라테스는 "너 자신을 알라!"고 했다. 나 자신을 알기 전에는 내 속에 숨은 장점을 알 수 없으며, 따라서 원하는 목적지에 도달할 수도 없다. 먼저 나 자신을 알아야 한다. 무엇이 나를 남다른 존재로 만드는지, 무엇이 나를 강하고 선한 존재로 만드는지, 고쳐지지 않는 나의 단점은 무엇인지부터 똑바로 알아야 한다.

레이 비아울트 | 제너럴 밀스 부회장

어리석은 대응도 없다. 정직하지 못한 행동은 타인과의 거리를 만들 뿐 아니라 리더십의 토대인 신뢰를 좀먹는 지름길이다. 사람들의 관계는 언어적 행위와 비언어적 행위 모두를 통해 이루어지며 그 중에서도 비언어적 행위의 파급 효과가 훨씬 큰 법이다. 상대방의 말과 행동이 일치하지 않는다면, 특히 상대방이 최근에 경험한 내용을 정확히 모르는 상황이라면 그 사람에 대한 신뢰가 무너진다. 또한 아픈 경험을 무작정 부인하다가는 발전도 없을 뿐 아니라 소중한 교훈을 얻기도 불가능하다.

비극이 새로운 방향을 제시한다

우리가 경험한 몇몇 사례를 통해 비극에 대처하는 새로운 방법
에 대해 살펴보자.

인간적으로 변한 리더 : 짐

짐 르니어Jim Renier는 1990년대에 하니웰의 최고경영자와 회장을
겸임했다. 하니웰의 수장에 오르기 전, 그는 자신의 목적 달성을 위
해서라면 어떤 경쟁도 불사하며 강력하게 밀어붙이는 사람이란 평
판을 지니고 있었다. 화학공학 박사 출신으로 과학적 사고방식이
투철했을 뿐 아니라 완고한 성향에 매우 공격적인 리더십 스타일의
소유자였던 그는 직원들로부터 사랑받는 온정주의적 리더와는 차
원이 다른 사람이었다. 하지만 똑똑하고 전략도 탁월한 데다 실적
도 우수했기 때문에 정상을 향한 그의 발걸음은 멈춤이 없었다.

하니웰에서 한창 승진 가도를 달릴 무렵 그의 아내가 암 선고를
받았다. 이때부터 짐은 아내와 어린 아이들을 돌보는 데 많은 시간
을 할애했다. 그러나 아내는 결국 세상을 떠났고 짐은 다시 회사로
복귀했다. 그런데 짐은 완전히 다른 사람으로 변해 있었다. 아내를
간호하고, 세상을 떠난 아내 때문에 슬퍼하고, 남겨진 아이들을 혼
자서 돌보는 일은 분명 그에게 큰 아픔이었을 게다. 그 때문인지 짐
의 행동 양식은 과거와 확연히 달라졌고 직원들의 감성에도 귀 기
울이는 리더로 변모했다.

자기 입으로도 말했듯이 회사로 복귀한 짐은 이미 다른 사람이
었다. 아픈 경험이 그를 인간적인 리더로 변하게 만들었다. 과거의

냉정했던 모습은 온데간데없고 감정의 노출도 꺼리지 않는 온화한 리더로 바뀌었다. 한마디로 '인간미 넘치는 과학자'로 변신했다. 이후 짐은 결과를 우선시하는 공학도 출신의 리더들이 '인간미'의 중요성을 깨우칠 수 있도록 특별 프로그램을 도입하기도 했다. 또한 자신의 아픈 경험을 공개적으로 언급하며 그 경험이 한 개인으로서 그리고 리더로서의 자신을 어떻게 바꿔놓았는지를 설명했다. 감성적 성숙의 단계에 이른 짐은 머잖아 하니웰의 최고경영자에 올랐고 누구도 부인하지 않는 최고의 리더로 자리매김했다.

자꾸만 뒷걸음질치는 리더 : 드류

짐과는 달리 드류Drew는 원래부터 감성적 리더였다. 그가 인적자원팀 책임자에 올랐던 이유는 탁월한 행정 능력 외에도 회사 인재들의 자기계발을 적극적으로 후원한 덕분이었다. 팀원들 역시 드류를 사려 깊고 베풀 줄 아는 상사로 생각하며 그와 일하는 것에 만족해했다.

드류의 자녀 세 명 가운데 둘째 아들은 축구 선수였다. 아버지가 엄격한 원칙주의자가 아니라는 사실을 잘 아는 둘째는 귀가 시간을 번번이 무시했다. 그러던 어느 날 밤, 파티에서 술에 취한 둘째가 아버지의 차를 몰고 가다 가로수를 들이받는 사고를 일으켰다. 다행히 목숨은 건졌지만 척추가 부러져 목 아래로는 움직일 수 없는 지경이 되고 말았다. 아들의 모습을 보며 드류는 극심한 죄책감에 시달렸다. 아버지로서 조금 더 엄격하게 처신했더라면 최소한 아들이 술을 마시고 운전을 하지는 않았으리란 후회였다.

사고 이틀 후 그가 회사로 돌아왔다. 무슨 일이 일어났는지 모두가 알았지만 그는 아들이 교통사고를 당해 병원에 입원했다는 사실 외에는 어떤 말도 하지 않았다. 게다가 도움을 주기 위해 자세한 사고 경위를 묻는 상사에 대해서도 침묵으로 일관했다. 이때부터 그는 일에서 위안을 찾으려는 듯 퇴근 시간까지 미루며 일에 몰두했다. 일을 통해 자신의 죄를 씻으려는 듯이 보였다.

아들이 불구자가 된 이후로 드류의 행동은, 굳이 나쁘다고는 할 수 없지만, 과거와 확연히 달라졌다. 가장 큰 변화는 사소한 것들에 대한 관심이다. 물론 인적자원팀 리더라면 이런 덕목도 필요하다. 하지만 문제는 작은 것들에 너무 치중하는 바람에 오히려 큰 것을 간과할 때가 많다는 점이었다. 부하 직원들은 그의 관심과 배려를 진심이 아닌 피상적인 행위로 간주했다. 따라서 부하 직원들의 이야기에 아무리 귀를 기울이고 고개를 끄덕여도 그들의 마음까지 사로잡지는 못했다.

그로부터 2년 뒤, 회사에서 드류의 지위를 강등시켰다. 무능해서가 아니라 리더로서의 발전이 없다는 게 그 이유였다. 과거와 비교할 때 인적자원팀의 기능이 무뎌지고 혁신적인 모습도 사라졌음에도 드류는 이를 깨닫지 못했다.

드류가 점점 뒷걸음질을 친 이유는 비극적인 사건 때문이 아니다. 그로 인한 상실감과 죄의식을 극복하고 계속 앞으로 나갔다면 상황은 정반대로 바뀌었을 터다. 또한 상사의 도움을 진즉에 받아들였거나 팀원들 앞에서 자신의 감정을 솔직하게 터놓았다면 더 좋은 결과가 있었을지도 모른다. 시련은 스스로에 대해 몰랐던 많은 것들을 배울 기회를 선사한다. 그러나 이유가 무엇이든 드류는 이 기회를 알아채지 못했다.

스타일이 완전히 바뀐 리더 : 줄리아니

비극으로 인해 리더십 스타일이 완전히 달라진 사례도 있다. 그 주인공은 바로 루돌프 줄리아니Rudolph Guiliani다. 9 · 11 사건 전만 하더라도 뉴욕 시민들은 줄리아니 시장을 오만하고 짜증스런 인물로 생각했다. 그런데 대재앙 이후 테러리스트의 공격과 그로 인한 엄청난 인명 피해에 대처하는 시장의 모습을 보며 시민들의 생각은 180도 달라졌다. 테러리스트들을 향해 주먹을 휘두르며 복수를 다짐한 것도, 마치 세상사를 초월한 사람처럼 냉정을 유지한 것도 아니다. 그는 보통 사람들처럼 슬픔을 있는 그대로 드러냈고 도움과 희망을 필요로 하는 사람들을 위해 기꺼이 후원자를 자처했다. 그의 말과 행동 어디에서도 가식적인 인상을 찾아볼 수 없었다. 진지하게 있는 그대로의 감정을 표현했으며 또한 사려 깊게 행동했다. 어려운 시기에도 불구하고 내면의 인간미를 숨기지 않은 덕분에 시민들은 그를 강력하고 유능한 리더로 인정하게 되었다. 그뿐 아니라 TV를 통해 줄리아니 시장의 일거수일투족을 지켜보던 수많은 시청자들 역시 그에게 아낌없는 박수를 보냈다.

비극에 대처하는 방법

어떤 형태든 비극적인 상황에서 느끼는 감정 그 자체가 더 나은 리더를 만드는 촉매제가 된다. 물론 말처럼 쉽지는 않으며 특히 남성에게는 더더욱 어려운 일이다. 이혼을 하거나 자녀에게 문제가 생겼을 때 여성들은 비교적 감정을 있는 그대로 드러내는 편이다.

그래서 직장에서도 비슷한 경험을 한 동료(주로 여성)들과 함께 아픔을 나누곤 한다. 반면 남성들은 감정을 솔직히 표현하기보다 목표에 더 매달리고 상황을 수습하는 데 치우치는 경향이 있다. 따라서 남성들에게는 이 경로가 상대적으로 더 어렵게 비친다. 그동안 우리의 훈련 프로그램에 참여한 관리자들의 상당수도, 개인적인 위기 상황에 직면하면 어쩔 수 없이 일에 대한 관심이 그만큼 줄어들어 속도도 더뎌진다고 말한다. 문제는, 가슴속의 상처를 드러내지 않고 업무를 수행하다 큰 실수를 범하기도 한다는 점이다. 상처를 가진 당신이 감정을 드러내지 않는다면, 다른 사람들은 당신이 이미 그 사건에서 완전히 벗어났다고 생각하기 쉽다. 그래서 평소와 다름없이 업무와 책임을 맡긴다. 하지만 당신은 업무를 완벽히 수행할 준비가 되지 않았기 때문에 실수를 자초할 가능성도 그만큼 높아진다.

시련을 극복하여 리더십 계발의 기회로 활용하기 위해서는 다음의 내용을 눈여겨보자.

첫째, 아픔을 숨기지 마라.

슬픔을 느끼지 않는 사람은 없다. 누구도 슬픔을 완벽히 통제할 수 없으며 오히려 슬픔을 표현함으로써 마음의 안정을 얻는다. 그래서 이처럼 보편적이면서도 어려우며 피할 수 없는 경험에 대처하는 방법을 몸소 보여주는 것도 리더의 역할 가운데 하나다. 역설적으로 들릴지 모르나, 중한 질병에 걸린 가족이나 문제만 일으키는 아이들 또는 심각한 손실 등으로 인한 아픔과 고통을 숨기는 것보다 공개적으로 표현하는 게 오히려 리더의 자질 향상에 도움이 된다. 어려운 시기에 도움을 요청하는 건 단점이 아니라 장점이다. 아픔을 숨기는 건 나약하게 보일지 모른다는 두려움 때문이다. 그러나 아픔을 표현함으로써 더 인간적인 존재가 되고 타인들과의 관계도 향상되며, 리더로서의 자질을 더욱 향상시킨다는 점을 잊어서는 안 된다. 부하 직원들은 상사가 인간적이기를 바란다. 게다가 상사의 장단점을 이미 파악하고 있기 때문에 사실을 위장하는 건 오히려 그들과의 관계를 훼손하는 꼴밖에 되지 않는다. 그들은 강하면서도 부드러운 리더, 즉 목표를 추구하면서도 인간미를 발휘할 줄 아는 리더를 원한다. 통제할 수 있든 없든, 지금 처한 갈등과 감정을 기꺼이 표현하는 인간적인 리더 말이다.

둘째, 진실하라.

이 경로를 헤쳐 나가는 과정에서 연극을 하는 리더도 있다. "나는 강하고 용감한 리더야. 속으로는 아플지 몰라도 겉으로는 늘 유쾌하게 웃지." 직원들이 이런 리더를 좋아하리라고 생각하는 사람들도 많다. 그러나 사실은 그렇지 않다. 자신의 실체를 감추는 리더는 오히려 직원들을 불신과 기피의 존재가 될 뿐이다. 입으로는 괜찮다고 하면서 사무실에서 계속 혼자만 있는 상사를 좋아할 직원은 없다. 리더는 진실해야 한다. 그렇다고 매일같이 눈물을 흘리며 출근하여 직원들에게 아픔을 호소하라는 뜻은 아니다. 리더는 자신의 슬픔과 분노를 올바른 방향으로 표현해야 한다. 즉 감정을 공유하기 위해서는 시간적 여유가 필요하며, 프라이버시를 지켜줄 수 있는 사람들을 대상으로 해야 한다.

셋째, 운명을 받아들이고 계속 나아가라.

삶은 불확실하고 언제든 고통 받는다는 사실을 이해하는 사람만이 이 경로를 가장 효과적으로 통과한다. 그렇지 않은 사람들은 죄의식을 느끼기 쉬우며, 죄의식에서 벗어나 평정을 찾으려면 오랜 시간이 필요하다.

개인적인 비극에서 좀처럼 벗어나지 못하는 동료나 친구들을 가끔 주위에서 본다. 이런 사람들은 상당히 오랫동안 고통 속에서 살아가며, 설령 고통에서 벗어나더라도 자기 연민까지 떨쳐버리기는 어렵다. 그러므로 생각 자체를 바꿔야 한다. 시련은 리더십을 더욱 강화시킨다. 따라서 고통스러운 사건을 개인의 성장과 리더십 계발을 위한 기회로 활용할 방법을 찾아야 한다. 명상, 기도, 심리 치료, 회고, 피정 등 무엇이든 좋다. 때로는 더 큰 목적이나 대의를 위해 헌신함으로써 고통스런 사건에서 벗어나 삶의 질서를 회복하기도 한다. 시련을 극복하고 성장을 추구하는 방법을 찾았다면 이제 새로운 목표를 세워야 하며, 그 목표를 달성하기 위한 구체적인 방안까지 수립해야 한다.

새로운 시각이 리더십을 성숙시킨다

이 경로를 제대로 통과하지 못한 사람이 원숙하고 현명한 리더가 될까? 사랑하는 이의 죽음, 질병, 엇나가는 자녀, 이혼 등등, 이런 일이 발생하기 전만 하더라도 당신은 큰 고통 없이 비교적 즐거

운 삶을 영위해왔다. 하지만 비극적인 사
건은 리더를 더욱 인간적으로 만들 뿐 아
니라 대인 관계 능력을 향상시킨다는 사
실을 명심해야 한다.

짐 르니어, 루디 줄리아니 등 이 경로
를 통해 인간적인 리더로 변모한 사례는
수없이 많다. 그들 모두는 자신의 고통을
진실하게 표현하고, 운명을 받아들이고
미래를 추구함으로써 더욱 현명하고 자
애로운 리더로 거듭났다.

하지만 비극적인 사건을 겪었다고 해
서 무조건 현명하고 따뜻한 리더로 변하는 건 아니다. 이혼을 예로
들어보자. 이혼 직전에 있는 상사나 동료들을 보면, 설령 그 배우자
에 대해서는 잘 모르더라도 그런 상황까지 이른 이유를 짐작할 법
한 때가 있다. 이런 사람들은 이혼 여부와 상관없이 평소에도 안하
무인처럼 부하 직원들을 대한다. 따라서 부하 직원들은 자신들을
대하는 상사의 독단적인 태도가 가정에도 적잖은 영향을 미쳤으리
라 짐작한다. 이와 달리 이혼을 자초한 행동 양식이 직장에서의 대
인 관계까지 그르칠 수 있음을 깨닫고 각별히 조심하는 사람들도
있다. 이처럼 고통스런 사건을 통해 뼈저린 교훈을 얻고 실천하는
사람들만이 진정으로 인간적인 리더로 거듭난다.

죽음 역시 모진 고통인 동시에 훌륭한 스승이다. 하지만 감성이
우리에 들려주는 말에 귀 기울인다면 그 순간의 슬픔과 분노, 죄의
식도 웬만큼 극복이 가능하다. 매우 정열적이고 욕심이 많은 리더

가진 것 없이 세 든 집에서 혼
자 사는 데다 멀찌감치 떨어져 사는
아이들과의 화해조차 불가능하던 그
시절만큼 내 스스로에게 실망하며 갈
피를 잡지 못하던 때도 없었다. 그런
데 이혼과 같이 삶을 송두리째 흔드
는 사건이야말로 당신의 정체성을 근
본적으로 개선할 수 있는 좋은 기회
다. 그럴 때일수록 나는 내가 누구이
고 무엇을 하려 하는지 되짚어보곤
했다. 단언하건대, 쓰라린 경험 뒤에
도 교훈을 얻지 못하는 사람들은, 다
음에 또 다시 비슷한 상황에 처했을
때도 중심을 잡지 못하고 갈팡질팡하
게 된다.

레이 비아울트 | 제너럴 밀스 부회장

들 중에는 자신이 죽을 수도 있다는 가능성마저 부인하는 경우가 적지 않다. 그들은 자신뿐 아니라 부하 직원까지 모질게 밀어붙이며 가족이란 존재 따위에는 신경도 쓰지 않는다. 그래서 그들 위에는 까다롭고 골치 아픈 상사란 평판이 따라다닌다. 하지만 이런 사람들도 사랑하는 사람의 죽음을 경험한 뒤에는 많이 달라진다. 사랑하는 이의 죽음이 그들에게는 자애롭고 더 유능한 리더로 거듭나는 또 한 번의 기회가 된다. 어떤 권력도, 아무리 많은 돈도 죽음을 되돌릴 수 없음을 깨달은 리더들은 과거의 욕심과 경쟁심을 돌이켜보게 된다. 그래서 새로운 시각으로 삶을 조명하게 되고 이것이 리더십을 한 차원 성숙시킨다. "삶을 깨닫고 싶다면 죽음을 연습해보라"는 불교의 금언처럼, 삶이 유한함을 이해할 때 비로소 그 숨은 의미를 깨닫는다.

회사에서 도와주지 않을 때

기업은 합리적인 시스템의 총체다. 기업은 논리를 중시하며, 인간 행동의 다면성과 예측 불가능한 운명을 탄탄한 조직 체계와 엄격한 규칙으로 극복한다. 합리주의를 중시하는 기업에서는 슬픔이나 분노와 같은 극단적인 감정은 허용되지 않는다. 제조 공정 책임자가 슬픔에 젖어 일을 엉망으로 만들지는 않을지 누가 알겠는가? 성난 중간 관리자가 상사의 지시가 마음에 들지 않는다며 대들기라도 한다면?

이런 이유 때문에 기업은 슬픔과 같은 감정이 개입할 틈바구니를 원천적으로 차단해버린다. 직원들의 분노를 잠재우기 위해 갈등 관리 프로그램을 운영하고, 슬픔을 극복하기 위해 휴가를 부여하고, 병원 치료가 필요한 직원들을 위해 의료보험제도를 운영하는 것도 같은 맥락이다. 다 좋다. 하지만 감정이란 인위적으로 차단하는 대상이 아니다. 감정을 드러내지 않기로 다짐했다고 해서 그 감정 자체가 사라지는 건 아니다. 특히 개인적인 비극을 경험한 후에는 더더욱 그렇다.

가족의 죽음이나 이혼과 같은 직원들의 문제에 기업이 효과적으로 대처하기 위해서는 우수한 실적을 자랑하는 팀의 속성을 닮은 문화를 만들어야 한다. 우수한 팀과 그렇지 못한 팀의 가장 큰 차이는 감성적·지성적 정직함이다. 우수한 팀의 구성원들에게는 솔직해야 하는 권리와 의무가 있다. 자신의 생각과 감정마저 솔직하게 표현할 수도 없는 상황에서 고도의 압박감을 이겨내고 야심적인 목표를 달성하기란 애당초 불가능하다. 그래서 우수한 팀에서는 허세나 정략적인 행위를 찾아볼 수 없다.

감성적으로 솔직한 문화의 구성원들은 입이 아닌 가슴으로 말한다. 아픔이 있을 때는 솔직히 표현함으로써 조직 전체가 그 아픔을 치유하는 데 동참한다. 사랑하는 이의 죽음과 같은 개인적인 비극을 극복하기는 결코 쉽지 않다. 그러나 훌륭한 기업은 비극이 사람을 망치도록 내버려두지 않는다. 반대로 그 경험을 통해 더욱 깊이 있고 성숙한 리더로 성장하도록 유도하는 것, 이것이 훌륭한 기업의 방식이다.

시스템에 대한 신뢰 상실

기업 스캔들, 최고경영자들의 기소 또는 고발 사건, 회계부정 등 총체적 시스템에 대한 신뢰 상실 또한 이 시대를 반영하는 경로 가운데 하나다. 대기업에 근무하는 친구나 지인들과 대화를 나누다보면 그들이 얼마나 심각한 회의주의나 냉소주의에 빠져 있는지 실감하게 된다. 그들의 회의주의는 비즈니스 세계 전체까지 뻗쳐 있으며, 특히 자신들이 근무하는 회사와 경영진에 대한 불신은 극에 달했을 정도다.

자신이 근무하는 조직에 대해 그리고 시스템에 대한 신뢰 상실

의 이유에 대해 기업의 고위직 인사들이 늘어놓는 이야기들은 대략
이렇다.

"17년이나 이 회사에서 근무하며 수많은 역할을 수행했고 회사 발전
에도 많은 기여를 했습니다. 출장도 많이 다녔고 보직 이동도 많았으
며, 일 때문에 휴가를 줄이거나 아예 취소한 적도 여러 번이었지요.
그동안 내가 헌신적으로 노력한 이유는 이 회사에서 표방하는 것들
이 마음에 들었기 때문입니다. 그런데 요즘 들어서는 모든 게 달라진
느낌입니다. 회사에서 추구하는 게 무엇인지 도무지 갈피를 잡지 못
하겠어요."

한 번의 비윤리적인 행위와 같은 사소한 것에서부터 대규모 부
정행위와 같은 심각한 문제에 이르기까지 신뢰를 상실하게 되는 원
인은 매우 다양하며, 일단 신뢰를 상실하면 배신감마저 느끼게 된
다. 특히 말과 행동이 다른 최고경영자와 경영진의 행태는 직원들
의 혼란만 가중시킬 뿐이다.

아는 사람 위주의 또는 능력보다 정략에 기초한 승진 시스템도
배신감을 유발하는 원인 가운데 하나다. 그뿐 아니라 직원들을 대
하는 방식 때문에 배신감이 유발될 수도 있다. 오랫동안 회사를 위
해 헌신해온 직원에게 정년퇴직을 얼마 앞두고 느닷없이 해고를 통
보하는 행위, 재직 기간 내내 좋은 성과를 일구어 왔음에도 갑자기
쫓아내는 행위 등이 그 예다. 회사에서 보내오는 모호한 메시지 때

문에 빚어지는 혼란을, 특히 소송과 같은 극단적인 대립을 미연에 방지하기 위해서는 솔직한 커뮤니케이션이 가장 중요하다.

이 모든 사례에서 직원들은 자신들이 기대하는 회사와 실제 회사 사이의 단절을 실감하게 된다. 직원들은 경영진의 윤리 의식을 바라지만, 이른바 고위직 인사들은 좋은 정보를 독점하며 자신들에게 유리하도록 이용한다. 또한 직원들에게 철저한 비용 절감을 요구하는 최고경영자가 하룻밤 사이에 엄청난 금액을 날려버리기도 한다. 이처럼 경영진이 조직의 가치를 실천하지 않거나 기대에 어긋나는 행동을 할 경우에 직원들은 조직 시스템에 의문을 갖게 된다.

신뢰 상실과 의미 찾기

회사에 대한 신뢰를 상실했을 때, 그동안 쌓아온 성과를 담보 삼아 이해관계를 요구하는 사람도 더러 있다. 그러나 신뢰를 상실한 순간 역시 우리의 리더십 능력을 향상시키는 경로의 하나임을 기억해야 한다.

환멸을 극복하라

리사Lisa라는 여성이 어느 실리콘밸리 기업과의 인터뷰를 거쳐 법률팀 팀원으로 입사했다. 팀에서의 지위는 중간 정도였지만 그래도 만족스러웠다. 이 회사에 오기 전에는 미국 중서부에 위치한 어느 가족 경영 체제의 기업에서 법률팀장 보좌역으로 근무했다. 그 기업 소유주들은 비교적 마음에 들었지만 그곳에서의 생활은 그렇지가 못했다. 리사는 자유주의적 사회관을 지녔다. 반면 그 기업의 창업자이자 소유주의 사고방식은 매우 보수적이어서 소수 민족 출신자들의 고용에 극히 소극적이었을 뿐 아니라 자선 행위를 하더라도 자신의 이해관계에 부합하는 곳에만 돈을 지출했다. 리사는 그곳에서 5년을 근무하며 실적도 좋았고 꽤 괜찮은 대우도 받았다. 하지만 실리콘밸리에 새로 들어서는 기업이 특히 여성들이 근무하기에 좋은 곳이란 소식을 언론을 통해 듣고는 곧바로 입사 지원서를 내버렸다.

새 직장에서의 첫 4년은 아주 순조로웠다. 그동안 승진도 두 번이나 했고 2가지 자선 프로그램의 고문을 맡아 보람된 경험도 했다. 리사는 지금 일하는 곳이야말로 미국 전역을 통틀어 최고의 직장이라고 자부했으며, 가족과 친구들뿐 아니라 신입사원을 모집할 때도 이 점을 빠트리지 않고 강조했다. 최고경영자의 의사 결정과 커뮤니케이션 방식도 마음에 들었고, 무엇보다 회사의 문화와 가치관이 자신의 신념과 업무 스타일에 꼭 들어맞아서 매우 흡족했다.

두 번째 승진으로 법무팀장이 된 리사는 이제 최고경영자와 직접 마주하는 지위까지 올랐다. 그런데 이때부터 회사를 바라보는 시각이 달라지기 시작했다. 한마디로 그동안의 신뢰를 잃어버린 것이다. 때마침 (1990년대 말의) 닷컴 거품이 붕괴되기 시작하면서 회사의 주가도 곤두박질쳤다. 몇 번의 힘겨운 고비를 넘기면서 회사 경영진은 유방암 연구 센터와 같은 자선 목적의 지출을 억제하기로 결정했다. 이와 관련하여 재단의 기부 문제를 논의하기 위해 열린 자문회의에서 최고경영자를 비롯한 일부 경영진은, 다음에 경기가 살아나면 여성의 어떤 질병을 다시 후원할 것인지 찾아보자며

농담을 하기도 했다. "다음엔 난소를 후원하면 어떨까요?" 한 임원이 말하자 회의실에는 폭소가 터졌다. 듣고 있던 리사는 어이가 없었다. 그녀는 회의실에서 벌어지는 참으로 기막힌 말과 행동들을 빠짐없이 지켜보았다.

그로부터 얼마 후, 리사는 여성을 비하했던 그 주역들이 모인 또 다른 회의에도 참석하게 되었다. 이번에 논의할 사안은 인력 감축이었다. 이 자리에서 경영진은 외부의 전문 기관에 의뢰하여 개발한 전략에 대해 심도 있게 논의했다. 정규직 수를 최대한 줄임으로써 회사에서 비용 절감을 위해 노력한다는 사실을 월스트리트 애널리스트들과 언론에 공표하자는 게 그 전략의 골자였다. 당시 최고경영자는 "월스트리트에서 생각하는 것보다 재무적으로 탄탄한 회사를 만드는 것"이 소원이었다. 그러기 위해서는 유능하고 숙련된 직원들을 상당수 해고해야 했다. 리사는 다른 대안을 찾아보자며 이 견해에 반대했다. 그러나 최고경영자는 리사가 임원회의에 참석한 지 얼마 되지 않아 불경기를 극복하는 방법을 잘 모른다며 그녀의 의견을 무시했다.

그제야 리사는 최고경영자를 포함한 경영진에 대해 품어왔던 생각들이 어리석은 이상에 불과했다는 사실을 깨달았다. 실망을 금할 수 없었다. "일하기 좋은 직장"이라던 최고경영진의 주장은 결국 환상에 지나지 않았다. 한마디로 말과 행동이 따로 노는 격이었다.

리사는 잠시 혼란에 빠졌다. 제일 화가 난 대상은 최고경영자였지만 자신의 팀에 대한 실망까지 더해져 회사를 그만두고픈 충동에 사로잡혔다. 나름대로 대안도 강구해봤지만 뾰족한 수가 떠오르지도 않았다. 리사는 현재의 직업과 그에 따른 보상에 만족했고 실리콘밸리 하이테크 문화의 일원이 된 것에 자부심을 느꼈다. 그래서 경영진은 마음에 들지 않더라도 유능한 직원들과 함께 팀을 꾸려나가는 방법도 생각했다. 유능한 부하 직원들을 두고 떠나는 게 결코 쉬운 일은 아니었다. 게다가 자신이 떠나면 그동안 추구해왔던 여러 가지 사회 활동도 모두 물거품이 될 처지였다. 분노와 환상에 환멸을 느꼈지만 개인으로서 그리고 리더로서 의미 있는 역할을 계속 수행하기 위해서는 머물러 있는 것 외에 다른 도리가 없었다.

현명하게 선택하라

리사는 현실을 냉정히 고려하여 현명한 판단을 내렸다. 물론 예상했던 것과 전혀 다른 모습의 최고경영자에 대한 환멸을 이기지 못해 사표를 던질 수도 있었고, 사표까지는 아니더라도 냉소주의에 사로잡혀 하루하루를 보낼 수도 있었다. 그러나 리사는 현명한 판단을 통해 다시 한 번 비상할 수 있는 기회를 만들었다.

이와 비슷한 경험에 직면했을 때를 대비하여 금지 사항과 권장 사항을 몇 가지씩 소개한다. 먼저 금지 사항은 이렇다.

첫째, 냉소주의에 빠지지 마라.

다행히 리사는 냉소의 단계를 넘어섰다. 그러나 모두가 그런 건 아니다. 이상이 철저히 파괴되었을 때 대다수 리더들이 냉소주의에 사로잡히게 된다. 일반적으로 큰 포부를 안고 사회생활에 뛰어든 초년생 리더들은 어떤 역할이 주어지든 열과 성을 다해 임한다. 다행히 좋은 상사를 만나거나 명성 있는 기업에 입사하여 도전적인 역할을 맡는다면 학습과 성장의 기회도 그만큼 많아진다. 그러나 근거 없는 이상은 언젠가는 환상으로 전락하고 그와 동시에 관심과 열정도 함께 사라진다. 인터뷰 과정에서 절대로 지킬 수 없는 약속을 하는 상사나 기업들이 많다. 출장도 한 가지 예다. 회사에서는 출장을 흥미로운 경험으로 포장하지만 실제로는 가족이나 친구와 함께 보낼 시간까지 희생해야 한다. 이런 사실을 깨닫고 나면 상사나 경영진에 대한 시각이 달라질 뿐 아니라 조직 문화에 대해서도 다시 생각하게 된다. 그 결과, 머릿속으로 꿈꾸던 직장의 모습은 사라지고 개인적 만족과는 거리가 먼 엉뚱한 조직이 눈앞에 나타난다.

대다수 기업의 수많은 임직원들이 상처받은 이상을 보상받기 위해 냉소주의를 선택한다. 냉소적인 사람들은 조직 문화를 비꼬고, 의사 결정을 비웃으며, 다른 리더들을 깔보는 식으로 자신의 무너진 이상을 보상받으려 한다. 그런데 더 큰 문제는, 이런 사람들은 비슷한 생각을 가진 다른 사람들과 친밀하게 교류하며 회사의 정책이나 경영진의 활동에 대해 집단적으로 반기를 든다는 점이다.

이렇게 해서 목적의식 없는 리더들이 탄생한다. 주어진 일을 효과적으로 수행하되 별다른 기여 의식이 없는 리더, 별 생각 없이 그저 몸으로만 움직이는 리더들이 바로 그들이다. 열정도 노력도 찾아볼 수 없으며, 성장을 위해 남보다 더 많이 노력하거나 리스크를 감수하는 일도 없다. 그저 냉소주의를 안식처로 삼아 하루하루 연명할 뿐이다.

불행히도 이런 리더들은 스스로를 더욱 비생산적인 존재로 만든다. 도피에 초점을 맞춘 사람은 자신과 팀을 발전시킬 수도, 새롭고 다양한 경험을 추구할 수도, 리스크를 과감히 수용할 수도 없다. 어차피 회사가 바뀔 수 없다면 리더의 상처받은 이상주의를 극복하는 방법밖에 없다. 리더를 더 유능한 존재로 만들어주는 회사는 어느 곳에도 없다.

둘째, 희생양이 되지 마라.

회사에 대한 신뢰가 무너졌을 때 자신이 마치 희생양이 된 듯한 느낌을 받기도 한다. 회사나 이 세상이 당신을 잘못 인도했다면 이제 당신이 그 앙갚음을 할 차례다. 그래서 사무실이나 집에 가서도 당신의 운명을 탓하고, 당신을 혼돈에 빠뜨린 상사와 회사를 비난한다.

하지만 이런 행동은 누구에게도 득이 되지 않는다. 상처를 받고 분노가 치미는 건 어쩔 수 없지만 그렇다고 해서 자기 존재를 무기력하게 만들어서는 안 된다. 스스로를 희생양으로 생각하는 사람들과의 생활이 얼마나 짜증나고 비생산적인지 경험해본 사람들은 잘 안다. 포기는 곧 신뢰의 상실로 이어지며, 이런 사람들의 회의주의와 체념은 팀의 활력까지 갉아먹는다.

비윤리적인 리더나 멍청한 경영진 때문에 모든 걸 잃었다고 생각하기 쉽다. 그러나 스스로를 희생양으로 만드는 건 오로지 본인의 선택 때문이다. "실행하는 희생양은 존재하지 않는다"는 리더십 금언이 있다. 즉 당신이 리더의 길을 선택했고 많은 사람들이 당신과 당신의 능력을 믿고 따른다면, 당신은 결코 다른 누군가의 권력 때문에 희생양이 되지는 않는다. 따라서 어떤 상황에서든 타인에게 영향력을 발휘하고 목표를 충분히 완수할 수 있다. 희생양이란 스스로를 그렇게 간주하고 행동하는 사람들을 말한다.

이제 권장 사항 몇 가지를 살펴보자.

첫째, 의미를 찾아라.

회사가 사법당국의 조사를 받고 있거나, 조만간 파산할 것이란 소문이 떠돌거나, 실적이 최악으로 떨어지는 등 아무리 비극적인 상황에서도 당신의 목적의식을 강화하는 의미 있는 일은 존재한다. 특정 직함이나 연봉, 상사 또는 회사를 대상으로 의미를 추구하는 리더들도 있다. 이 경우에는 시스템에 대한 신뢰 상실이 곧바로 배신감으로 이어진다. 그동안 상사나 회사를 위해 누구보다 열심히 일했다. 그런데 믿었던 도끼에 발등을 찍히는 상황에 처했다면 이제부터 뭘 어떻게 해야 할까?

당신만을 위한 '의미'를 찾아야 한다. 자신의 일과 직장 생활, 리더십 역할에 대한 신뢰를 회복하는 방법으로는 다음의 3가지가 있다.

하나, 다른 사람들을 통해.

리더는 부하 직원들에 대한 책임 의식을 가진 사람이다. 직원들은 리더가 방향을 제시해주고 자기계발을 도와주길 바란다. 따라서 리더는 이 책임을 진지하게 받아들여야 한다. 직원들의 직장 생활이 리더의 손 안에 있음을 인식해야 하며, 신뢰를 상실하고 냉소주의에 빠진 리더는 직원들에게 결코 도움도 되지 않는다는 사실도 알아야 한다. 부하 직원뿐 아니라 상사의 목적 달성을 도움으로써 의미를 추구한다. 최고경영자의 행동에서 약간의 실망을 받았더라도 존경심만은 여전하다. 이때 최고경영자가 추구하는 목표가 올바르다고 생각되면 그 목표를 당신의 것으로 만들어야 한다.

둘, 참여한 프로젝트를 통해.

조직 시스템에 대한 신뢰를 잃었다고 해서 그동안의 모든 노력이 무위로 돌아가는 건 아니다. 이때는 프로젝트를 통한 의미 찾기도 필요하다. 새로운 제조공정을 개발하는 일이든 지식 네트워크를 구축하는 일이든, 업무 분야와 상관없이 그 속에서 의미를 찾을 수 있다.

셋, 성취감을 통해.

도덕적 진공 상태에서도 성취는 가능하다. 새로운 기술을 배우고 창의적인 아이디어를 계발하며, 무너진 시스템 속에서도 새로운 가치 주입이 가능하다. 리더는 어떤 상황에서든 원하는 많은 것들을 달성할 수 있으며, 이 성취감은 회사나 상사에 대한 실망과는 상관없이 자신을 지탱하는 원동력이 된다.

둘째, 원래의 관심 분야에 다시 관심을 가져라.

고위 경영진의 구체적인 부정행위가 아니라 자기 분야에 대한 싫증 때문에 조직 시스템을 경시하는 경우도 있다. 특히 처음에 계획했던 수준에 이르지 못하거나 애초에 너무 높은 목표를 세운 경우에 이런 현상이 많이 발생한다.

노련한 관리자들은 과거를 재조명함으로써 새로운 의미를 추구하는 경향이 있다. 처음으로 도전적 임무를 맡았을 때나 처음으로 사업부 책임자가 되었을 때 등 과거의 경험을 돌이키며 당시의 흥분으로 현재의 상실감을 극복한다. 그리고 또 한 번의 도전적 임무를 통해 새로운 목적의식을 형성하기도 한다. 실제로 우리의 프로그램에 참여했던 기업 부사장들의 상당수가 직장 생활 막바지에 이르러 개발도상국의 지사로 자원해서 가곤 했다. 무미건조한 삶을 새로운 문화와 새로운 도전 기회로 극복하려는 의지의 일환이었다. 훌륭한 스승에게 의지해도 좋고 주변의 친구들에게 조언을 구해도 좋다. 목적의식과 의지를 새로이 다질 수만 있다면 방법이야 어떻든 상관없다.

목적 중심의 리더십

냉소와 협잡, 정략으로 무장하여 회사와 비즈니스에 대한 신뢰를 파괴하는 리더들이 있다(고위직 인사들이라 해서 예외는 아니다). 그러나 언론에서 어떻게 떠들든 우리가 그동안 경험한 바에 따르면, 리더들의 대다수는 이처럼 부정한 삶을 원하지 않는다. 최고 경영진에 속하는 리더들의 대부분은 남다른 추진력과 헌신, 능력으로 그 자리까지 올랐을 뿐 아니라 여전히 자신의 일에 확신을 가진 사람들이다.

이 경로에서는 목적의식의 중요성을 반드시 배워야 한다. 지금껏 누구보다 열심히, 누구보다 능률적으로 일해 왔으면서도 정작 무엇을 위해 일하는지조차 모르는 사람들도 있다. 시스템에 대한 신뢰를 잃은 리더는 자신이 하고 있는 일의 의미를 되짚어보게 된다. 그래서 직원들을 리드하여 목표를 달성해야 하는 합리적 근거를 찾은 후에는 업무 만족도도 한층 높아진다. 목적의식은 회사나 상사, 금전적 책임과 같은 외부의 요인이 아니라 자신의 내부에서 비롯된다는 사실을 잊어서는 안 된다.

위대한 리더들은 이런 능력의 소유자들이다. 그들은 시스템에 의존하는 게 아니라 일을 왜 해야 하는지, 왜 최선을 다해야 하는지에 대해 자기만의 근거를 가진다. 이처럼 분명한 목적의식이 있는 사람들이 수뇌부를 형성할 때 비로소 그 기업의 미래가 담보된다. 시스템에 대한 신뢰 상실이 오히려 개인의 신념을 강화한다는 사실, 이것이 이 경로에서 경험하게 되는 역설이다.

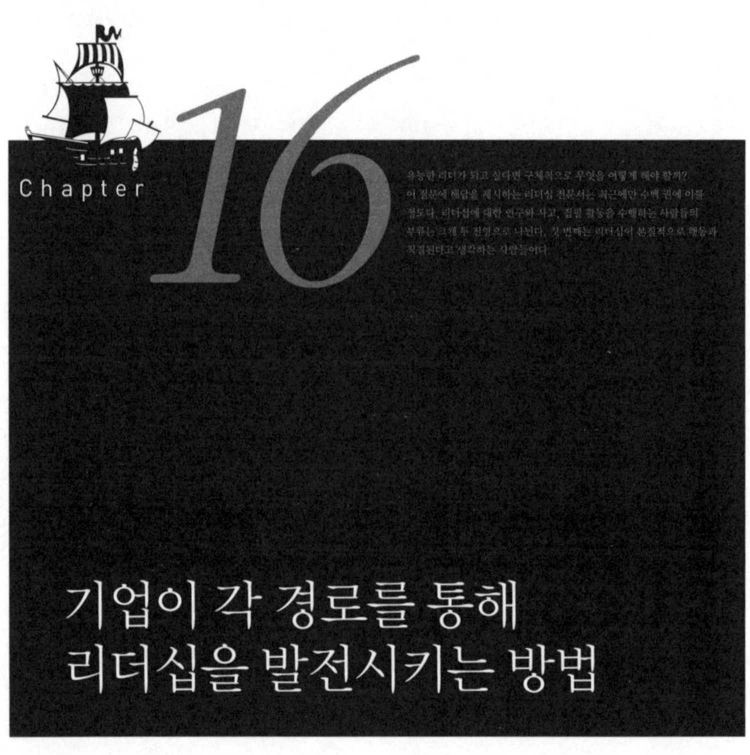

Chapter 16

기업이 각 경로를 통해 리더십을 발전시키는 방법

지금까지는 개인이 더 유능한 리더로 성장하기 위해 각각의 경로를 성공적으로 헤쳐 나가는 방법에 대해 살펴보았다. 그렇다면 기업이 이 모든 경로들을 효과적으로 활용하는 방법도 있지 않을까? 오늘날의 대다수 기업에서는 리더를 양성할 목적으로 승계 시스템이나 능력 평가 등의 방식을 활용한다. 하지만 많은 연구들을 통해 이미 밝혀진 대로, 리더십을 계발하기 위해서는 무엇보다 경험이 중요하다.

이 책에서는 경험을 대단히 폭넓은 개념으로 설정했다. 지금부터는 기업이 활용 가능한 리더십 경로 전략에 대해 살펴볼 것이다. 16장에서는 지금까지의 개인적 관점에서 벗어나 기업이 리더십 계발 프로세스에서 어떤 역할을 할 수 있는지에 대해 설명한다.

전통적 리더십 계발

기업들은 리더십이 변화한다는 사실을 잘 안다. 오늘날 대다수 기업 리더들은 감성 지능을 주제로 한 대니얼 골먼의 연구 내용을 잘 알며, 감성 지능만으로는 상호의존적인 팀이나 조직을 만들 수 없다는 사실도 이해한다. 덧붙여 골먼은 감성 지능의 3대 요소로서 자의식과 자제력自制力, 자발적 동기 부여 능력을 꼽았다. 그래서 최근에는 기업이 나서 리더들, 특히 기술력은 뛰어나지만 동료와 부하 직원들과의 커뮤니케이션과 동기 부여 능력에서 상대적으로 취약한 리더들을 대상으로 대인 관계 기술을 가르치는 게 일반적이다.

그러나 직원 선발과 평가, 승진, 자기계발과 같은 중요한 '인력 프로세스'에서 골먼이 말한 감성 지능(3대 요소도 포함한다)을 실제로 적용하는 기업은 많지 않다. 그래서 기술력은 뛰어나지만 행동에 문제가 있는 사람들을 경영진의 보좌역으로 임명하여 기밀 업무를 담당하도록 했다가 큰 문제를 유발시키는 경우도 있다.

우리가 관찰한 바로는, 요즘의 기업들은 리더십 계발이란 개념을 너무 협소하게 생각하는 경향이 있다. 그저 실적이 우수하여 눈에 확 띄는 리더들의 특징을 연구하여 그것을 리더십의 속성으로 규정하는 식이다. 따라서 리더십 계발 프로그램의 상당수가 강의실에서 기술을 주입시키는 수준에 지나지 않는다.

따라서 이 책에서 소개하는 리더십 경로들이 그들 눈에는 허울 좋은 이론처럼 보일 수도 있다. 대다수 기업이 직원들에게 다음 임무를 맡기기 위한 '준비 과정'에 관심을 가지고 있다. 여기서 중요한 것은 "그 직원에게 무엇을 이해시켜야 하는가?"가 아니라 "그 직원이 어느 분야에 능통하며 회사에서는 무엇을 더 가르쳐야 하는가?"이다. 경험과 능력만으로 직원을 선발하고 승진시키고 자기계발을 돕는다면, 그 사람은 일시적으로 유능할지는 몰라도 항상 뛰어난 리더가 되기는 어렵다.

영업이나 생산, 재무 등 특정 분야에는 밝지만 동기 부여나 성숙함, 지혜 등 리더에게 필요한 자질이 부족한 사람들도 많다. 회사에서는 이런 사람들을 리더십 모델로 선정하여 사보에 요란하게 광고를 하지만, 실제로 그들을 훌륭한 리더로 인정하며 기꺼이 따르려는 직원은 없다.

유능하여 성공을 구가해온 리더가 몇몇 임무에 실패했다면 회사로서는 심각한 갈등에 직면하게 된다. 물론 실패는 훌륭한 스승이라고 했다. 하지만 실패했다는 이유만으로 승진에서 제외되는 경우가 생각보다 많다. 여기서 또 하나의 역설이 등장한다. 실패를 통해 더 유능한 리더로 거듭났음에도 다른 사람들은 오히려 실패 이전보다 한 수 아래로 생각한다는 사실이다. 승계 시스템에서도 이런 문제가 대두된다. "하지만 그 사람은 X를 실패하는 바람에 더 많은 것을 얻었잖습니까?" "실패를 해본 경험이 있으니 앞으론 더 유능한 리더가 되겠지요." 승계 후보자를 평가하며 이런 관대한(?) 논의를 하는 경우는 극히 드물다. 또한 이혼이나 가족의 죽음, 해외 근무,

개인적인 변화 등 삶에서 비롯되는 다양한 사건들이 당사자의 리더십 발전에 크게 기여함에도 불구하고, 후보자 평가 과정에서는 이런 사건들의 가치를 제대로 인정해주지 않는다. 대다수 기업의 시각에서는 리더의 개인적인 삶은 아예 존재하지 않기 때문이다.

그러나 관리자 훈련이 직업인 우리의 생각은 정반대다. 우리에게는, 상사와의 갈등이나 일과 가정의 균형 등 의뢰인들이 직면한 모든 사건들을 해결하기 위해 노력하는 동시에 프라이버시를 존중해야 하는 책임이 있다. 따라서 공개적으로 밝힐 수 없는 부분들도 적지 않다. 의뢰인들과 대화를 나누다보면, 그들이 리더로서 행동하고 자기계발을 이뤄나가는 과정에 직접적으로 영향을 미치는 내재적 요소들이 분명히 존재한다. 다만, 겉으로 확연하게 드러나지 않을 뿐이다. 기업에서 일하는 리더의 대다수는 일과 사생활을 철저히 구분한다. 그래서 상사나 동료, 부하 직원들에게 좋은 모습만 보이려 노력하면서도, 수면 아래에서는 새로운 경로를 개척하기 위해 발버둥친다. 회사에서 이 문제를 발견하고 도움을 준다면 더 없이 고맙겠지만 그런 일은 없다. 결국, 직원들의 리더십 계발을 도울 절호의 기회를 기업 스스로 내팽개치는 꼴이다.

기업도 학습과 성장을 촉진시킬 수 있다

리더십 학습과 성장을 기업이 주도적으로 추진할 방법은 없을까? 지금부터 설명하는 4가지 방법을 눈여겨보기 바란다.

내가 가진 열정과 집중력이 어디서부터 시작된 건지 내 자신도 잘 모르겠다. 그런데 다른 한편으로 생각하면, 내 아버지가 삶을 헤쳐 나가며 자기만의 가치 체계를 형성하는 모습을 지켜보며 자란 탓이 아닌가 싶기도 하다. 퍼시픽 가스 앤 일렉트릭^{Pacific Gas & Electric} company이 파산에 직면했을 때도 나는 아버지의 경험을 현실에 적용하려 노력했다. 어려움을 극복하기 위해서는 작지만 반드시 필요한 것들에 집중하는 것이 중요함을 나는 아버지를 통해 잘 알고 있었다. 이미 세상을 달리한 아버지는 지금도 내게 힘을 불어넣어주는 존재다. 이곳에서의 힘든 하루가 저 세상에서의 즐거운 하루보다 훨씬 낫다는 말을 가끔씩 직원들에게 한다. 자기만의 소명 의식과 목적의식, 가치관만 분명하다면 살아가면서 어떤 상황에 직면하든 흔들림 없이 극복할 수 있다. 이것이 내 아버지의 삶에서 배운 교훈이다. 덕분에 나는 아주 어려운 상황에서도 쉽게 흔들리지 않는다. 아버지에게 배운 것을 의식적으로 실천하려 했던 적은 없다. 그저 눈으로 지켜본 것들이 자연스럽게 내 삶에 영향을 미쳤고 올바른 가치관을 심어준 것이다.

밥 글린 | PG&E 코퍼레이션 회장 겸 CEO

잠재적 리더들의 시야를 확장시켜라

인력 프로세스 책임자는 직원들을 정확히 평가하고 발전을 유도해야 한다. 바꾸어 말하면 직원을 고용하기 전에 학력과 배경, 적성 등을 제대로 파악해야 한다는 뜻이다. 아울러 후보자가 겪은 특이한 경험이나 시련은 무엇이며, 이를 어떻게 극복했고 무엇을 배웠는지도 확인해야 한다. 델 컴퓨터나 마이크로소프트와 같은 대기업에서 근무한다고 해서 무조건 유능한 리더로 간주해서는 안 된다. 반면 아프리카에서 근무했거나, 저소득층 거주 지역에서 자원봉사를 했거나, 정치 캠페인을 운영한 사람들 중에서도 얼마든지 유능한 리더들을 발견할 수 있다. 현명한 리더는 이런 사실을 잘 안다. 어느 기업 최고경영자가 한 말을 들어보자. "나는 좋은 대학을 졸업했거나 IBM 같은 곳에서 근무했다고 해서 무조건 유능하다고는 생각지 않습니다. 정말로 우수한 리더를 원한다면 이런 사람들보다

20대 때 혼자 배낭을 들쳐 메고 유럽을 여행한 적이 있는 젊은이들을 찾아보는 게 더 낫습니다." 비슷한 경우로, 이력서는 보잘 것 없지만 인수 합병이나 직업적으로 의미 있는 변화, 중대한 실패 등 남다른 경험을 한 사람들도 있다(한 예로 최근 일부 기업에서는 아서 앤더슨의 전직 파트너나 핵심 인사들을 영입하기 위해 발 빠르게 움직이고 있다. 그들이 경험한 실패가 자신들에게는 큰 자산이 된다는 생각 때문이다).

시야가 넓고 경험이 풍부한 기업은 승계 프로세스를 진행할 때의 초점도 다르다. 즉 후보자가 어떤 경로를 거쳐 지금에 이르렀고 그 경험에서 무엇을 배웠는지를 중요하게 생각한다. "직장에서 장애물과 맞닥뜨렸을 때 어떻게 대처했습니까?" "그 장애물을 극복하고 새로운 교훈을 얻기 위해 충분히 생각하고 행동했습니까?" "그 상황을 합리화하거나 적당히 얼버무리지는 않았나요?" "그 경험으로부터 무엇을 얻었습니까?" 후보자의 기술이나 지식 같은 단순한 사실을 묻는 것보다는 이런 질문을 통해 그 사람의 총체적 실체를 파악할 수 있다.

시야를 넓혀야 하는 이유는, 리더십이 인성과 가치관과 직결되며 단순한 직업 능력보다 신뢰 형성이 더 중요하기 때문이다(〈도표 16-1〉 참조). 결과가 중요치 않다는 게 아니라 그 결과를 만들어내는 주체는 바로 용기 있고 자애로운 리더란 뜻이다. 물론 의도적으로 좁은 시야를 형성하려 노력하는 기업은 없다. 예컨대 대부분의 기업이 자사에는 여성에 대한 차별이 없다고 공개적으로 주장한다. 그런데 성차별 문제가 오랫동안 지적되어왔음에도 불구하고 여전히 기업 수뇌부 속에서는 여성을 찾아보기 힘든 반면, 하위직 종사자들 중에서는 여성의 비율이 상대적으로 높다. 문제는 기업이 바

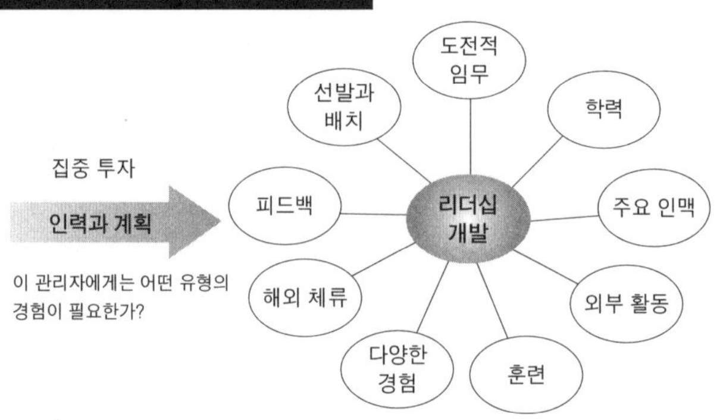

라보는 경영진 개념이 매우 편협하기 때문이다. 그래서 남성이라 할지라도 정상에 도전하기 위해서는 휴가조차 마음대로 사용하기 어렵다. 이제는 리더십을 바라보는 시야를 넓혀야 한다. 더불어 출산으로 새로운 가정을 꾸리게 된 여성들에 대한 시각도 달라져야 한다. 자녀를 갖는다는 것은 사랑과 양육을 통해 여성들이 더 강한 리더로 거듭날 수 있는 좋은 기회다.

성공과 실패로 리더십 계발 여부를 규정해서는 안 된다

〈도표 16-2〉에서도 알 수 있듯이, 많은 기업들은 계발development 의 이면에 가려진 역설을 이해하지 못한다.

도표처럼, 특정 경로에 직면했을 때 어떤 사람들은 겉으로는 성공적으로 통과한 듯 보이지만 내면적으로는 '실패'하는 경우가 있다. 결과는 어떨지 몰라도 그 경험으로부터 배우는 게 극히 적거나 아예 없는 경우가 여기에 해당된다. 별다른 어려움 없이 회사에 입사한 후 좋은 성과를 거두어 리더로 승진한 사람이 있다. 그는 새로운 지위에 오른 후에도 회사에서 기대하는 목표치를 만족시켰다.

248

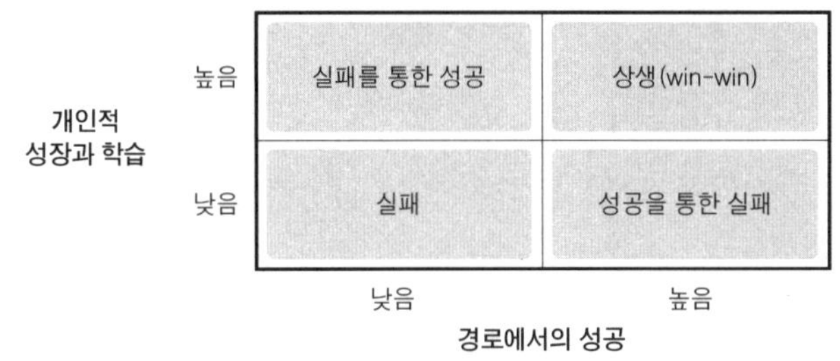

이 정도면 누가 보더라도 성공적인 직장 생활이다. 그런데 정작 자신은 아무것도 달라진 게 없다. 새로운 임무를 맡고서도 아무런 두려움이나 고통을 느낀 적도 없으며 모르는 것을 다른 사람들에게 물어본 적도, 생소한 업무를 수행하기 위해 새로운 기술을 배우려한 적도, 효율을 높이기 위해 새로운 행동 양식을 시도한 적도 없다. 한마디로 실적은 좋지만 배운 것은 아무것도 없다. 적어도 리더십에 관한 한, 이처럼 '배우는 요령을 배우지 못한 사람'에게서 더나은 결과를 기대하기는 어렵다.

반면 실패를 하고서도 소중한 교훈을 얻어 성장하는 사람도 있다. 이것이 계발의 역설이다. 깊이 생각하고 의문을 제기하고 실패의 원인을 찾아내는 사람들, 그래서 자신의 리더십 스타일이나 행동 양식을 어떻게 수정해야 하는지 정확히 알아낸 사람들이 이 경우에 속한다. 이런 사람들은 강화된 자의식을 통해 다음에 비슷한 상황에 다시 직면했을 때 더 효과적으로 대처할 수 있으며, 태도와 행동을 수정함으로써 더 유능한 리더로 거듭난다.

요즘처럼 치열한 비즈니스 환경에서는 실패를 용납할 여지가 거의 없다. 그러나 리더십의 실패를 더 넓은 관점에서 이해하지 못하는 기업에게는 미래의 성공도 없다. '회사에 아무런 리스크 없이 유능한 인재를 리더로 승진시켜 도전적인 임무를 맡기는 방법은 없을까?' 대다수 기업들이 이런 고민을 한다. 물론 도전적인 임무를 통해서도 많이 얻을 수 있다. 하지만 중요한 건, '과연 얼마나 많이 발전하느냐?'다. 여기서 우리가 말하고 싶은 건, '가능한 한 많이 발전해야 한다'는 점이다. 다양성과 시련은 리더를 발전시킨다. 실패도 마찬가지다. 현명한 리더는 학습 기회를 추구한다. 물론 여기서 말하는 학습 기회에는 긍정적인 상황뿐 아니라 부정적인 상황도 포함된다. 어려운 상황 속에서도 스스로 성장하는 기회를 찾는 사람들, 그들이 바로 미래의(잠재적) 리더들이다.

승계 계획이나 실적 평가를 비롯한 각종 평가 프로세스를 진행할 때면 대상자의 성공과 실패를 바탕으로 한 단순 평가의 유혹에 빠지기 쉽다. 그러나 하나의 사건이 그 사람의 직장 생활 전부를 대변할 수는 없다. 따라서 사람을 평가할 때는 생산적이고 개방적인 대화를 통해 대상자의 내면을 속속들이 파악하려는 노력이 필요하다. 이를테면,

대상자는 과거의 성공 또는 실패 경험으로부터 무엇을 배웠는가?
과거의 경험 이후 어떻게 달라졌는가?
우리는 대상자의 삶에 대해 얼마나 아는가?
과거의 경험을 통해 대상자는 앞으로 어떤 분야에서 더 많이 성장할 수 있는가?

모든 빈자리를 리더십 계발의 기회로 활용하라

최근에는 경험을 통한 리더십 계발을 추구하는 기업들이 늘고 있다. 강의실 교육만으로는 한계가 있다는 인식이 확산된 탓이다. 따라서 적합한 사람에게 적합한 역할을 맡기는 것이야말로 리더십을 발전시키는 좋은 방법이다. 지금도 직원들에게 대충 일을 맡긴 뒤 나 몰라라 하는 기업이 많다. 역할을 리더십 계발의 기회로 활용하기 위해서는 다음의 몇 가지를 준수해야 한다.

첫째, 정기적으로 전방위 피드백을 제공한다. 모르는 것을 묻고, 생각을 표현하고, 진척 상황을 진단할 기회를 주어야 한다.
둘째, 새로운 경험을 한 뒤에는 충분히 생각할 여유를 부여한다.
셋째, 직원들이 리스크를 무릅쓰고 도전할 수 있도록 한다. 안전지대에 머물러서는 안 된다.
넷째, 동료나 상사와 이야기하기 꺼림칙한 주제도 함께 고민함으로써 조언을 얻을 수 있도록 격려한다.

빈자리를 리더십 계발의 기회로 활용하기 위해서는 누구에게 어떤 역할을 맡기는 게 가장 효과적인지 먼저 판단한다. 이때는 상사의 역할이 중요하다. 부하 직원들이 경험하지 못한 경로가 무엇인지 가장 잘 아는 사람이 직속 상사이기 때문이다. 가급적이면 다양한 경험을 하도록, 그리고 때로는 힘든 상황에도 직면하게 되는 역할을 맡길 필요가 있다.

일을 하다 특별한 문제나 이 슈에 직면했을 때는 언제든 터놓고 이야기할 수 있는 대상이 필요하다. 이를테면, "해답을 달라고 찾아온 게 아닙니다. 이 문제에 대해 함께 이야기해보고 고견을 들었으면 합니다. 저보다 경험도 많고 경륜도 많으시니 이야기를 나누다보면 배울 게 많을 것으로 생각합니다." 상하 관계에 이런 융통성이 있다면 더 바랄 게 없다.

레이 비아울트 / 제너럴 밀스의 부회장

리더십 계발 프로그램을 통해 직업적 경로를 촉진시켜라

중대한 실패, 도전적 임무, 리더로의 승진 등 어떤 경로에서든 프로그램의 장점을 적극 활용할 필요가 있다. 델 컴퓨터나 존슨 & 존슨, 워싱턴 뮤추얼, 노바티스와 같은 기업에서는 '적시' 정보 제공, 코칭, 평가, 경험 등을 접목한 실천 학습 프로그램을 통해 리더십 계발을 추구한다. 이런 프로그램들이 직무 개발에 효과적이란 사실은 이미 잘 알려져 있다. 실천 학습 프로그램의 형태는 여러 가지지만 다양성과 시련을 내포하는 현실적인 과제를 통해 참여자들의 도전 의식을 촉진한다는 점은 동일하다. 실천 학습 과제는 실제 비즈니스 요구 사항, 회사의 전략과 맥을 같이 하며 이 과제를 성공적으로 수행한 사람은 실제 업무에서도 효율을 높인다.

실천 학습 참여자에게는 보통 팀이 현재 직면하고 있는 이슈 또는 회사의 주요 사안과 관련된 주제를 선택토록 한다. 그래서 리스크를 안더라도 새로운 사고방식과 협력 관계를 추구하도록 유도한다. 새로운 사고방식만이 주어진 과제를 효과적으로 완수하는 밑거름이기 때문이다. 과제에 따라서는 참여자들의 안전지대를 위협하는 내용도 있다. 생소한 사람들과 함께 일해야 하거나 생소한 지역 또는 국가에서 일하는 경우 등이 그 예다. 이처럼 실천 학습에는 성찰의 시간, 새로운 시각에서 상황을 바라보는 요령, 성과에 대한 피드백, 자신의 약점을 파악하고 대처하는 요령 등이 모두 포함된다.

실천 학습의 장점을 효과적으로 활용하는 대표적인 기업으로는 노바티스를 꼽을 수 있다. 이 업체는 최초 관리자 프로그램에서 실천 학습을 응용하고 있다. 즉 생애 처음으로 관리자가 된 직원들이 흔히 겪는 어려운 이슈들을 제시한 뒤 각자가 선택한 이슈를 집중적으로 파헤치도록 한다. 이때 초임 관리자들은 선택한 이슈에 대해 나흘간 열띤 토론과 연구를 거쳐 대처 방안을 마련한다. 노바티스의 관리자들 가운데 이 프로그램을 거쳐 간 사람들의 수만 하더라도 4000명이 넘는다. 노바티스 입장에서 보면 수많은 리더들을 효과적으로 양성하는 좋은 프로그램인 셈이다.

새로운 방식의 리더 양성법이 주는 혜택

어떤 기업이든 리더십 계발 경로를 이해하고 이를 인력 프로세스 속에 포함시켜야 한다. 그랬을 때 기업이 얻는 소득은 생각보다 크다. 여기서 몇 가지 고려할 점을 살펴보자.

첫째, 뛰어난 리더들이 회사를 떠날 위험을 줄인다.

특정 기업에서 자리를 옮긴 덕분에 다른 곳에서 슈퍼스타 경영자로 성장한 사례가 적지 않다. 더불어 아직도 많은 기업이 실적이 우수하면 유능한 리더로, 실적이 그저 그럴 때는 평범한 리더로 간주한다. 리더십을 바라보는 시각이 지나치게 편협하기 때문이다. 리더란 개인적 영역과 직업적 영역 등 다양한 부분의 합으로 이루어진 존재다. 따라서 살아오면서 남다른 경험을 한 리더일수록 자신의 재능 계발뿐 아니라 타인들과의 커뮤니케이션과 동기 부여 능력까지 발전시킬 가능성이 높다. 완벽한 프로그램은 존재하지 않는다. 그러나 미래의 리더를 발굴하여 더욱 성장시키기 위해서는 경험의 중요성을 강조하는 리더십 계발 프로그램을 갖춰야 한다.

둘째, 프로그램 참여자 수를 늘린다.

대부분의 기업에서 전체 직원들 가운데 리더십 계발 프로그램 참여 비율은 고작해야 15퍼센트 남짓이다. 그뿐 아니라 프로그램 참여자들의 성향 역시 엇비슷하다. 역할, 경험, 비즈니스 사고방식과 태도, 목표 달성 능력, 마감 시한 준수 여부, 실적 평가 결과 등 모든 것에서 비슷한 사람들이 주로 참여한다. 심지어 외모와 복장까지 비슷한 경우도 많다. 물론 이 자체가 나쁘다는 건 아니다. 다만, 비슷한 사람들만 모여 있으면 서로의 다양한 경험과 관점을 배울 수 없기 때문에 프로그램의 효과도 떨어질 수밖에 없다. 각 경로별로 핵심적인 경험과 교훈에 초점을 맞추느라 비슷한 부류의 직원들을 선발할 수도 있지만, 그렇다고 전통적인 평가 잣대를 들이댈 필요는 없다. 인위적인 제한은 리더의 역량을 위축시킬 뿐이다. 그러므로 프로그램 참여자들에게 최대한의 기회를 부여하기 위해서는 참여 인원도 되도록 많이 늘려야 한다.

마지막으로 당부하는 점은, 참여자에게도 자기계발의 책임을 물어야 한다. 기업 혼자서 직원들의 발전을 책임지던 시대는 지났다. 책임 의식이라는 무거운 짐이 당사자들의 어깨 위에 올려졌을 때 비로소 프로그램의 효율도 높아진다.

셋째, 원숙한 리더들을 해고하지 않는다.

이런 현상은 기업의 인재풀^{pool}을 급속히 고갈시킨다. '원숙함'이란 각각의 경로를 성공적으로 헤쳐 나가면서 얻는 학습과 경험의 총체다. 특히 기업의 고위직 인사로 영입된 리더나 해외 근무에서 복귀한 리더, 중대한 실패를 경험한 리더야말로 원숙함의 결정체다. 불행히도 이런 리더들을 서슴없이 해고하는 기업도 있다. 새로운 경험을 한 후 본사로 복귀하는 사람들의 눈에는 모든 것이 예전과 다르게 보인다. 그래서 과거에는 자연스럽게 받아들였던 정책이나 방침에 의문을 갖게 되고, 리스크를 기꺼이 수용하며, 남들의 이야기에도 귀를 기울인다. 행동과 태도가 달라지면 그 윗사람들도 불편할 수밖에 없다. 상명하복을 중시하는 기업은 여전히 많다. 그래서 복귀한 관리자가 실제로는 적응을 잘 하고 있음에도 겉보기에는 반항아처럼 비치곤 한다. 그 관리자는 개인으로서 또는 리더로서 남들과는 다른 환경에서 성장했다. 따라서 남들과 다른 것은 지극히 당연한 현상이다.

우리는 GE와 같은 일류 기업에서 고위직으로 영입한 관리자들을 위탁 받아 교육시킬 때가 종종 있다. 대기업에서 고위직 관리자들을 영입하는 이유는 주로 그들의 경험과 인성, 문화적 배경 등을 높이 평가하기 때문이다. 그런데 영입한 관리자들의 자질이 기대했던 것과 다르다는 사실을 깨달으면서 '구매자의 후회'^{buyer's remorse} 상태에 빠진다. 이런 경우에 상명하복을 중시하는 대다수 기업에서는 관리자의 리더십 스타일을 바꿔 조직 문화에 적응시키는 데만 주력한다. 그러나 이것이 올바른 해결책이 아니라는 점은 너무도 분명하다.

이런 상황에서는 관리자의 리더십을 더욱 성숙시키는 데 초점을 맞춰야 한다. 그래야 지금 막 원숙기에 도달한 관리자를 다시 내쫓는 실수를 방지할 뿐 아니라, 새로운 인물을 다시 영입하여 훈련시키는 데 드는 막대한 시간과 비용도 절약할 수 있다.

넷째, 째깍거리는 시한폭탄의 신관을 찾아 제거한다.

역기능적인 데다 감성적 문제까지 지닌 관리자들이 기업의 수뇌부로 승진하는 경우가 있다. 사람들은 누구나 약점이 있으며 그 때문에 공격을 받는 경우도 있다. 그런데 고위직 인사들은 조금 다르다. 기업의 고위직 관리자들은 공포심을 하나의 관리 기법으로 또는 자신의 약점을 숨기는 도구로 활용한다. 그렇다면 이런 사람들이 어떻게 해서 막중한 책임이 있는 자리까지 승진할 수 있었을까? 다른 직원들의 사기를 떨어뜨리고 아무 생각 없이 행동하는 사람들을 왜 회사에서는 보고만 있는 것일까?

그 이유 중의 하나로, 최근 대다수 기업에서 리더십 계발 프로세스와 승진 프로세스가 밀접하게 연관되어 있다. 그래서 재무 목표나 시장 점유율, 상품 개발 일정, 식스시그마 지표 등을 완수한 사람은 그만큼 승진 가능성도 높다. 다시 말해 실적 평가를 리더십 능력 평가의 잣대로 사용한다는 뜻이다. 그러나 고위직 리더를 평가할 때는 재무 실적을 많은 다양한 평가 기준 가운데 하나로 간주해야 한다. 실적은 있되 배우는 건 없는 리더를 간과하는 기업이 많다. 성찰 없이는, 특히 부정적인 상황에서는 더더욱 학습을 기대하기 어렵다. 그러므로 역기능적인 행동은 학습의 필요성을 반증하는 지표라고 할 수 있다.

　기업 입장에서 볼 때, 지금까지 설명한 경로 모델은 태도와 행동의 변경 시점과 방법을 알려주는 좋은 기회다. 경로 모델은 시스템을 인간화시키는 역할을 한다. 인식하든 못하든, 기업의 고용, 평가, 계발 프로세스 등은 하나같이 재무 계획 모델을 기초로 만들어졌다. 따라서 많은 기업이 리더를 자산 아니면 부담으로 간주하며 그 리더의 가치를 계산하기 위한 공식까지 개발했다. 중대한 실패를 자초한 고위직 리더는 곧바로 처벌을 받거나, '페널티 박스'에 숨어 이미지가 회복될 때까지 은둔하거나, 그것도 아니면 다른 곳으로 자리를 옮겨야 한다. 이외에도 인수와 함께 새로 들어왔거나, 자신과 맞지 않는 부서에서 일했거나, 든든한 후원자가 없거나, 배경이 의심스런 리더들 역시 '팀에 부적합한 사람' 취급을 받는다. 이것이 전부가 아니다. 직원들을 성장시키는 능력, 적응시키는 능력, 같은 이슈를 다양한 시각에서 바라보는 능력, 다양한 배경 출신의 직원들을 공동의 목표를 향해 응집시키는 능력 등은 평가 기준 자체가 없기 때문에 이런 자질을 갖추고 있더라도 제대로 인정받지 못한다.

　이처럼 리더십을 얼마나 폭넓은 시각에서 바라보느냐에 따라 고용과 평가, 성장의 개념도 달라진다. 그리고 시야가 넓어지면 경쟁 일변도의 기존 모델에서 벗어나 학습과 성장을 바탕으로 하는 진정한 리더십 계발이 가능해진다.

생존과 번영을 위한 8단계 지침

지금껏 우리가 제안한 내용들을 회사가 나서 실천한다면 당신을 비롯한 직원들이 리더십 경로를 개척하기도 한결 수월해진다. 많지는 않겠지만 이미 이런 리더십 계발 철학을 가지고 있는 사람들도 있다. 하지만 회사가 나서서 리더십 계발을 후원하고 개인적·직업적 도전의 중요성을 촉구한다 하더라도, 리더로서의 장기적인 학습과 성장의 책임은 전적으로 당신에게 있다. 자기계발의 책임은 어느 누구도 아닌 자신에게 있다는 뜻이다.

이 책에서 우리는 리더십 계발을 바라보는 새로운 시각과 함께 각 경로에서 학습과 성장의 효과를 극대화시키는 요령까지 설명했다. 아울러 각 경로별로 충분한 성찰과 개념 정립을 통해 맞춤형 조언도 제시했다. 어려운 상황에 직면했을 때 관리자에게 도움을 요청하든 아니면 이 책의 내용을 토대로 혼자서 해결하든, 선택은 당신 몫이다. 하지만 분명한 점은, 살아가면서 맞닥뜨리는 중대한 경로에 어떻게 대처하느냐에 따라 직장에서의 생활도 확연히 달라진다는 사실이다. 이혼이나 배우자의 죽음과 같은 개인적인 사건과 직장에서 맡은 새로운 책임을 동일시할 수는 없다. 그러나 이 모든 경로는 성장과 발전을 위한 과정이며, 이 과정을 슬기롭게 극복한 사람은 자신에 대한 시각뿐 아니라 리더십 능력도 눈에 띄게 향상된다.

그동안 시행한 수많은 인터뷰와 교육 경험을 바탕으로 우리는 개인적·직업적 경로를 효과적으로 개척하기 위한 8가지 지침을 정리했다. 이 단계별 지침을 준수하는 리더는 궤도 이탈의 위험을 최소화하는 동시에 리더십 학습의 효과를 극대화할 수 있다.

1단계 : 회복 능력을 키워라

우리와 인터뷰를 나눈 리더들은 하나같이 탁월한 회복 능력의 소유자들이었다. 회복 능력은 특히 직장 생활에서 빛을 발한다. 어리석은 실수를 하거나 중요한 지위에 있으면서도 책임을 다하지 못해 해고되는 사람들이 있다. 또한 개발한 상품에 문제가 발생하거나 목표를 달성하지 못했다는 이유로 스스로 사표를 던지는 사람도 있다. 어느 경우든 개인의 삶이 헝클어질 뿐 아니라 회사 역시 사업상 어려움을 피할 수 없으며, 때로는 통제할 수 없는 다른 요인들이 개입될 수도 있다.

하지만 그들 모두는 되돌아왔다. 아니, 더 강하고 더 현명한 리더가 되어 복귀했다. 스티브 잡스(애플 컴퓨터와 픽사의 CEO), 섬너 레드스톤(비아컴의 회장 및 CEO), 밀라드 드렉슬러(J. Crew, Inc.의 회장 및 CEO) 등이 회복 능력의 전설적 사례다. 그렇다면 회복 능력은 인간의 내면에 존재할까, 아니면 끊임없는 경쟁을 통해 발전될까? 이 질문에 대해 많은 관리자들이 유년기를 떠올리는 것으로 봐서는 후자가 옳은 듯도 싶지만, 그렇다고 딱 잘라 말하기는 어렵다. 한 가지 예를 보자. 어느 관리자가 10대 시절에 아버지 차를 몰고 나갔다가 교통사고를 냈다. 당황한 그는 아버지에게 전화를 걸어 도움을 요청했다. 사고 현장에 도착하여 차를 살펴본 아버지는 파손 정도가 심하긴 했지만 운전은 가능하다고 판단했다. 아버지는 아들에게 다시 열쇠를 던져주며 이렇게 말했다. "집까지 네가 몰고 가자. 완전히 박살내지는 말고."

회복 능력이 타고 나는 것이든 훈련의 결과든, 아니면 둘 다든, 리더십 경로를 헤쳐 나갈 때는 이 능력이 아주 중요한 역할을 한다. 낙관적인 사고방식이나 자신감도 물론 중요하다. 하지만 회복 능력이 부족한 사람의 낙관주의는 한 순간에 자신감 상실로 이어져 결국 상황의 지배를 받게 된다. 한 관리자는 아이들이 가지고 노는 풍선(어린이만한 크기에 치면 넘어졌다 다시 일어서는 장난감, 일명 '펀치 오뚝이')에 자기 모습을 그리길 즐긴다고 했다. 아무리 때려도 곧바로 일어서는 모습이 무척 인상적이라면서….

당신의 내면에도 펀치 오뚝이와 같은 모습이 존재한다. 실패는 영원하지도, 돌이키기 불가능한 것도, 인생의 종착역도 아니다. 우리가 만난 관리자들도 과거의 패배와 실망을 이겨내는 과정에서 소중한 교훈을 얻었다. 그래서 부정적인 감정도 긍정적인 에너지로 전환하고, 멍청한 상사의 멍청한 행동과 결정도 기꺼이 포용하여 발전적인 해결책을 도출할 수 있다.

그렇다고 의심과 절망, 분노의 시기가 전혀 없었다는 뜻은 아니다. 사건이 일어난 지 몇 년이 지난 최근에 와서도 당시의 기억을 떠올리며 치를 떠는 관리자들도 있다. 하지만 그들은 당시의 감정과 생각뿐 아니라 어떤 식으로 시련을 극복하여 오늘에 이르렀는지 똑똑히 기억한다. 여기서 꼭 유념하자. 분노와 공포 등 강렬하고 정리되지 않은 감정에 집착할수록 다시 예전으로 돌아가기는 어려운 법이다.

회복 능력이야말로 정말 중요하다. 리더십 교육 시간에 내가 곧잘 하는 말이 있다. "당신들은 체온계입니까? 아니면 온도 조절 장치 같은 존재입니까?" 체온계는 사람의 체열을 측정하는 기구다. 반면 온도 조절 장치는 더울 때는 시원하게 추울 때는 따뜻하게 데워주는 역할을 하며 일정 온도를 유지시킨다. 나는 리더라는 사람들이 체온계 같아서는 절대로 안 된다고 생각한다. 온도가 바뀔 때마다 수시로 오르락내리락 거리며 잠시도 한 곳에 머무르지 않는 사람들 말이다. 리더는 한결같아야 한다. 때로는 약간의 감정을 드러낼 수도 하지만, 외부 상황에 흔들리지 말고 항상 그 자리를 따뜻하게 데울 수 있는 리더가 되어야 한다.

레이 비아울트 | 제너럴 밀스 부회장

2단계 : 개인적 책임 의식을 가져라

일에서든 사생활에서든, 무언가 잘못되어 문제가 생겼을 때는 반사적으로 남에게 책임을 전가하기 쉽다. 예컨대 직장에서는 이런 말들을 공공연하게 한다.

"훈련 프로그램이 시원찮아서 그래."

"생각지도 못한 사건이 터지는 바람에 지난 분기 실적을 채우지 못했어."

"회사에서는 필요한 자원을 도통 내놓지를 않아."

"불행히도 우리 상사는 여기에 관심이 없어."

"신기술이 등장하는 바람에 우리의 예측이 완전히 어긋나버렸어."

직장의 리더들이 내놓는 변명은 끝이 없다. 사생활에서도 마찬가지다. 배우자가 독선적이라서 이혼을 했다는 둥, 경기가 나빠서 돈벌이가 어려워졌다는 둥, 아이들이 영 버릇이 없다는 둥…. 그래서 이 세상이 마치 책임 의식과는 전혀 거리가 먼 공간처럼 느껴질 때도 많다.

전적으로 틀린 말은 아니다. 하지만 리더도 두 부류로 나뉜다. 책임을 지는 리더와 그렇지 않은 리더로. 자신의 책임을 인정하지 않는 사람은 어려운 상황은 둘째치고 아무리 좋은 기회가 찾아와도 학습과 성장을 기대할 수 있다. 책임 의식은 건설적인 자기 진단에서 비롯된다. 자기 진단이 불가능한 사람은 항상 외부로 눈을 돌릴 뿐, 특정 사건이 자신에게 어떤 영향을 미쳤고 그 속에서 자신이 어떤 역할을 했는지 전혀 감을 잡지 못한다.

리더의 책임 의식을 북돋우기 위해 우리는 SARA 모델이란 것을 제시한다(1장 내용 참조). 이 모델은 피드백을 받아들이고 부정적 사건에 효과적으로 대처하기 위한 것으로, 다음의 4가지 반응 유형을 알고 있을 때 비로소 자기 진단의 정확성도 높아진다.

S－Shock(충격)

A－Anger(분노)

R－Rejection(거부)

A－Acceptance(수용)

승진할 자격이 충분하다고 확신했지만 탈락의 고배를 마신 어느 관리자가 있었다. 충격이 이만저만 아니었지만 SARA 개념을 잘 알고 있었던 그는 의식적으로 표정관리에 나섰다. 승진 탈락 소식을 처음 접했을 때의 충격과 분노는 지극히 당연한 현상이었지만 그는 가급적 내색을 하지 않으려고 노력했다. 그런데 세 번째 문제는 조금 달랐다. 왜 자신이 승진 대상에서 제외되었는지 아무리 생각해도 납득할 수 없었다(거부). 그래서 한참을 고민하고 조언자와 함께 논의한 결과, 자신의 오만한 성격 때문에 회사에서 새로운 역할을 맡기지 못했으리란 결론에 도달했다. 그 후에도 생각에 생각을 거듭한 그는 승진 탈락의 책임이 결국 자신에 있었다는 사실을 받아들이게 되었다. 이 일을 계기로 그는 오만한 성격을 고치기 위해 노력했고, 이를 눈여겨본 상사는 그에게 더 중요한 임무를 하나씩 부여하기 시작했다. 결과적으로 새로운 승진 기회의 싹이 움트게 된 것이다.

3단계 : 성찰하라

앞에서 설명한 모든 리더십 경로에서 성찰의 중요성을 언급했다. 리더십을 계발하고 같은 실수를 반복하지 않으려면 성찰이 반드시 필요하다. 성공하고 있는 이유조차 모르는 사람은 유능한 리더라 할 수 없으며 단순히 효율적인 기계를 움직이는 사람 정도에 지나지 않는다. 마찬가지로 과거에 경험한 실패의 원인을 모르는 사람에게는 같은 일이 반복되지 않는다는 보장도 없다.

성찰은 이해를 촉진한다. 우리와 인터뷰를 한 리더들도 직접적으로 이 용어를 지칭하지는 않았지만 성찰의 필요성에 대해서는 모두가 공감했다. 군대 장교 출신으로 기업 간부가 된 어느 관리자는 '사후 평가'After Action Review란 용어를 사용했다. 사후 평가란 군사작전 이후 무엇이 잘 되고 잘못 되었는지를 사령관이 직접 분석하는 프로세스로, 그는 비즈니스 세계에서도 이 개념이 똑같이 적용된다고 했다. 2장에서 설명한 데이비드 코브의 학습 이론을 돌이켜보면 성찰이 학습에 얼마나 큰 영향을 미치는지 어렵지 않게 짐작할 수 있다. 성찰을 습관처럼 생각하는 사람들도 있다. 어떤 경우든 각 경로를 효과적으로 헤쳐 나가기 위해서는 의식적으로 성찰을 생활화해야 한다.

실천 학습 프로그램에 참여한 관리자들은 최근의 비즈니스 방식과 전략을 조율하기 위해 머리를 모으게 된다. 실천 학습과 기존 태스크팀task team(문제 해결을 위해 일시적으로 구성된 팀)의 가장 큰 차이로는 개인과 팀의 성찰을 통한 협력 프로세스를 꼽을 수 있다. 성찰을 학습 기능을 강화하고 자기 인식을 촉진함으로써 리더십 계발의 바탕을 마련한다. 하지만 이런 몇 가지를 위해 반드시 실천 학습 프로그램에 참여해야 하는 건 아니다. 자신의 생각이 시대에 뒤떨어지지 않았는지 주기적으로 성찰하고 행동을 점검하는 것만으로도 더 나은 리더로 발전할 수 있다.

살아가면서 특별한 사건에 직면했을 때는 비즈니스 전문 컨설턴트들이 제시하는 몇 가지 의문을 고려해 볼 필요가 있다.

- 이런 일이 왜 내게(또는 나와 직결된 사람들에게) 발생했는가?
- 내 행동이나 태도가 그 사건의 빌미가 되지는 않았는가?
- 내가 다르게 처신했더라면 상황이 지금과 달라졌을까?
- 그 사건에 대해 내가 분노나 슬픔, 죄의식 같은 감정을 느끼는가? 이유는 무엇인가?
- 시간을 거꾸로 돌려 과거의 말이나 행동을 바꿀 수 있다면 무엇부터 바꿔야 할까?

이상은 경로의 유형과 상관없이 공통적으로 적용 가능한 질문 유형이다(〈도표 17-1〉 참조).

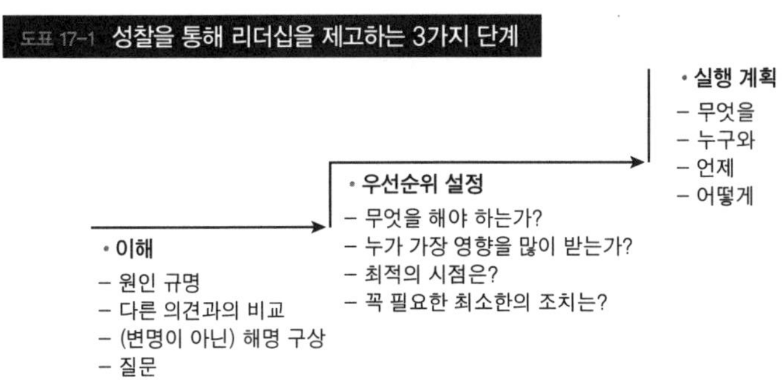

도표 17-1 성찰을 통해 리더십을 제고하는 3가지 단계

4단계 : 배우자, 가족, 친구, 전문가들의 후원을
요청하라

변화든 시련이든 스트레스를 낳기는 마찬가지다. 실적이 한계에
다다랐거나 심각한 실패 또는 상실감에 직면했다면 누구나 고립감
을 느낀다. 그런데도 대다수 리더들은 이런 일이 자신에게만 발생
한다고 생각한다. 누구나 겪는 일인데도 유독 자기만 이런 경험을
한다고 한탄한다. 특히 조직의 수뇌부에 위치한 사람들은 생각을
털어놓을 동료가 적기 때문에 이런 감정을 더 심하게 느낀다.

외톨이가 되었다고 생각하는 사람은 쉽게 패배주의로 젖어든다.
문제는 이런 부정적 사고방식이 변화를 더욱 어렵게 한다는 점이
다. 어려운 시기가 닥쳤을 때, 기업의 관리자들은 전문 컨설턴트들
의 조언을 구하면서도 가족이나 친구들의 도움을 빌리려 하지 않는
다. 즉 아무리 어려워도 자존심을 지키려 하기 때문에 자신의 감성
이 폐쇄되어 있다는 사실조차 깨닫지 못한다. 일부 리더, 특히 남성
들은 직장에서 발생한 문제를 남들에게 털어놓는 것을 마치 자신의
치부를 드러내는 것처럼 여기며 극도로 꺼린다(〈도표 17-2〉 참조).
기업의 최고경영자들을 대상으로 한 최근의 조사에서도 확인되었
듯이, 대다수 기업 관리자들은 자신의 약점을 다른 사람들이 눈치
채는 것이 가장 두렵다고 응답했다.

교육을 받는 관리자들이 점점 늘고 있는 현상은 후원의 중요성,
특히 직업적 통찰력의 중요성을 반증한다. 아울러 오늘날 기업 관
리자들이 느끼는 고립감을 대변하는 것이기도 하다. 최근의 리더십
프로그램에서는 일정 기간 동안 참여자들과의 일대일 접촉을 통해

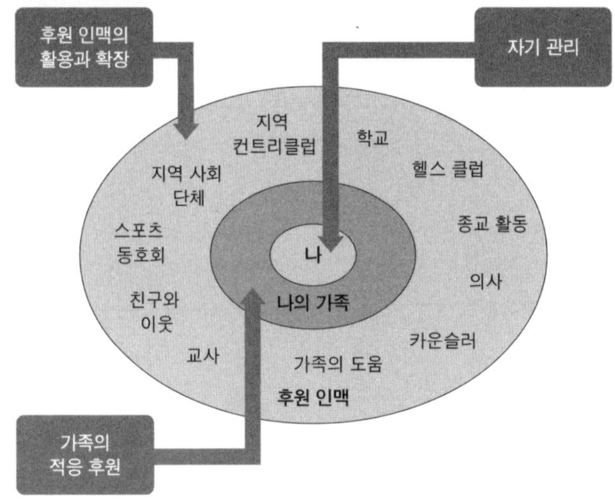

그들의 마음을 열도록 하는 경우가 많다. 이때 참여자들은 신뢰성 있는 전문가에게 자신의 고민을 털어놓으며 여기서부터 성찰과 변화의 토대가 만들어진다. 또한 전문가의 도움을 받아본 관리자는 다음에 또 다시 어려운 문제가 발생했을 때도 기꺼이 도움을 요청할 수 있다.

실제로 우리와 인터뷰를 했던 관리자들의 상당수도 외부의 후원이 얼마나 중요한지를 절실히 깨달았다고 했다. 감성적 후원은 당신의 재기를 도울 뿐 아니라 어려운 상황에서도 당신이 혼자가 아님을 확신시킨다. 후원자들이 있기에 아무리 힘든 경로도 넉넉히 헤쳐 나갈 수 있

나는 삶이란 긴 여정을 나선 방랑자다. 우리 모두는 함께 삶을 꾸려나가고 있으며, 서로 도울 때 그 삶은 한층 아름다운 것이 된다. 나는 '멘토'란 용어를 좋아하지 않는다. 그보다는 '호의'friendship가 훨씬 적합하다. 호의란 양방향으로 난 길로서, 서로가 서로에게서 이것을 배우게 된다.

빌 조지 | 메드트로닉 전 회장 겸 CEO

다. 반면 후원을 얻지 못한 관리자의 귀와 마음은 굳게 닫혀 있으며 모르는 것이 있어도 절대 질문하는 법이 없다.

5단계 : 직업적 인맥을 형성하고 활용하라

경로는 때때로 변화를 의미하며, 변화를 위해서는 회사에서 새로운 임무나 새로운 책임을 추구할 수도 있고 아예 회사를 떠나 다른 방향을 모색할 수도 있다. 동시에 다른 직원들에게 조언과 정보를 제공함으로써 기회를 찾도록 하는 것도 성공적인 경로 개척의 한 부분이다. 이 모든 목표를 이루기 위해서는 인맥이 필요하다. 인맥은 각 경로에 접어들기 전에 미리 형성하는 것이 가장 이상적이다. 인맥 형성에는 적지 않은 시간이 소요되기 때문이다.

인맥을 가지고 있다는 것은 각 경로에서 발생한 이슈와 관련하여 함께 이야기하고 고민할 사람들이 있다는 뜻이다. 앞에서도 설명했듯이, 자신의 약점을 인정하고 드러낼 수 있을 때 비로소 자신뿐 아니라 타인들에 대한 학습도 가능하다. 마음을 열 때 변화가 시작된다. 따라서 올바른 인맥은 직장 생활을 돕는 것 외에도 사생활에까지 영향을 미쳐 리더로서의 성장을 촉진시킨다.

6단계 : 피난처를 찾아라

피난처라고 하면 은둔할 장소나 도피처를 떠올리는 사람이 있는가 하면, 스포츠나 예술 등을 통해 긴장을 해소하는 행위를 생각하는 사람도 있다. 또한 명상이나 요가, 기도, 휴식을 피난처로 여기기도 한다. 형태야 어떻든 이 모두는 사람들에게 도피와 재충전의 기회를 제공한다. 많은 관리자들 역시 이 같은 공간이나 행위를 통해 일과 사생활로부터 잠시 떨어져 자기만의 시간을 가진다. 몇 시간 혹은 며칠간의 격리를 통해 일과 사생활을 자유롭고 객관적인 시각에서 되돌아볼 기회를 얻을 수 있다.

리더십 경로는 매우 혹독한 경험과도 같다. 따라서 삶이 순탄한 리더는 이런 경험을 하기 어렵다. 이 경로를 통과하는 리더가 올바르게 리더십을 발휘하기 위해서는 자신의 에너지부터 관리해야 하며, 그러기 위해서는 일시적인 피난처도 반드시 있어야 한다. 에너지를 충분히 충전시키고 복귀한 리더는 수면에 떠오른 문제들을 새로운 각도에서 접근하며 적극적인 해결에 나선다. 아울러 상황이 어렵다고 해서 거부와 도피로 일관하거나 타인을 비난하는 일도 없다.

7단계 : 객관적 시야를 형성하라

"내 자신에 대해 배울 수만 있다면 어떤 고통도 견딜 만합니다." 어느 관리자가 과거의 힘들었던 경험을 떠올리며 한 말이다. 현재의 상황에서 초월하여 한 차원 높은 시야를 가진다면 아무리 어려운 문제도 객관적으로 바라볼 수 있다. 위대한 리더들도 현실의 속도에 휘말려 삶의 의미를 깨닫지 못할 때가 많다. 또한 주요 고객의 이탈이나 계획의 실패, 승진 탈락, 못마땅한 동료의 승진 등 직장에서의 유쾌하지 못한 사건들로 인해 사생활의 중요한 것들에 신경을 쓰지 못할 때도 있다. 그러나 아무리 고통스럽고 어려운 사건이라 하더라도 유유히 흐르는 삶의 한 부분에 불과하며, 관심과 애착을 가지고 대응한다면 그 속에서 소중한 의미를 찾을 수 있다. 현재의 혼란에 휩싸여 진리를 망각해서는 안 된다. 많은 리더들이 '경험으로부터의 학습'에 취약한 이유도 그 때문이다. 공포와 근심 같은 부정적 감정에서 벗어나지 못하면 동일한 사건이 재발할 때마다 같은 어려움을 겪는다. 따라서 우리의 감정과 현재의 상황 또는 우리 스스로를 최대한 객관적으로 바라보려는 노력이 뒤따라야 한다.

현재의 상황에서 한 걸음 물러나 어느 정도의 거리를 두고 바라보는 눈을 키워야 한다. 객관적인 시야를 가진 사람은 모든 경로를 큰 틀에서 이해할 수 있다. 우리의 프로그램에 참여했던 한 여성의 사례를 생각해보자. 어느 기업의 마케팅 담당 부사장이던 그녀는 이른바 '나쁜 상사' 때문에 속을 끓일 때가 한두 번이 아니었다. 하지만 그녀는 시야를 조정하는 간단한 방법으로 이 문제를 해결했다. "마케팅 담당 부사장과 내 정체성 사이에서 혼란을 겪곤 했어요. 그런데 직업은 내 소유물이 아니며 나 역시 직업의 소유물이 아니라는 사실을 깨달으면서 상사와의 문제도 자연스레 해결되었지요." 이처럼 직업과 정체성의 혼란을 겪는 사람들이 생각보다 많지만 그녀처럼 객관적인 시야를 가진 사람은 극히 드물다. 특히 책임이 막중하거나 막강한 권한을 가진 리더일수록 그 역할과 자기 자신을 동일시하는 경향이 있다. 그 결과, 자신에게 아부하고 자신의 생각을 추앙하는 사람들 속에서 벗어나지 못한다.

이 책에서 소개한 모든 경로는 자신의 일과 사생활을 폭넓은 시야에서 바라보기 위한 기회다. 직업적 장애물이나 유쾌하지 못한 상황이 발생하면 그동안의 자신감과 통제력이 크게 위축된다. 하지만 바로 이때야말로 상황을 더욱 분명하게 이해하기 위한 좋은 기회다. 그 모든 사건들이 당신의 리더십 계발을 위한 경험의 일부라고 여기고 다시 한 번 생각해보라. 그러면 아무리 힘든 경험도 견딜 만하고 이해가 안 되던 부분도 웬만큼 납득이 간다. 일과 사생활을 견인하는 중요한 버팀목의 하나가 바로 냉철한 통찰력이다. 앞에서 소개한 마케팅 책임자도 '역할의 지배'에서 벗어나 삶의 우선순위를 냉정하게 이해함으로써 문제를 해결했다. "원치 않는 일에 매달리는 일은 더 이상 없을 겁니다." 그녀의 이 한 마디는 시야의 확장이 어떤 의미인지를 단적으로 묘사한다.

8단계 : 리스크를 받아들여라

리스크를 받아들이라는 것은 어떤 경로든 피하지 말고 포용하라는 의미다. 따라서 경로를 헤쳐 나가는 과정에서 리스크의 수용이란 삶에서 발생하는 다양한 사건과 시련을 의식적으로 경험하라는 뜻이다. 직장 생활에서 발생하는 리스크를 줄이기 위해 갖은 방법을 동원하는 사람들이 있다. 원치 않는 임무는 거절하고, 가족과 겪을 혼란이 싫어 해외 근무를 거부하고, 팀 또는 조직의 통념에 도전하는 것은 뭐든 반대하고, 상사와의 솔직한 대화마저 꺼린다. 이런 '안전 제일주의'식 행동으로는 새로운 경험을 할 수 없기 때문에 자기 발전도 기대할 수 없다.

우리는 실천 학습 프로그램을 진행하며 참여자들이 안전지대로 부터 벗어나도록 유도하기 위해 다양한 경험을 요구한다. 등산, 개발도상국 국민들과 대화 나누기, 정부 기관의 리더들과 접촉하기, 노숙자 보호센터에서 자원봉사하기 등이 그 예다. 생소한 상황이나 고통스런 순간을 경험하지 않고서는 리더십의 발전도 없다. 리스크에는 시련과 다양성이 수반된다. 그렇다고 모르는 사람에게 시비를 걸거나 전혀 불가능한 임무를 무작정 맡는 것처럼 위험한 행동을 하라는 뜻은 아니다. 유능한 리더는 직장 생활을 영위하는 과정에서 반복적으로 리스크를 받아들임으로써 보수주의적 시각을 최소화하고 혁신을 추구한다.

마지막 단계 : 은퇴

이상의 8가지 단계를 모두 터득한 리더에게 마지막으로 남은 단계는 바로 '은퇴'다. 은퇴하는 이유는 사람마다 다르겠지만, 누구든 언젠가는 직업인으로서의 삶을 마감하고 조용히 여생을 즐기거나 또는 다른 새로운 활동을 시작하기도 한다. 앞서 설명한 13가지 경로를 하나씩 통과할 때마다 자의식이 향상되어 더욱 성숙한 존재로 변모한다. 즉 자신에 대해, 자신의 가치관과 우선순위에 대해 확실히 알게 되었다는 뜻이다. 따라서 은퇴는 인생의 종점이 아니라 또 하나의 경로다. 향상된 자의식과 원숙미를 직장 생활 이후의 삶에 적용하는 경우도 있다. 지식과 기술을 이용하여 자원봉사 활동에 참여하거나, 여행을 즐기거나, 새로운 비정규직 직업을 얻는 것 등이 그 예다. 어떤 선택을 하든, 13가지 경로를 성공적으로 개척해온 사람은 남은 인생을 통해 얻으려는 게 무엇인지도 정확히 알고 있다. 반면 자신의 가치관과 신념에 대해 아무런 의식도 없고 삶의 의미조차 깨닫지 못한 채 은퇴기에 이른 사람들은 남은 시간도 그렇게 흘려보낼 가능성이 높다.

직업적 성공을 위해 인생을 통째로 쏟아 붓는 사람들이 있다. 덕분에 자신의 관심사나 취미 같은 것은 신경도 쓰지 않으며 중요한 사람들과의 대인 관계도 형성하지 못한다. 이런 사람들은 자신의 정체성과 직업적 역할을 구분하지 못하기 때문에 은퇴기에 이르러서도 20대 때와 똑같은 혼란에 직면한다. 다시 말해 무엇을 원하고, 무엇을 추구하며, 시간을 어떻게 사용할지를 두고 사회 초년생과 똑같은 고민을 거듭한다. 따라서 은퇴기의 혼란을 예방하기 위해서는 젊었을 때부터 시간을 효과적으로 사용하는 데 관심을 기울여야 한다.

당신의 경험을 전파하라

마지막으로 한 가지만 당부한다. 리더십 경로를 성공적으로 통과한 사람은 감성 지능이 향상되어 더욱 유능하고 자애로우며 신뢰할 수 있는 리더로 성장한다. 이제는 타인들의 성공적인 경로 개척을 도움으로써 리더십을 발전시킬 수 있도록 후원해야 할 때다. 출산휴가를 다녀온 직원이 있다면 "예전처럼 할 수 있는지 지켜보겠네"가 아니라 "내가 뭐 도와줄 일은 없나?" 하고 다가선다. 리더의 일차적 책무는 타인의 성장을 돕는 일이다. 13가지 경로를 이해한 당신은 이제 그 책무를 완벽히 충족시킬 수 있는 자질을 갖췄다.

모든 경로에는 스트레스와 혼란, 감성적 고통이 수반된다. 하지만 이런 것들 덕분에 당신은 더 강하고 인간적이며 유능한 리더로 성장할 수 있다. 이제 당신의 직장 생활과 사생활에서 겪은 모든 경험을 바탕으로 당신 자신뿐 아니라 타인들의 성장을 위해 기여할 차례다.

독자를 먼저 생각하는 정직한 출판

시대의창이 '좋은 원고'와 '참신한 기획'을 찾습니다

쓰는 사람도 무엇을 쓰는지 모르고 쓰는,
그런 '차원 높은(?)' 원고 말고
여기저기서 한 줌씩 뜯어다가 오려 붙인,
그런 '누더기' 말고

마음의 창을 열고 읽으면
낡은 생각이 오래 묵은 껍질을 벗고 새롭게 열리는,
너와 나, 마침내 우리를 더불어 기쁘게 하는

땀으로 촉촉히 젖은 그런 정직한 원고,
그리고 그런 기획을 찾습니다.

시대의창은 모든 '정직한' 것들을 받들어 모십니다.

시대의창 WINDOW OF TIMES

분야 경제·경영 / 역사·문화 / 정치·사회

서울시 마포구 동교동 113-81 (4층) (우)121-816
Tel : 335-6125 Fax : 325-5607 http://www.sidaew.co.kr